Highway Landscape Planting and Maintenance
公路绿化种植与养护

王双生 张光宁 谢 健 殷云龙 主编

东南大学出版社
SOUTHEAST UNIVERSITY PRESS
·南京·

内容提要

本书全面介绍公路绿化相关理论、规划设计方法、种植与养护技术。分别对乔木、灌木、藤本植物、地被植物、水生植物、竹类植物等各植物类型的种植与养护，中央分隔带、边坡、路侧绿地、互通立交区、服务区、收费站等各类公路绿地的种植与养护进行详细阐述，着重介绍公路绿化规划设计、种植、养护中具有特殊要求的各项技术和各项工作的操作流程。

本书注重实用性，图文结合，力求清晰明确、简明扼要，可供公路绿化规划、设计、施工、养护工作人员参考。

图书在版编目（CIP）数据

公路绿化种植与养护/王双生等主编. —南京：东南大学出版社，2016.12
　ISBN 978-7-5641-6855-1

Ⅰ.①公… Ⅱ.①王… Ⅲ.①公路-道路绿化-公路养护 Ⅳ.①U418.9

中国版本图书馆CIP数据核字（2016）第273467号

公路绿化种植与养护

主　　编	王双生　张光宁　谢　健　殷云龙
出版发行	东南大学出版社
地　　址	南京市四牌楼2号　（邮编：210096）
出 版 人	江建中
责任编辑	陈　跃
版式设计	余武莉
网　　址	http://www.seupress.com
经　　销	全国各地新华书店
印　　刷	江苏地质测绘院
开　　本	889 mm×1194 mm　1/16
印　　张	17.25
字　　数	552千
版　　次	2016年12月第1版
印　　次	2016年12月第1次印刷
书　　号	ISBN 978-7-5641-6855-1
定　　价	60.00元

本社图书若有印装质量问题，请直接与营销部联系，电话：025-83791830

主编
王双生　张光宁　谢　健　殷云龙

参加编写人员
王双生（江苏省交通运输厅公路局）
张光宁（江苏省中国科学院植物研究所）
殷云龙（江苏省中国科学院植物研究所）
王芝权（江苏省中国科学院植物研究所）
徐建华（江苏省中国科学院植物研究所）
谢　健（江苏恒诺园林建设有限公司）
仇玉成（江苏恒诺园林建设有限公司）
龚　云（江苏恒诺园林建设有限公司）
刘艳红（南京工程学院）
刘　芳（江苏琵琶景观有限公司）
吴　月（江苏琵琶景观有限公司）

制图
张艳茜　叶露心

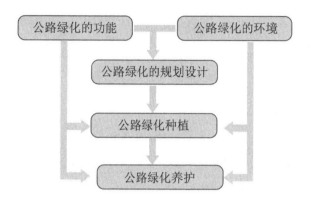

前　言

我国公路建设发展迅速，到 2015 年，公路总里程达 457.73 万公里，同时建成了相当大规模的公路绿地。公路绿化不仅发挥着公路环境美化作用，也成为国土绿化的一个重要组成部分。随着人们对生态环境、景观效果要求的日益提高，对公路绿化认识的逐渐提升，公路绿化的水平获得了长足的进步，绿化不再是简单地在公路绿地中种上树木，而是有了景观意识、环境意识和生态意识。但是这些理念有很多还停留在概念当中，在具体规划设计、施工和养护工作中还没有得到很好的落实。

首先，对公路环境的特点认识不够，理念和规划设计、设计和种植施工、种植和养护常有脱节的现象。主要表现在设计阶段前期环境调查分析准备不足，出现设计图纸和现场不符，种植阶段无法按图施工，绿化效果难以保证，而且在种植施工阶段发生大量变更，造成浪费；种植阶段由于未能对环境条件，特别是公路恶劣的立地条件予以足够的重视，没有采取相应的措施，造成植物成活率低或虽能成活却无法正常生长，不能形成良好的绿化效果，并给后期的养护管理工作带来了很大困难。

其次，对植物的作用和公路绿化的功能还没有全面的认识，很多情况下在公路绿化规划设计当中只是运用了植物的部分观赏特性和装饰作用，如植物的花色、叶色随季节变化、植物作为建筑物的配景等；在种植施工和养护阶段按照常规园林绿地方法对待，不能根据公路的环境特点和功能要求进行种植和养护，不能充分满足公路的需要。

再次，没有切实可行的方法，不能把公路绿化理论运用到实践工作中去，往往事倍功半，无法发挥公路绿化的最佳效能。

本书以公路绿化环境和功能特点为核心，从绿化理论、绿化技术、绿化操作方面进行详细阐述。分析公路建设项目的环境影响、生态影响、景观影响，研究公路绿化的交通功能、环境功能、景观功能和生态功能，介绍进行公路绿化现状调查、规划设计、种植、养护的具体方法。

公路绿化涉及内容很广，时间跨度很长，因此建设难度很大。但由于不是公路建设的主要工作，并且以植物种植为主，往往被认为比较简单，不管是绿化规划设计、施工和养护实践，还是绿化理论和研究方面均容易被忽视。而这种忽视必然造成绿化的效果平平，因此给人以绿化工作不是很重要、没有技术含量的印象。然而，没有太多优秀公路绿化项目的现状正说明了难度所在，因此开展公路绿化研究显得非常重要。笔者试图用全局的观点、系统的方法对公路绿化的规划设计、种植、养护技术进行探讨，但由于内容很多，涉及专业范围很广，许多问题尚待进一步推敲，期待读者的指正。

本书的编写获得了江苏省中国科学院植物研究所（南京中山植物园）的专家的悉心指导，得到了刘永东、张文太、张洪娟、汪泓江等同志的大力协助。在编写的过程中还参考了许多方面的研究成果，在此一并致谢！

编者

2016/12/8

目 录

概论篇

第一章　公路绿化的概念和内容 …………………………………………… 2
第二章　公路的环境影响 …………………………………………………… 3
第三章　公路绿化的功能 …………………………………………………… 10
第四章　公路绿化的特点 …………………………………………………… 20
第五章　公路绿化基本术语 ………………………………………………… 34

规划篇

第一章　公路绿化交通设计 ………………………………………………… 48
第二章　公路绿化环境设计 ………………………………………………… 53
第三章　公路绿化景观设计 ………………………………………………… 62
第四章　公路绿化生态设计 ………………………………………………… 72
第五章　公路绿化设计程序 ………………………………………………… 75

种植篇

第一章　公路绿化的种植施工程序 ………………………………………… 98
第二章　各类植物的种植技术 ……………………………………………… 120
第三章　公路各区域绿化的施工技术 ……………………………………… 161

4 养护篇

第一章 公路绿化的养护技术 …………………………………… 182
第二章 各类植物的养护技术 …………………………………… 208
第三章 公路各区域绿化的养护技术 …………………………… 237

附录1 养护月历 …………………………………………………… 248

附录2 防治病虫害药剂 …………………………………………… 250

附录3 常用除草剂简介 …………………………………………… 252

附录4 公路绿化的质量检验标准 ………………………………… 260

参考书目 …………………………………………………………… 264

概论篇 1

- ⊙ 公路绿化的概念和内容
- ⊙ 公路的环境影响
- ⊙ 公路绿化的功能
- ⊙ 公路绿化的特点
- ⊙ 公路绿化基本术语

第一章　公路绿化的概念和内容

公路绿化是指在公路用地范围内的边坡、分隔带及沿线空地等一切可绿化用地，利用植物改善公路景观和环境的工程。它是公路建设的一项重要内容，对巩固路基、保护路面、提高交通的安全与舒适性，提升公路的景观，缓解公路给沿线地区生态带来的不良影响、保护自然环境和改善生活环境等方面都具有极其重要的意义。同时公路绿化受到公路类型、公路环境、公路功能、公路结构等多方面的影响。公路绿化内容主要包括公路绿化的规划设计、植物的种植、养护等。

一、公路的类型与公路绿化

公路按行政等级可划分为国道、省道、县道、乡道、专用公路五个行政等级，一般把国道和省道称为干线，县道和乡道称为支线。

公路安全技术等级可划分为高速公路、一级公路、二级公路、三级公路及四级公路等五个技术等级。

公路按功能等级可划分为主要干线公路、次要干线公路、主要集散公路、次要集散公路和支线公路。

公路绿化应根据公路的等级来确定规划设计、种植和养护水平。不同等级的公路对公路绿化的要求不同，国省干道、干线公路地位重要，穿行地域广阔，交通量大，环境条件复杂，对绿化的要求很高。同时，由于采用的技术等级也比较高，投资规模大，公路路幅宽阔，绿地面积较大，也给公路绿化创造了比较好的基础条件，应采用高标准的绿化。县乡道、支线公路由于建设规模较小，绿化经费有限，应充分考虑其区域自然和人文环境条件进行适度的绿化，通过精心地规划设计、规范地种植和耐心细致地养护，逐步形成具有地域特色、景观和生态持续改善的公路环境。

二、公路绿化的范围

公路是由车道、中间带、路肩、路堤边坡、边沟、边沟外侧用地组成。公路路堤两侧排水沟外缘（无排水沟时为路堤或护坡道坡脚）以外，或路堑顶截水沟外缘（无截水沟为坡顶）以外不小于 1 m 范围内的土地，在有条件的地段，高速公路和一级公路不小于 3 m、二级公路不小于 2 m 范围内的土地为公路路基用地范围。公路绿化的范围包括中央分隔带、分车绿带、土路肩、路堤边坡以及路侧绿化带。一般来讲，高速公路和一级公路总用地宽度在 65 m 以上，二级公路为 30～40 m，三级公路为 25～30 m，四级公路为 20～30 m。

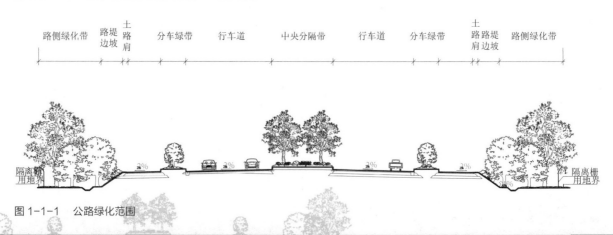

图 1-1-1　公路绿化范围

第二章 公路的环境影响

一、公路对自然环境的影响

公路作为大规模人工设施，建设施工期路基的填筑与开挖、取弃土场等的施工和运营期公路车辆污染物的排放、灯光、噪声等都会对周边生态环境造成一系列影响和不同程度的破坏。具体表现在以下方面：影响地形地貌、水环境、土壤环境、空气环境、声环境；破坏原生植被，危害野生动物；改变原有生境；导致生境破碎化；影响湿地、森林等关键生态系统。还会带来动植物外来物种的入侵，对沿线区域内的动植物生长、分布、栖息和活动产生一定的不利影响，继而造成生物种群数量和生物多样性减少，同时也会影响周围居民的生产、生活以及身心健康。

（一）公路对地形地貌的影响

公路建设对地形地貌产生很大的影响，其影响会根据场地的不同有很大差异。山岭重丘区建设公路会在更大程度上改变原始地形地貌，对原地形的破坏大于平原微丘区。

1. 改变原始地形

公路建设改变了原始地形，特别对山区、风沙区、丘陵区地段影响更大，公路穿越沟岸、河岸或山坡，形成阴坡、阳坡两面，阴阳坡面的实际光照强度、时间及水分条件差异很大，形成了不同的生境。

2. 破坏地貌环境

公路建设过程中的开挖、爆破、剥离、堆填搬运极易导致山坡岸坡失衡，引发滑坡、崩塌和泥石流，侵蚀强度可达自然侵蚀的几倍甚至几十倍，且发生频率惊人，使山区、丘陵区和风沙区的生态环境恶化，地形地貌发生明显变化。

（二）公路对水文的影响

公路的建设和运营对水环境也有很大影响，主要表现为对地表水、地下水流及水质的影响，这些影响由于改变当地自然水环境而直接产生，也可通过改变连通性等间接产生。

1. 直接改变水环境

在河流或者湿地地区，公路建设需要调整场地原有水道。改道后的水流将有所改变，会在多条水道汇集的地方产生很大的流量，增加水的流速，进而会改变区域的环境条件，导致洪水发生或水土流失加剧以及孤岛的改变和下游淤泥的增加。

2. 影响地下水位

公路挖方路段如果位于地下水位线以下，会导致路基边缘及开挖的山坡出现渗水，最终导致地下水位下降、地表植被萎缩或枯死、土地可蚀性增加、造成水土流失甚至滑坡，进而破坏景观、破坏生态平衡。而在填方路段，路基会使地下水上游水位抬高、下游水位降低，最终导致类似结果。

3. 影响河流系统的连通性

公路可干扰水生态系统间的连通性，可能阻塞生物体、物质和能量间的自然流动，导致水质、物理生境、与邻近陆地生态系统联系的变化。同时，公路也可以增强河流系统的连通性。例如公路、公路边沟的雨水沟能够与自然河流网络建立新的有效连接，使流域可能产生更多洪峰，很可能导致洪水水位升高。公路铺设的延伸区域也能增加洪水量。此外，公路建设还会改变自然水流通道，这对下游河流、湖泊和湿地也有较大的负面影响。

4. 改变地表径流的走势

公路的阻隔作用使地表径流汇水流域发生变化，径流方向改变。在洪水季节，会阻滞涝水排放而导致局部地带渍、涝；而在专门留下的行洪泄洪口处，因洪流量大又可能造成局部地方被冲刷或淤积，积水成涝，改变土壤成分和通气状况，影响作物生长，严重时使地下水位上升，存在次生盐渍化的潜在威胁。

5. 污染水质

公路建设期及运营期，行驶过程中在路面上的抛洒，汽车尾气中微粒在路面上的降落，汽车燃油在路面上的滴漏及轮胎与路面的磨损，形成的小沉积物颗粒和溶解物质很容易伴随着过往车辆、风传播或降雨形成的地表径流进入河流、湖泊和水库，导致水系内的沉积物、污染物和营养物增加。

（三）公路对土壤的影响

公路建设对土壤的影响主要有土壤的构型、土壤肥力、土壤的理化性质等方面。

1. 土壤退化

公路建设施工期间，路基的开挖和堆填，取、弃土作业严重破坏了原有土壤的结构，造成土层破碎，厚度变化大，土壤结构差、无层次、空间分布无规律；公路施工按规范要求必须清除地表土层，路体工程还需要大量的土石方，肥沃的表土层被清除，裸露土壤以生土为主，有机质含量低、碱解氮、速效磷、速效钾大量损失，pH值增高，土壤肥力差；土壤遭受施工机械碾压和施工人员践踏，通气和空隙率降低，不疏松，非常不利于植被生长；另外，施工还会杀死一些土壤动物，并使另外一些被迫迁移，土壤动物的生存和分布因此受到影响。

2. 土壤侵蚀

公路土壤侵蚀是由于公路建设的影响，土壤及其母质在水力、风力、冻融、重力等外力作用下，被破坏、侵蚀、搬运和沉积的过程。包括两部分：一是工程占地范围内不受公路工程建设影响的原有土壤的侵蚀，另一部分是人为活动造成工程占地范围内新的土壤侵蚀。

公路建设强烈地改变了原始地形、地貌，路堤的修筑、路堑边坡的开挖，采石、取土、挖沙等直接破坏了地表植被，加上公路边坡小气候环境恶劣，风速大、湿度低、温度变化剧烈，植物难以生长，裸露的地表受到雨水、地表径流的冲刷及风蚀，很容易造成水土流失；另外，在挖方段和隧道施工中产生的弃土、弃渣会产生新的水土流失；在山区路段的开挖破坏了原本稳定的山体结构，形成陡峭的边坡，在重力和水力的共同作用下会造成滑坡、坍塌或泥石流。

3. 土壤污染

公路的建设和运营的直接影响和路面车流、人流的间接影响都会造成土壤污染，特别是运营期对土壤环境的影响更大而且时间更长。公路车辆行驶过程中燃料燃烧和轮胎摩擦产生的铅、铜、锌、镉、镍等重金属污染物，在风力、雨水和地表径流的作用下沉降到公路沿线的土壤中，造成严重污染。

公路污染还通过大气迁移和扩散、水迁移和机械迁移等途径，使沿线一定范围内的土壤环境也受到污染，土壤中金属、有毒有害元素含量增加。研究表明，随着通车时间的增加，公路土壤中的铅含量逐步增加。如铅污染开始时主要集中在公路两侧 50 m 范围内，1 年后，高含铅量地区扩展到了距离公路 100 m 以外。且铅、镉、锌等元素在表土层有富集现象。

（四）公路对空气环境的影响

公路的施工和运营产生的扬尘和尾气污染对空气环境会造成影响，其中运营期间的影响较大。

1. 扬尘

公路施工阶段平整场地、路基开挖、路基填筑、铺筑路面、材料运输、装卸和搅拌物料等施工过程，会造成粉尘、扬尘、沥青烟和总悬浮物污染；公路运营阶段交通车辆尾气排放和轮胎、刹车的磨损造成重金属污染，包括锌、铅、锰、铜、镉和锑，主要以 PM10 的形式存在。

2. 尾气排放

在公路施工期，空气污染主要是由于施工机械的废气；公路运营期空气污染主要来源于机动车尾气排放，主要成分有一氧化碳、氮氧化物、二氧化硫、悬浮颗粒物等。交通车辆排放的二氧化碳也是造成全球变暖的重要因素。

汽车排放污染物与车速、运行状态以及车辆位置到受污染地点的距离等因素有关，当汽车匀速行驶时，一氧化碳的排放与车速成反比，而氮氧化物则相反，氮氧化物的排放随车速的增加而增加。汽车排放污染与公路服务水平也有密切关系，在服务水平较高的路段车辆的排放污染要小于服务水平低的路段。另外，排放的污染与车辆位置到受污染的位置距离有关，例如，一氧化碳浓度的分布与路基高度及到路边的距离成反比。根据数据显示，当路基高度在 3 m 以下或路堑时，一氧化碳浓度的最大值出现在路边外，随着离路边的距离增加而减小；当路基高度在 3 m 以上时，一氧化碳浓度的最大值出现在离路边 20～25 m，然后随离开路边的距离增加而减小。在平原地区的公路上，离路边 25 m 处的一氧化碳浓度为公路上的一半左右，而离路边 150 m 处，浓度则减至公路上的 10%～20%。公路空气污染具有不同于工业项目污染的特点，其污染源具有流动性，其污染扩散的形式是线源扩散而不是点源扩散。

（五）公路对声环境影响

公路施工期噪声主要来自各种施工机械、设备、车辆等的运转，混合料搅拌站、构建预制场和桥梁施工机械作业的噪声比较大。公路运营期的噪声主要是高速行驶的车辆产生排气噪声、发动机噪声、轮胎噪声、车体各部分的震动噪声、喇叭和制动噪声。

噪声污染受到车辆车速、车流量、车况等因素的影响。研究发现，公路交通噪声随着距路肩的距离增加而递减，且与交通量呈明显相关性，等效声级随着交通量增加而升高。噪声的影响范围还与沿线植被高度和覆盖率等有关。由于夜间人、动物对噪声比较敏感，所以噪声影响及控制应以夜间为主。

（六）公路对植被种群和群落的影响

公路建设对自然植被种群和群落影响主要有：

1. 破坏原生植被

公路施工占用绿地，有大量人流和车流进入，如果施工管理不善，对公路附近植被的乔木层、灌木层和草本层都会造成破坏，造成植物群落结构变化和群落层次的缺失。

2. 改变植被生境

公路建设改变原地形地貌，对两侧自然植被群落和生境造成破坏，包括生境损失、生境退化和生境孤立。主要原因有公路建设和运营造成路域光照、土壤、水分、温度等生态因子改变，影响小气候和营养条件，干旱、高温、大风、重污染和营养不均衡造成植物不易生长；公路的穿越人为地分割了原有植物群落的连续性；公路建成后形成了巨大的空间屏障，对生境造成分割，阻碍了植物繁殖体的传播。

3. 引入外来物种

公路绿化建设会在两侧大量种植外来植物物种，一些外来植物具有入侵性；公路运营阶段，外来植物也会通过公路廊道入侵，同时公路廊道还会带来病虫害，从而影响、改变当地的自然植被群落。

4. 影响植物群落演替

公路建设造成的生态因子变化会造成植物群落特征变化，在 10～20 m 范围内变化激烈；与自然植物群落相比，公路附近的植物种类缺乏，群落演替速度慢，阳性植物比重增加，喜氮肥的一年生禾本科植物占的比重高。

（七）公路对野生动物的影响

公路对野生动物的影响主要体现在：

1. 占用野生动物生境

公路建设线路长，规模大，大面积地侵占野生动物的栖息地。

2. 生境改变

公路建设特别是运营期间的空气、地表径流、噪声、灯光污染，改变了周边生境的物理、化学条件。

3. 生境破碎化

公路形成长距离的空间屏障，阻碍野生动物的觅食、迁徙和种群交流，影响野生动物的生存和分布。此外，道路的修筑还改变当地的地下水和地表水分布，最终导致道路周边生境中动物组成的变化。

3. 伤害野生动物

交通事故会对野生动物带来伤害；另外，汽车的夜间灯光也会对野生动物产生影响。大部分动物是昼伏夜出的，适应了黑暗的环境，突然出现的灯光会影响它们的视线，使其受到伤害。

4. 外来物种入侵

公路廊道为外来野生动物物种的引入提供便利。

（八）公路对生物多样性的影响

生物多样性有遗传多样性、物种多样性和生态系统多样性3个层次。公路建设和运营会伤害动物、植物和微生物，改变原始生境的地形地貌，破坏了野生动植物自然栖息、生长和繁殖、活动的场所，危害生物物种的生存。公路不可避免地对区域生态系统产生分割和破碎作用，对路域生态系统的分割作用形成了许多"生态岛屿"，公路和车流阻隔了动物群落的往来，对哺乳、爬行、两栖和不会飞的无脊椎动物来讲是个难以逾越的障碍带，使之活动区域缩小，从而限制了某些物种的生长，也使生物近亲繁殖，物种退化；也促进了适宜该类型生境物种的大量增加，使得植物种群的多样性减小。活动能力大的动物沿公路走廊带状栖息而侵入其他生物群落，扰乱生物因子的稳定性，最终导致沿线物种多样性发生变化，甚至可能造成生态环节的脱落。公路建设对物种多样性产生很大影响，并通过影响物种多样性，最终破坏生态系统的多样性，影响区域景观空间格局。

（九）公路对关键生态系统的影响

公路建设穿越丛林、农田、草地、水域，占用了大量土地，破坏路域植被，造成水土流失。运行时各种车辆产生大量的污染。路网还对自然生态系统造成孤立、破坏、干扰、分割、退化。这些都对森林、湖泊、湿地、自然保护区、生态敏感区等关键生态系统产生不利影响。

1. 对湿地生态系统的影响

湿地可以调节气候、控制土壤侵蚀、调节水分循环、防洪抗旱、维持生物多样性、净化污染物，在生态环境保护及生态平衡等方面起着巨大的作用，被誉为"地球之肾"。

公路建设不可避免地会穿越或靠近湿地，施工阶段公路路基和场站的占用；弃土、弃渣的占用；以及施工过程中对湿地的临时占用（包括各种施工机械的停放、筑路材料的堆放、施工队伍的生活区等）会大量减少湿地面积。

公路运营后，车辆排放的污染物质会通过路面地表径流排入湿地，这些污染物具有较高的污染强度，包含毒性物质，如重金属、毒性有机物等，这些物质绝大多数黏附于固体物质上并随着固体物质的沉积而存在于底泥当中，会改变湿地系统中原有底栖生物的生存环境，对湿地水体产生长期的、潜在的影响。少量的呈溶解态的重金属还会随水流从上游迁移至下游，可通过物理化学和生物作用进入底泥，进入湿地水生生物和底栖动物体内，再由食物链迁移至鱼体和鸟类，从而影响湿地物种的多样性。

2. 对森林生态系统的影响

公路对森林系统的影响主要发生在建设阶段，公路穿过森林，特别是山区路段对森林生态系统影响很大。公路施工改变林区的地形、地貌，容易引起水土流失，在森林区多发的暴雨作用下，如果边坡工程处理不当，还会发生山体滑坡和崩塌；公路庞大的体量占据了大量的林地，形成宽阔的空地，喜光树种大量进入，而某些常绿树种则从林内消失，这些地带性植被的改变和消失，降低了森林对环境的适应性和调节能力；公路还将原有森林割裂成小斑块，破碎化的生境使生物在生境之间移动受到障碍，从而影响了这些物种的存活；公路运营后的汽车尾气、噪声等污染会使生物栖息地空气、水、土壤环境逐渐恶化，影响林区动植物的生长、迁徙、繁殖；公路廊道还会带来入侵物种，影响生物多样性。这些因素最终会影响森林生态系统的稳定性。

二、公路对社会环境的影响

公路建设促进交通，对社会政治、国防、经济的发展意义重大，在国土资源的开发、生产力的合理布局、区域间的合作、投资环境的改善、生活水平的提高等诸多方面作用巨大。但也会对社会环境造成一些负面影响。

（一）破坏人文景观

公路巨大的体量穿越城市、乡村和自然风景区，破坏文物古迹，分割城乡用地，改变城镇风貌，改变乡村聚落形态和农田肌理，对人文景观影响很大。公路长期运营造成的空气、噪声污染还会使这种影响持续和不断加重。

（二）影响视觉景观

公路建设形成庞大而连续的构筑物，把它经过的地方切为两半。公路景观从原景观脉络中抽离，形成和两侧完全不同的景观，同时也破坏、割裂了原有环境，再加上大型结构物生硬冰冷的色彩和线条，严重影响了沿线居民的视觉景观。

（三）影响居民健康

1. 影响居民身体健康

公路建设和运营带来的环境污染会严重影响居民的身体健康，公路环境污染主要有空气污染和噪音污染，具有持久和累积的特点。

车辆尾气排放会产生大量污染物，主要成分有一氧化碳、氮氧化物、二氧化硫、悬浮颗粒物等。汽车燃料燃烧和轮胎磨损还会产生悬浮固体、氨氮、总氮、总磷、铅、铜、锌、镉、镍等重金属污染物及多环芳烃。这些污染物被直接吸入或通过吸附在 PM2.5 上被人体吸入，会对人体的呼吸系统、心血管系统、神经系统等多个系统造成损坏。

污染物还可由于沉降或形成酸雨落在公路路边农作物上进入居民食物链；或经过雨雪冲刷作用造成路面径流污染等多种方式进入周边环境，导致土壤和水体物理、化学性质和微生物特性发生改变，甚至有些有机物、重金属造成二次污染，严重影响土壤、水系生态系统。从而对居民健康造成危害，使发生心脑血管疾病、呼吸系统疾病、肺癌等的危险性增加。

公路上川流不息的各种车辆还会产生长期而强烈的噪音，不仅会严重影响沿线居民的听觉系统，也会影响视觉系统、神经系统、内分泌系统、心血管系统、消化系统健康，还会通过对睡眠、休息的干扰，引起心理的紧张和烦躁。

2. 影响居民心理健康

公路建设对部分居民的拆迁和再安置，改变了人们衣食住行所必需的条件。小区或村庄被分割和破坏，居民之间的交往也因公路的分割而减少，甚至停止联系。这些改变会影响到居民的心理健康。

表 1-2-1　公路的环境影响

影响类型		影响内容	环境问题	绿化措施
自然环境	地形、地貌、地质	施工挖填改变原有地形地貌	改变生态环境，引发水土流失	修复生境，形成缓冲绿带
	水文、水系、水质	施工改变水道，影响地下水，影响水系连通，改变地表径流走势；施工和运营污染	改变水环境，破坏水质，影响生态环境，影响居民健康	新建湿地，增加水生、湿生植物，改善水质
	土壤	破坏表土层和腐殖质层，施工和运营造成土壤板结、通气性降低，pH值升高，养分含量低、污染严重	土壤退化、侵蚀、污染，影响生态环境，影响居民健康	建设公路绿带，通过植物吸收、吸附作用，减少污染物通过地表径流进入土壤，改善土壤环境
	空气	施工和运营产生的扬尘和尾气造成粉尘、扬尘、重金属等污染	空气质量下降，影响动植物生存，影响居民健康	尽可能增加绿量，通过植物吸收二氧化碳、释放氧气，吸收废气，滞尘，杀菌，增加负氧离子等作用，改善空气质量
	声环境	施工和运营噪音	严重噪音，影响生物生境，影响居民健康	形成宽阔、浓密、结构合理的绿化带，吸收、遮挡噪音
	植被	施工破坏植被，改变植被形体和组成，影响生态因子，带来入侵植物	植被减少，病虫害增加，小环境恶劣，植物生长不良，影响植物多样性	利用乡土植物，模拟自然植被进行群落种植
	野生动物	交通事故伤害，施工和运营破坏生境，切割通道，带来外来物种	影响动物生存、迁徙和繁衍，造成"生境破碎化"，影响动物多样性	增加小生境，新建动物通道
	生物多样性	影响生物生境	影响生物遗传多样性、物种多样性和生态系统多样性	增加生境多样性，新建生态廊道，形成绿色生态网络
	关键生态系统	施工破坏，运营污染	破坏生态系统，影响生态系统的连续性、完整性	增加植被、湿地，公路廊道和两侧景观格局相结合
	路域小气候	气温升高、光照强、干燥、风强	植物难以成活或生长不良	改善生态因子，选择适生植物，优化植物群落结构
社会环境	人文景观	破坏文物、建筑、遗址、风景名胜，切割原有场地	破坏人文景观，影响人文景观价值	保护、修复和重建，绿化景观注重地方特色
	视觉景观	公路建设，施工运营污染	影响沿线居民视觉景观	营造公路景观时同时考虑公路使用者和沿线居民的需要，形成缓冲绿化带，新建绿地
	生产生活环境	占用土地，拆迁安置，改变附近居民衣食住行所必需的条件	影响生产和生活	增加通道

第三章 公路绿化的功能

公路建设对沿线自然环境、社会环境有许多不利影响，通过绿化可以有效地减弱这些影响，同时，绿化还在保障行车安全、改善行车环境等方面起到十分重要的作用。公路绿化的主要功能包括交通功能、环境功能、景观功能和生态功能。

一、公路绿化的交通功能

公路绿化的首要功能是交通功能，它包含保障路体安全、保障行驶安全和环境心理调节三个方面。

（一）保障路体安全

路堤和路堑边坡易发生水土流失，有些陡峭、岩土条件差的边坡如果裸露在自然条件下会发生崩塌、滑坡、散落甚至倾覆。在边坡上栽种植物，可以降低土壤侵蚀程度，起到稳定边坡的作用，并且随着植物根系的生长、繁殖、强度增加，对减轻坡面不稳定性和减少侵蚀方面的作用越来越强。

此外，植物可以改善公路小环境，降低风速，增加空气湿度，减小温差，同样也起到保障路体安全的作用。

（二）保障行驶安全

公路绿化还可以通过防止眩光，诱导行车视线，形成明暗过渡，促使集中注意力，防止道路催眠，提供缓冲带等作用提高驾驶的安全性。

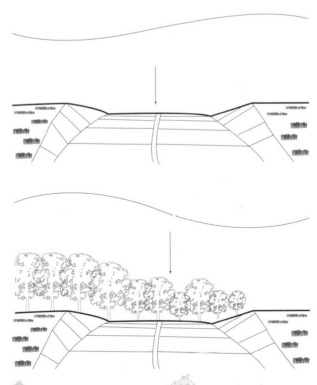

图 1-3-1 绿化缓解恐慌心理

(三) 环境心理调节

公路上的驾驶员，目光始终需要紧盯前方，加之车速又快，时间一长就容易产生似乎路无止境的压抑感，进而引发烦躁心理。如果在高架、匝道等路段行驶，还会有恐惧心理。适当、优美的公路绿化环境具有调节心理的作用，可以缓和驾驶员紧张情绪，抚慰恐惧不安心理，缓解驾驶疲劳。

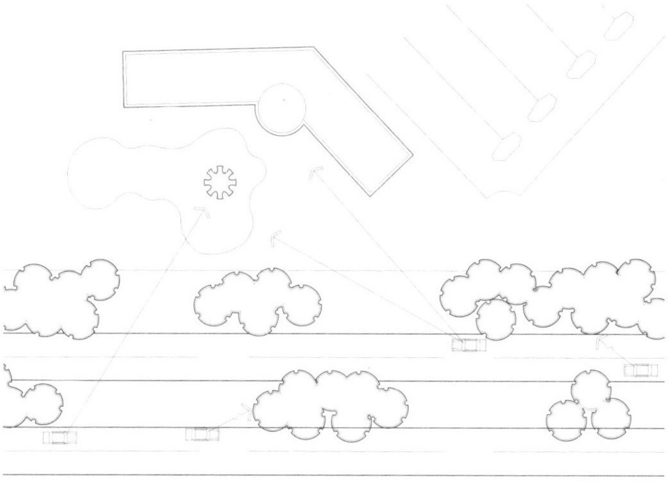

二、公路绿化的环境功能

公路建设和运营对周边的空气环境、水环境、土壤环境、声环境等自然环境和公路小环境都会带来非常大的影响，这些影响可以通过公路绿化得到缓解。绿化植物在净化空气、吸附扬尘、保持水土、净化水质、改善土质、降低噪声等方面具有很好的作用，可有效改善公路两侧的生态环境和公路用地范围内的小环境。

图 1-3-2　利用两侧现有景观为驾驶人员提供视觉兴趣点

（一）改善公路周围环境

1. 水土保持

植被护坡的主要作用机理是植物根系对边坡土体的三维锚固作用。植物的根系纵横交织而发达，可有效增加土壤机械固着能力，提高抗冲、防蚀能力，起到保持水土，稳固路基的作用。

◆ 根系固土：植物的垂直根系穿过坡体浅表的松散风化层，锚固到稳定层，起到锚杆作用。在土壤表层及下覆风化残积层中盘根错节的根系，可视为三维加筋材料，能增加土体的凝聚力。通过生态工程自支撑、自组织与自我修复等功能来实现边坡的抗冲蚀、抗滑动，减少水土流失。草本植物由于生长快，早期侵占性强，覆盖度高，能在短期内形成良好的人工地被，防止水土流失作用见效最快，在公路建设初期的边坡绿化中应用广泛。

◆ 减少雨蚀：第一，绿化植被叶与枝条构成的树冠可截留雨水，阻挡雨水对坡面的直接冲击，减少地表径流，减低了雨蚀作用。第二，土壤表层的枯枝落叶可增加土壤的有机质致使土壤疏松，增加土壤的透水性及吸水率而减弱了雨蚀作用。

◆ 减轻风蚀：植物可以减弱公路路域的风速，从而有效减轻风蚀。

2. 改善水环境

公路建设和运营期，车辆的抛洒滴漏和汽车尾气通过渗入土壤继续污染地下水，也通过地表径流进入周边河流、湖泊等水系，导致水质变差。公路绿化带中的植物可以吸收交通排放的空气污染物；林木栽植可以减少水中细菌的数量。据检测，在通过 30～40 m 林带后，一升水中所含细菌数量比不经过林带的减少 1/2；草地可以大量滞留许多有害的金属，吸收地表污物，减少其对周边水体水质的影响。

此外，在公路范围内利用原有水体或新建水体，并在其中种植水生植物，利用水生植物增加水中的溶解氧，吸收营养物质，降解转化水中的污染物，抑制水中藻类植物的生长，对于改善水环境有很好的作用。

3. 改善土壤环境

公路绿化带树冠的吸收、吸附，可以减少污染物通过地表径流进入土壤；植物的根系也可以累积、沉淀和转化土壤中的污染物，有效降低污染程度并显著缩小污染范围。

4. 改善空气质量

公路建设和运营过程中，都会带来大量的灰尘、微粒或其他有害气体，严重影响空气质量。公路绿化通过植物的光合作用、蒸腾作用及其他间接的方式可以调节、稀释及净化空气，从以下几个方面起到改善空气质量的作用。

◆ 制造氧气：绿色植物在光合作用过程中吸收二氧化碳，放出氧气，自动调节空气中二氧化碳和氧气平衡，使空气保持新鲜。

◆ 吸收废气：由于行车的影响，柴、汽油燃烧后排出大量废气，如：一氧化碳、氮氧化物、二氧化硫、氟化物等，这些有毒气体不仅污染环境，而且直接损害人体健康。植物如同空气过滤器，能吸收大量的有毒气体，对空气起到净化作用。一般的松林每天可从 $1\ m^2$ 的空气中吸收 20 mg 的二氧化硫，每公顷柳杉林每年可吸收 720 kg 的二氧化硫，每公顷垂柳在生长季节每月能吸收 10 kg 二氧化硫。在吸收氯气方面，丁香、旱柳、忍冬、山梅花、连翘、悬铃木等都有较强的吸收能力。还有一些观赏植物对氟有一定的吸收能力，如冬青卫矛、梧桐、女贞、榉树、垂柳等。

◆ 滞尘：植物对尘埃有很好的黏附作用，并通过其蒸腾作用释放出大量的水蒸气，一方面在叶面形成露珠而凝结了空气中的杂质，植物的叶、枝、干上的细毛也可吸附污染空气中的固体粒子如灰尘、沙粒、花粉等；另一方面由于蒸腾作用增加了周围空气的湿度，加上公路绿化带也降低了近地面风速，有利于污染颗粒物静止，从而使来自公路粉尘及颗粒物在近距离内沉降。再经过下雨的空气淋洗作用，使得空气质量进一步改善。

◆ 杀菌：很多植物会分泌杀菌素，可以杀死随着尘埃浮在空气中的细菌和病毒。很多杀菌素是一类半油脂性的物质，既是一种脂肪溶剂，也是一种水溶剂。具有长效性，不会失效也无副作用，也不会产生抗药性，是一种极好的空气净化物质。很多植物能分泌具有芳香的挥发物质，如丁香酚、桉油、松脂、肉桂油、柠檬油等，这些物质能杀死大量细菌，如松树、香樟、柳杉、桉树、肉桂、柠檬、万寿菊等。据测算一公顷圆柏林在 24 h 内，能分泌 30 kg 杀菌素。

◆ 增加负氧离子：空气中负氧离子对调节人的身体状况有重要的作用。负氧离子除能够使人感到精神舒畅外，还有调节神经系统和促进血液循环的作用，可以改善心肌功能，增强心肌营养，促进人体新陈代谢，提高免疫能力。可以降低血压，治疗神经衰弱、肺气肿、冠心病等，对人体有预防疾病、增进健康和延年益寿的功能，被称为"空气维生素或生长素"。

植物由于光合作用，林地、草坪中土壤交换以及植物芬多精作用等，能释放大量的负氧离子。

◆ 释放芳香气味：许多植物可以释放出芳香气味，使人心旷神怡。这类植物有香樟、桂花、栀子花、香橼、木兰、木莲、丁香、香花槐、香柏、刺柏等。芳香植物还可以种植在有异味的场所附近，起到一定的遮盖作用。

5. 控制交通噪声

公路汽车运输形成的噪音对周边居民生活造成很大影响，绿化带可以在一定程度上减弱交通噪音，对于减轻路域环境噪音污染具有重要意义。公路绿化可以从物理、心理等几个方面产生控制噪音的作用。

◆ 能量转换：公路绿化植物可以吸收、反射、衍射部分声波。植物能把投射到叶片上的噪声分散到各个方向，还可以通过振动而使能量转化，造成声能消耗使其减弱。植物的叶因柔软具弹性，振动速率较高，所以吸音能力强，而枝叶表面的毛孔、绒毛能够像孔纤维吸音板一样产生绿化衰减。

◆ 遮盖噪音：植物带来许多悦耳的声音，如风吹过枝叶时发出声响，减少了我们对噪音的注意。同时还会吸引各种鸟类和动物的栖息，增加大自然的音响，也间接地遮盖住了噪音。

◆ 改变小气候：植物的种植，可使湿度增加，风速、风向等小气候改变，从而间接促使噪音减弱。

◆ 心理效果：公路绿化实质上降低了噪音，但由于绿地宽度有限，对噪音的减弱一般仅有 2～3 dB。虽然如此，由于植物遮挡住噪音源，而且改善了视觉环境，使人从心理上感觉噪音的降低效果比实际上要好很多。

6. 控制强烈灯光

植物组团可以控制夜间公路强烈的灯光照明对居民的影响。

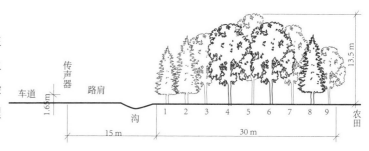

行间距3 m，树木间距1.8 m

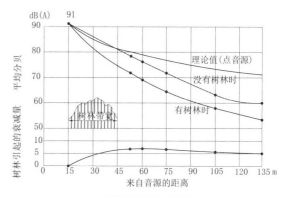

树林带的噪音减衰值（卡车噪音）

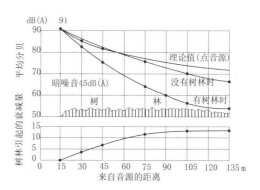

上述树林带纵方向的噪音减衰值（卡车噪音）

图 1-3-3　林带的噪音衰减值

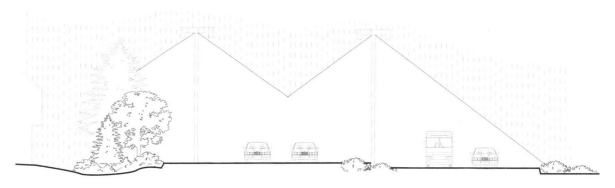

图 1-3-4　植物控制强烈灯光

（二）改善公路环境

公路绿化可以发挥其控制强光、调节气温、调节湿度、调节气流等作用来改善公路行车环境，同时，绿化还可以改善服务区、收费站等人流集中区域的小气候，有遮阴、通风、增湿、降低噪声、净化空气等作用。

1. 控制强光

公路夜间行驶时对面车灯和照明设施发出的强光容易产生眩光，白天还会受到太阳光带来的强烈光辐射，引发行车不适，带来安全隐患。公路绿化可以通过以下方式调节、改善行车光环境。

◆ 防止眩光：中央隔离带绿化可以有效阻挡夜间眩光，营造安全舒适的夜间行车环境。

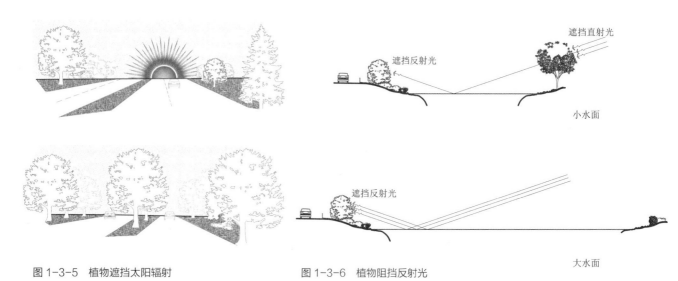

图 1-3-5　植物遮挡太阳辐射　　　　　图 1-3-6　植物阻挡反射光

◆ 阻挡太阳辐射：高大树木遮蔽太阳辐射，控制清晨和傍晚阳光直射驾驶员的眼睛；同时，大乔木在夏季投下浓密的树荫，给服务区、收费站的使用者创造良好的休息环境。

◆ 减弱反射光：植物的表面粗糙，颜色较深，不易反射光线，树叶造成了许多不同角度的反射面，将太阳辐射反射转化为漫射，能够减弱太阳光的反射，针叶和有绒毛的小型叶植物效果尤其明显。

◆ 避免强光刺激：植物吸收的大部分光波是红橙光和蓝紫光，反射的部分大部分是绿光。从光质上讲，林中和草地上的光线具有大量的绿色波段的光，这种光线对眼睛保健有良好的作用。特别在夏季，由于大面积的草坪和树木花卉，能使人在视觉上避免强光的刺激。

2. 调节气温

在公路绿地中栽种植物，可以阻挡太阳辐射，降低温度；通过蒸腾作用带走热量；白天吸收热量，到了晚上将所吸收的热量向外面释放，加上绿地内外温差形成的气流，可以调节小环境温度；植物还能增加空气湿度，加上其缓慢的蒸发率使温度保持稳定。据测定，夏天树荫下温度平均能降低 4℃左右。

3. 调节湿度

植物能通过蒸腾作用释放水汽，增加空气湿度；能通过防止强风来减少水分蒸发；还能截留雨水，吸附降水，保持绿地土壤中的水分，调节环境湿度。

4.调节气流

植物的叶、枝、干及根均有不同程度的防风功能,公路两侧常成片栽植乔灌木,形成防风林带,使气流受到阻挡、引导、转向或过滤,被风面及向风面的局部区域的风速减低,形成相对平稳的路域气流。植物也可以调节活动、休息环境中空气的流动,有利于营造出舒适的路域小气候,由于绿地外的热空气上升而由绿地内的冷空气补充,由于绿地内外的温度差而形成对流,和缓的微风不会减低温度,但却可以带走了一些热和增加身体的蒸发作用给人以凉爽的感觉。植物还会影响穿透建筑物和吹过建筑物上空的空气流动,通过遮挡冬季的寒风、引导夏季的凉风来改善建筑物室内的通风条件。

图 1-3-7　植物调节气流

三、公路绿化的景观功能

公路绿化可以营造公路景观空间,形成公路景观空间序列,改善公路使用者的视觉景观感受,景观艺术性强的公路也总是具有更高的安全性。与此同时,公路绿化还可以改善受到公路建设影响的周边视觉景观环境,如果规划建设得当,甚至可以为周边居民创造出新的优美的室外休闲活动场所。

(一)公路绿化植物的美学特性

公路视觉景观和绿化植物的美学特性是密不可分的,在公路绿化景观中,植物是最为重要的景观元素。从美学的角度来看,植物可因其外表特征(大小、形态、色彩和质感等)而充当景观的视觉焦点,发挥其观赏功能。此外,植物也可和公路建筑、构筑物、地形、水体结合形成公路绿化景观。植物的美学功能主要表现为两个方面:

1.植物造景

(1)个体美

从植物形态上看,园林植物的姿态各异,花朵、叶子、果实、色彩等本身就具备很高的观赏价值,可以独立成景。

◆ 观树姿:植物的姿态美,在植物的观赏特性中具有极重要的作用,尤其是针叶树类及竹类,它们不具美丽芳香的花、叶,也不结晶莹可爱的果实,但它们以其姿态美同样博取人们的喜爱。苍老的松柏给人端庄、古朴的感受，青翠的竹子又有潇洒之感，挺拔的棕榈使人领受到南国风光等等，这一切都是植物姿态呈现出的观赏特性。

◆ 观花：植物的花朵有各式各样的形状和大小，单朵的花又常排聚成大小不同、式样各异的花序，花的色彩更是千变万化、层出不穷，这些复杂的变化，形成不同的观赏效果，而花朵的芳香又给人以沁人心脾的嗅觉享受。

◆ 观叶：植物叶的观赏价值主要表现在叶的形状及叶的色彩。观叶类植物，往往可供四季观赏，有些叶色还能弥补夏、冬景观的不足之缺憾，给人以清新、幽雅、赏心悦目的感受。

◆ 观果：观果植物可在花后以不断成熟的果实弥补观花植物的不足。植物果实有的色彩鲜艳，有的形状奇特，有的香气浓郁，有的着果丰硕，有的则兼具多种观赏性能，可以点缀公路风景。

◆ 观色彩：植物的色彩给人的美感直接而且强烈。色彩作用于人的生理和心理，有一定的情感象征意义，带来欢快、恬静、平和等各异的心理感受。

（2）群体美

根据植物的生态特征，利用植物的观赏特性，通过艺术性的手法，乔木、灌木、草本植物配置组合，可发挥出比植物个体更多或个体所不具有的群体组合美。

2. 空间装饰

在公路绿化设计中，植物可与地形、小品以及公路建筑相配合，是完善空间、美化空间的重要手段，还可以为公路提供绿色背景，或对空间进行连接，或作为点缀给公路空间增添美感、渲染气氛。

（1）统一作用

植物的统一作用，就是充当一条普通的导线，将环境中所有不同的成分从视觉上联系在一起，将其他杂乱的景色统一起来。植物可通过将公路边缘线延伸至其相邻的周围环境中的方式来完善公路景观，为公路景观与自然景观提供统一性，使公路和周围环境相协调，从视觉上和功能上看是一个统一体。

（2）强调作用

植物的另一美学作用，就是在环境中突出或强调某些特殊的景物。植物借助它截然不同的大小、形态、色彩或与临近物体不相同的质地将观赏者的注意力集中到其所在的位置。因此，它极其适合用于公路服务区的入口、公路交叉点或与其他显眼的场所。同时，醒目的植物能使空间更显而易见，更易被认识和辨明。

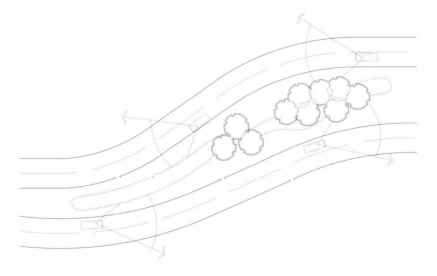

图1-3-8 植物的景观强调作用

（3）软化作用

植物自然的形态、丰富的色彩、细腻的质感，可以软化公路建筑和构筑物呆板、生硬的线条，柔化公路景观空间，改善公路环境粗糙及僵硬的视觉形象，使得公路视觉环境更柔和、更富有人情味。

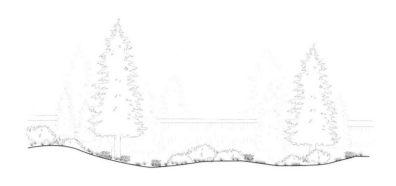

图1-3-9　植物对公路构筑物的软化作用

（4）障景作用

公路绿化中的景观元素可以控制人们的视线，起到遮蔽不良物体的作用。

（二）构建公路景观空间序列

公路景观是一个动态的三维空间景观，具有韵律感和美感。公路的路面、地形、建筑构筑物和绿化植物共同构成室外景观空间，并沿公路逐渐展开，形成连续的公路景观序列，驾乘人员在公路中快速行进，通过动态观赏，得到了整条公路的总体景观印象。

1. 塑造景观空间

公路景观空间由底界面、侧界面和顶界面围合而成。底界面包括路面、铺装场地、绿地中的草坪、地被植物；侧界面由建筑物外墙、

图1-3-10　绿化的障景和框景作用

地形和绿地中的乔灌木等构成，主要的构成要素是绿地中的乔灌木，一般以垂直形式存在；顶界面则主要是乔木的树冠。乡路景观空间塑造就是通过对绿地中建筑、小品、场地、植物等景物的设计，底界面、侧界面、顶界面等空间界面的设计，各空间界面的组合的设计等几个方面工作，形成具有美感的视觉空间。公路景观融合于自然空间之中，空间的封闭程度主要取决于侧界面的高度、密度以及侧界面与路面的距离，同时还受到色彩、质感等因素的影响。

2.构建景观空间序列

公路上的景观体验是一个连续的过程，构建景观空间序列就是选择不同大小、形状、色彩和质感的植物和绿地地形、建筑、构筑物等元素组合，形成封闭、开敞、半开敞的景观空间，通过对比、重复、过渡、衔接、引导等空间处理手法，沿公路把独立的绿化空间组成一个有节奏、有韵律、有秩序、丰富有序的绿化空间集群。

3.展现地域特性

公路绿化景观不仅可以给人视觉上的美感，还可以通过植物、雕塑、建筑小品等手段展现所在地区独特的自然和文化特色。例如在植物景观方面，不同的地理位置（纬度与海拔）有不同的气候，分布着不同的植物，呈现很明显的地域特征。通过选择乡土植物按照自然植物群落结构合理布局，可以很好地体现绿化景观的地方性。

（三）提升周边区域视觉环境质量

公路路面宽阔，线路很长，庞大的体量割裂了途经区域的自然和社会环境，对视觉环境也造成了许多不利影响。通过公路绿化，尤其是公路两侧绿地的建设，可以遮挡两侧居民的公路不良景观视线，缓冲公路建筑的视觉冲击；有条件的情况下，结合公路绿地建设，兴建市民公园、城市绿道，扩大绿地规模，增加居民休闲场地，改善区域景观环境。

四、公路绿化的生态功能

公路建设会对环境产生一系列不利影响，从而破坏原生境、造成生境破碎化，同时还会伤害周围的生物，影响植物、动物、微生物的生存和分布，大大降低了生物种群、群落乃至整个生态系统的多样性、完整性和稳定性，对生态环境产生一系列消极影响，通过公路绿化，可以从生境保护、生物多样性保护以及景观格局优化等方面来改善受到公路建设影响的生态环境。

（一）保护原生境

生境是生物出现的环境空间范围，一般指生物居住的地方或是生物生活的生态地理环境。生物通过长期进化和环境形成了相对应的关系，生物总是生存在特定的环境当中，因此，公路建设阶段的原生境保护是公路环境保护的首要工作，在建设初期的选线阶段就应受到特别的关注，通过对自然环境的详细调查研究，确定最佳线路，采取避让措施，避免道路穿越生态脆弱带和景观敏感区，尽可能减少对原生境的干扰，把公路对生态环境的破坏程度降到最低。在施工阶段还要做好对公路绿地内和两侧原生植被和附近野生动物的保护。保护是减少公路对生态环境影响最有效，也是在经济上最节约的方法。

即使如此，公路的建设和运营还是不可避免地会对生物的原生境造成一定程度的破坏，这时公路绿化就发挥着非常重要的作用：一方面，可以修复部分被破坏的生物栖息地，另一方面，还可以按照地方生物的生态位特征，在公路绿地中营造出与其原生境相似的小生境，使动植物可以在这样的环境中繁殖、迁徙和生存。

（二）营造生境和生物通道

公路对生态环境造成破坏，同时，路网对生态系统产生干扰、切割，成为生物通道的屏障。同时，基于景观生态学的观点，公路本身是一个人工干扰的带状廊道，也起到连通景观单元的作用，对沿线生态系统有有利的一面，在某些生物多样性匮乏的地区它往往成为生物的重要庇护所；在公路绿化中营造新的生物生境可以形成沿线物种的栖息地。此外，公路廊道的建设还可以为生物物种的交流和贮存提供通道，减弱公路对原生境造成的破碎化影响，对保护区域内的生物多样性有重要意义。

（三）优化景观格局

公路绿化可以利用公路绿化带对生态系统的有利影响，根据场地自然环境条件，建设具有地方特征的生态廊道。并将公路及其周边地域作为一个整体，结合周边的景观斑块和廊道，实行综合规划，优化区域景观格局，通过建设具有连通性和复杂性通道网络，形成完整、高效的绿色生态系统。

五、公路绿化各功能间的相互影响

公路绿化主要具有交通功能、环境功能、景观功能及生态功能。在公路的不同路段、不同部位，公路绿化可以发挥一种主要功能，也可以同时具备几种功能，且各功能间还可能相互影响。如果规划设计、种植、养护措施得当，各功能之间可以做到相辅相成、相得益彰。

例如在公路两侧绿化当中，绿化植物可以稳固路基和路堑边坡，保障路体安全，具有交通安全功能；同时路侧绿化可以隔音、降噪、防尘、净化空气，减少了公路建设和运营对周边环境的影响，具有环境功能；此外，路侧绿化使公路景观融入周围环境之中，为公路驾乘人员和周边居民提供了良好的视觉景观空间，具有景观功能；不仅如此，路侧绿化还可以缓冲公路对周边动植物栖息地的影响，在保障生物多样性、优化景观生态格局等方面发挥了良好的生态功能。好的公路绿化可以同时具备交通、环境、景观、生态等功能，发挥出公路绿化的最佳作用。

再比如靠近居民区的路段，为改善公路两侧的环境常采用土堤地形，并在土堤上栽植植物群落，达到有效规避噪音的目的；与此同时，抬升的地形强化了绿化景观的垂直界面，改善了公路景观空间比例，使得行车人观赏视界中的绿色部分增大，获得极佳的观景感受，具有较好的景观功能；此外，地形和植物的有机结合还发挥着防风、防雪等交通安全功能。

第四章　公路绿化的特点

公路是国家重要的基础设施，是大规模线形人工构筑物，同时也是非常复杂的系统工程，公路绿化作为公路建设的一个重要组成部分，有其自身的特点，这些特点对公路绿化的规划设计、施工和养护有非常重要而且长期的影响，主要有以下几个方面：

◆ 影响范围广，影响时间长

公路建设规模大，途经区域广，对周边的自然环境、社会环境都会造成相当大影响；同时，公路运营时间长达数十年，而且日夜运行，从不间断，给自然环境造成长期污染，对景观环境和动植物环境的影响也是长期的。因此，公路绿化也相应地在这些区域内发挥着环境、景观、生态改善功能，对大范围的生态环境建设起到至关重要的作用。

◆ 绿地呈带状，空间大，路基高

公路绿化是公路的一个组成部分，绿地位于公路界限之内，和公路一样呈长线形、带状，绿地宽度根据公路等级和环境条件有所变化，但由于我国土地资源紧缺，绿地一般都比较窄；公路绿地和公路是一个整体。公路线路很长，往往有几万、几十万甚至上百万米，而且路体宽阔、体量巨大，公路绿化也随之具有绿地面积大和空间尺度大的特点；我国大部分公路为填土路基，一般高 2~4 m，而这高度上的差异，使得公路绿化景观环境和种植小环境与普通道路具有很大差异。

◆ 功能多样，安全优先

公路绿化在交通、环境、景观和生态等多个方面发挥着重要作用，其中保障公路驾乘人员的交通安全是公路绿化的首要功能，公路绿化应首先在满足公路安全要求的前提下，提升公路行驶的舒适性。

◆ 高速动态观赏

公路使用者多数时间都处在高速运动之中，因此，公路绿化视觉景观的营造要充分考虑驾乘人员的动态视觉特征，根据公路车辆行驶速度特点，合理安排绿化景物的体量、景观空间尺度和空间序列结构。

◆ 环境多变化，立地条件差

公路经过城市、乡村和自然风景区，穿越平原、丘陵和山地，干线公路还可能经过有不同的气候区，公路两侧气候、地形、土壤、水文等自然环境条件和历史、人文等社会条件都会有许多变化，公路绿化必须因地制宜，适应不同的生态环境。

公路的建设会破坏原生环境，改变地形、地貌、水文、植被等环境条件，会造成水土流失；施工过程的机械碾压造成绿地土壤板结；施工和运营期交通车辆行驶、尾气排放会严重污染空气和土壤。这些不利的立地条件对公路绿化植物的种植和养护都会造成非常严重的影响。

下面从公路绿化的结构、安全要求、动态特征和环境特点等几个方面分别加以论述：

一、公路绿地的结构

公路绿化受到公路用地条件的制约，根据公路等级、路基形式有不同的用地结构。公路路基分为整体式路基和分离式路基。

整体式路基的标准横断面由车道、中间带（中央分隔带、左侧路缘带）、路肩（右侧硬路肩、土路肩）等部分组成，主线绿化用地包括中央分隔带绿地、土路肩绿地、路堤边坡绿地、路侧绿地等；分离式路基的标准横断面由车道、路肩（右侧硬路肩、土路肩）等部分组成，主线绿化用地包括车道间绿地、土路肩绿地、路堤边坡绿地、路侧绿地等。

（一）高速公路、一级公路绿地

高速公路、一级公路的路基标准横断面分为整体式路基和分离式路基两类。公路横断面布置形式一般分为整体式断面形式和分离式断面形式。高速公路和一级公路会根据地形、地貌等实际条件，因地制宜选用（或分段选用）整体式和分离式断面形式。在山岭、丘陵地段或地形受制约地段，采用整体式断面工程量过大时，常采用分离式断面形式。绿化用地也随之有所不同。

图 1-4-1　高速公路、一级公路整体式路基绿化断面示意图

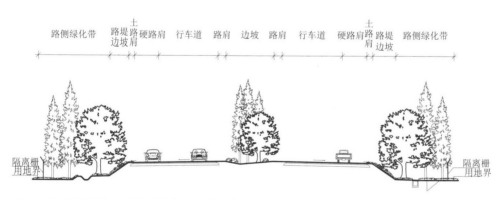

图 1-4-2　高速公路、一级公路分离式路基绿化断面示意图

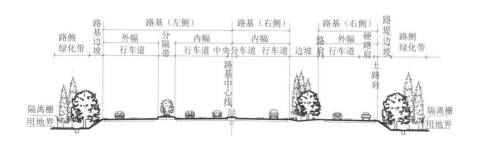

图 1-4-3　高速公路、一级公路复合式路基绿化断面示意图（左侧为内、外幅整体式，右侧为内、外幅分离式）

（二）二、三、四级公路绿地

二级公路路基的标准横断面由车道、路肩（右侧硬路肩、土路肩）等部分组成。二级公路作为城乡结合部、混合交通量大的集散公路，会根据实际需要加宽右侧硬路肩设置慢车道。三级公路、四级公路路基的标准横断面由车道、路肩等部分组成。二、三、四级公路主线绿地包括土路肩绿地、路侧绿地、机动车非机动车隔离带绿地等。

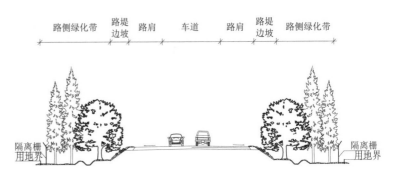

图 1-4-4　二、三、四级公路绿化断面示意图

表 1-4-1　公路的环境影响

公路技术等级	高速			一级公路			二级公路		三级公路		四级公路	
行政等级	国道、省道			国道、省道			国道、省道、县道		县道、乡道		县道、乡道	
功能等级	主要、次要干线公路			次要干线、主要集散公路			次要干线、主要集散、次要集散公路		次要集散、支线公路		支线公路	
设计速度（km·h^{-1}）	120	100	80	100	80	60	80	60	40	30	30	20
车道数	8	6	4	8	6	4	6	4	6	4	4	2	2	2	2	2或1
车道宽度 / m	3.75	3.75	3.75	3.75	3.75	3.50	3.75	3.50	3.50	3.25	3.25	3.00
路基宽度（整体式）/ m	8车道，38.5~42；6车道，32~34.5；4车道，21.5~28；2车道，6.5~12；1车道，4.5											
路基宽度（分离式）/ m	8车道，21.75~22；6车道，16~17；4车道，10.25~13.75											
路拱 NC/%	位于中等降雨地区时，路拱坡度宜为2%；位于降雨强度较大地区时，路拱坡度可适当加大。											
中央分隔带 / m	1~3	1~2	1~2	1~2	1~2	1~2						
中间带 / m	2.00~4.50			2.00~3.50								
右侧硬路肩 / m	1.50~3.50			1.50~3.00			0.25~1.50					
右侧土路肩 / m	0.75			0.75			0.75					
分离式路基左侧硬路肩 / m	1.25	1.00	0.75	1.00	0.75	0.75						
分离式路基左侧土路肩 / m	0.75	0.75	0.75	0.75	0.75	0.50						

二、公路绿化的安全要求

交通安全是公路建设的最基本要求,理想的公路条件、交通条件、环境条件是保证交通安全出行的三大因素。公路绿化首先要满足交通安全要求,主要内容有以下几个方面。

(一)公路建筑限界

公路建筑限界是为了保证公路上规定的车辆正常运行与安全,在一定宽度和高度范围内,不得有任何障碍物侵入的空间范围。在公路横断面设计中,行道树等绿化植物不得侵入公路建筑限界之内。

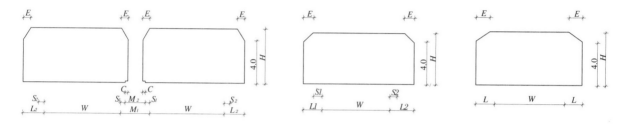

(a)高速公路、一级公路(整体式)　　　(b)高速公路、一级公路(分离式)　　　(c)二、三、四级公路

W- 行车道宽度;L_1- 左侧硬路肩宽度;L_2- 右侧硬路肩宽度;S_1- 左侧路缘带宽度;S_2- 右侧路缘带宽度;L- 侧向宽度:高速公路、一级公路的侧向宽度为硬路肩宽度(L_1 或 L_2);二、三、四级公路的侧向宽度为路肩宽度减去 0.25 m;C- 当设计速度大于 100 km/h 时为 0.5 m,等于或小于 100 km/h 时为 0.25 m;M_1- 中间带宽度;M_2- 中央分隔带宽度;E- 建筑限界顶角宽度;当 $L \leq 1$ m 时,$E = L$;当 $L > 1$ m 时,$E = 1$ m;H- 净空高度

图 1-4-5　各级公路的建筑限界规定图

(二)视距

视距指在车辆正常行驶中,驾驶员从正常驾驶位置能连续看到公路前方行车道范围内路面上一定高度障碍物,或者看到公路前方交通设施、路面标线的最远距离。这里的距离是指沿车道中心线量得的长度。

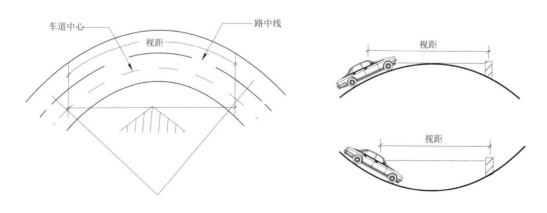

图 1-4-6　公路平面视距和纵面视距示意图

公路视距主要包括如下内容：

1. 停车视距

它是指车辆以一定速度行驶中，驾驶员自看到前方障碍物时起，至到达障碍物前安全停止所需要的最短行驶距离。在停车视距检验时，小客车停车视距采用的驾驶员视点高度为 1.2 m，载重货车停车视距采用的驾驶员视点高度为 2.0 m，视点前方路面上障碍物顶点高度为 0.10 m。

2. 会车视距

它是指在同一车道上对向行驶车辆，为避免发生迎面相撞，自车辆在行驶过程中发现对向来车起，至驾驶员采取合理的减速操作后两车安全停止、不发生相撞所需的最短行驶距离。参考国内、外的普遍做法，会车视距一般取停车视距的两倍。

3. 超车视距

它是指在需要临时占用对向车道完成超车的公路上，后车超越前车过程中，自开始驶离原车道起，至可见对向来车并能超车后安全驶回原车道所需的最短行驶距离。在超车视距检验时，小客车采用的驾驶员视点高度为 1.2 m，载重货车采用的驾驶员视点高度为 2.0 m，视点前方路面上障碍物顶点高度为 0.60 m，即对向车辆（小客车）的前灯高度。

4. 引道视距

每条岔路上都应提供与行驶速度相适应的引道视距。引道视距在数值上等于停车视距，但量取标准为：眼高 1.2 m；物高 0。

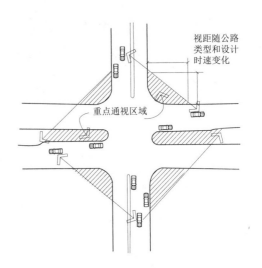

图 1-4-7　视距

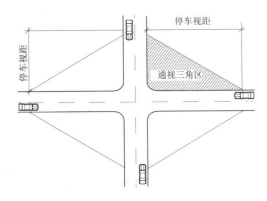

图 1-4-8　停车视距

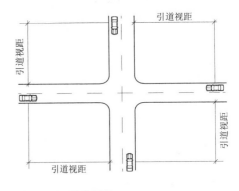

图 1-4-9　引道视距

表 1-4-2　高速公路、一级公路停车视距规定

设计速度/km·h⁻¹	120	100	80	60
停车视距/m	210	160	110	75
货车停车视距/m	245	180	125	85

表1-4-3 二、三、四级公路停车、会车与超车视距规定

设计速度 / km·h⁻¹	80	60	40	30	20
停车视距 / m	110	75	40	30	20
货车停车视距 / m	125	85	50	35	20
会车视距 / m	220	150	80	60	40
超车视距 / m	550	350	200	150	100

表1-4-4 各种设计速度所对应的引道视距规定

设计速度 / km·h⁻¹	100	80	60	40	30	20
引道视距 / m	160	110	75	40	30	20

5. 通视三角区

两相交公路间，由各自停车视距所组成的三角区内不得存在任何有碍通视的物体，如图所示。条件受限不能保证由停车视距所构成的通视三角区时，则应保证主要公路的安全交叉停车视距和次要公路至主要公路边车道中心线5~7 m所组成的通视三角区。

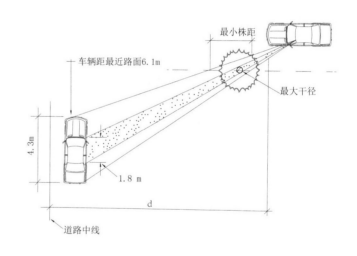

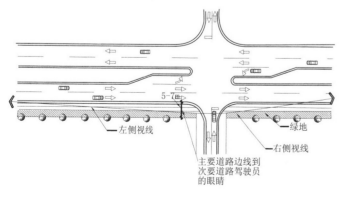

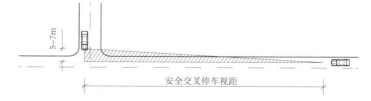

图1-4-10 通视三角区

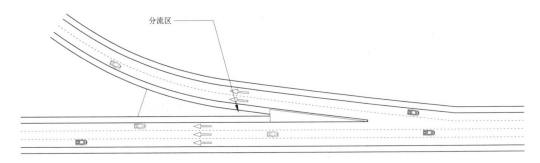

图 1-4-11　互通式立交识别视距

6. 互通式立交识别视距

主线分流鼻之前应保证判断出口所需的识别视距。识别视距应大于表 1-4-5 的规定。条件受限制时，识别视距应大于 1.25 倍的主线停车视距。

7. 匝道停车视距

匝道全长范围内应具有不小于表 1-4-6 规定的停车视距。

表 1-4-5　互通式立交识别视距

设计速度 / km·h⁻¹	120	100	80	60
识别视距 / m	350 ~ 460	290 ~ 380	230 ~ 300	170 ~ 240

表 1-4-6　匝道停车视距

设计速度 / km·h⁻¹	80	70	60	50	40	35	30
停车视距 / m	110（135）	95（120）	75（100）	65（70）	40（45）	35	30

8. 汇流鼻前通视三角区

汇流鼻前，匝道与主线间应具有如图所示的通视三角区。

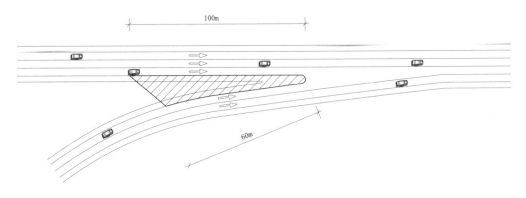

图 1-4-12　汇流鼻前三角区

9. 瞭望视距

公路、铁路平面交叉口道口应设置在汽车瞭望视距不小于50 m处,能看到两侧铁路上火车的范围。

表1-4-7 瞭望视距

路段旅客列车设计行车速度/km·h⁻¹	140	120	100	80
汽车瞭望视距/m	470	400	340	270

(三)路侧净区

公路路侧净区是指公路行车方向最右侧车道以外,相对平坦、无障碍物、可供失控车辆重新返回正常行驶路线的带状区域。路侧净区包括土路肩、平缓边坡和路侧绿地,宽度与公路的交通量、运行速度、平曲线半径和路基边坡坡度有关。公路路侧净区的宽度不满足安全要求,净区范围内有无法移除的障碍物时,应按护栏设置原则确定是否设置护栏。

(四)防眩

设有中央分隔带的公路,夜间交通量大,行车产生眩光影响对向车道行车时,设置防眩设施可对眩光产生遮挡,提高行车安全和舒适性。防眩设施主要包括防眩板、防眩网和植树3种形式,中央分隔带植物在防眩的同时,还可以起到改善公路景观和环境的作用。公路平面交叉口位置设置防眩设施时,容易对转向车辆产生遮挡,导致交叉口的视距不良,因此该处不能种植会遮挡驾驶员视线的植物。

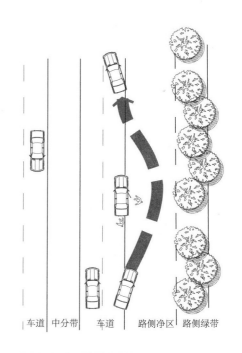

图1-4-13 路侧安全净区

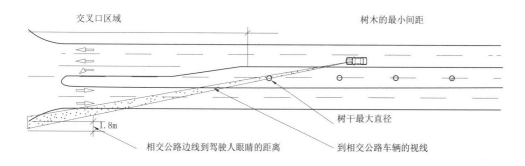

图1-4-14 交叉口中央分隔带植物种植

（五）视线诱导

公路视线诱导设施可分为轮廓标、分合流诱导标、线形诱导标3种。轮廓标以指示公路线形轮廓为主要目标，诱导驾驶员视线，使行车更安全、舒适。在公路外侧行列式种植乔灌木，也可以起到诱导视线的作用。

图 1-4-15　植物诱导行车视线

三、公路绿化的视觉特征

公路绿化景观空间为一点透视空间，在这种空间类型当中水平景观元素不容易被注意，而和视平线相交的景观元素比较醒目；同时，驾乘人员的视点一般比较低、视平线一般为 1.1～1.2 m，比正常情况略低 30～40 cm，地面上看到的图像移动更快，因此对地面图形的观察能力大幅度下降；更为重要的是，驾乘人员的视点持续高速运动，在运动状态下，视觉感知和判断能力与静止状态明显不同。几乎所有的研究都证明，随着相对运动速度的增加，驾驶员视觉的感知和判断能力呈下降趋势。而影响驾驶员动态视觉特征的因素又是多方面的，主要包括：

（一）动态视觉引起的生理变化

视觉包括视力、视野、色觉、立体视觉和明暗适应 5 个方面的内容。在人的众多感知通道中，视觉是人获取外界交通信息的第一渠道。无论是静态的还是动态的，有 80% 以上的交通信息是驾驶人靠视觉获取的。

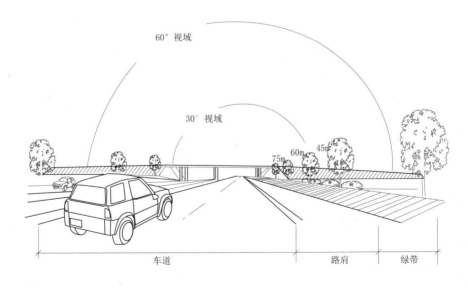

图 1-4-16　行驶速度和视角的关系

1. 视力下降

视力，也称视敏度，是指人的眼睛能感知的最小的对象、分辨细微差别的能力。在静止状态下的视力称之为静视力。在车辆行驶状态下，驾驶员观察物体的视力称为动视力。驾驶员在静止状态和运动状态下的视力是完全不同的，根据运动视觉心理学的分析，动视力比静视力低 10%~20%，特殊情况下低 30%~40%。动视力随景物相对运动速度的加快而变化，车速越快，视力下降越大。另外，影响动视力的因素还有：照明、背景目标光亮度对比、目标呈示时间、目标至驾驶员眼间的间距、物体运动的方向、物体相对运动的方式以及驾驶员的性别及年龄等。

2. 视野变小，焦点后移

头部和视线固定时，眼睛所能看到的全部范围称为静视野，如果仅仅将头部固定，眼球自由转动时能够看到的全部范围就是动视野。通常人的双眼视野范围水平方向约为 160~180°，垂直方向约为 100~130°。为了保证行车安全，驾驶员需要有宽阔的视野，但实际上，动视野的大小与车速有很大的关系（表 1-4-8），随着车速的提高，驾驶员的视野在变窄。而人眼的舒适视野为 18°。在某一时刻，驾驶员注意力的集中点称为注视点，注视点距汽车当前位置的距离称为注视距离。

表 1-4-8　行车速度与视野、注视距离的关系

车速 / km·h⁻¹	40	60	80	100	120
视野 / °	100	86	60	40	22
注视距离 / m	180	335	377	564	710

如图 1-4-17 所示，当速度增加，眼睛专注于细节时，行驶者的视域范围会收缩。因此，高速公路两旁的要素必须是静态的、灰暗的，其主要形象应是为视觉轴线服务的，一闪而过时才不会引起强烈的注意。

在公路上行驶时，驾驶员总是把注意力集中在前方路面上，眼睛在车轮的前方就感受到了路面的变化，并在紧急情况下为司机提供足够的预警距离。车速越高，驾驶员的注视点越远。例如，时速 40 km 时，焦点会聚到前方 220 m 的路上。这一距

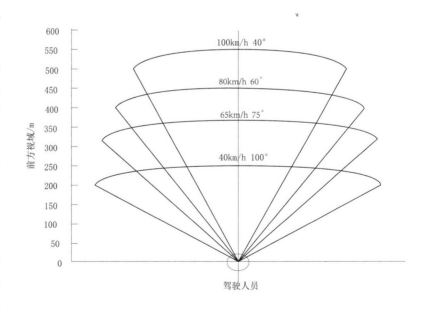

图 1-4-17　不同车速驾驶人员注意力集中区域

离会随着速度的增加而增加，当时速为 100 km 时，这一距离为 600 m。因此，任何想引起司机注意的物体，不应置于视觉的轴线上，而必须位于一定的距离之外，以使其从远处就能被注意到。

3. 景深变小

驾驶过程中，驾驶员的空间分辨能力降低。随着车速的增加，驾驶员的视力呈下降趋势，其视认距离会缩短。

4. 空间辨识度下降

空间识别能力是指人们对事物的大小、运动状态以及空间距离的辨认能力。车速增加，景物距汽车就越近，景物的角速度愈大，景物在视野内的作用时间也会变短。根据动视觉原理，人的视觉反应时间一般为 0.15 ~ 2.00 s，而人眼能分析画面，并得出一个有意义知觉的时间一般为 1.5 ~ 2.0 s。在车辆行驶中，对于在车辆周围距离较近的物体，由于观察时间短、观察距离远以及无法直接感知的原因导致驾驶员很难分辨清楚。

5. 白洞、黑洞效应

人眼的一大特征，就是它对光的亮度变化的适应性。光亮度变化较大的情况下，眼睛不能一下子看清物体，需要经过一段时间适应后才能看清。从暗处到亮处的适应叫明适应，时间较短，一般只需几秒钟到一分钟，通常对视觉影响不大。从亮处到暗处的适应叫暗适应，时间较长，一般经过 4 ~ 6 min 才能有所适应，要完全适应则需要 30 min 左右。

当车辆在昼间行驶至隧道处时，内外环境照度的巨大的变化会引起驾驶员视觉不适，人的视力范围采集信息减少，产生黑白洞效应。"黑洞效应"是指司机开车经过隧道，忽然从亮的地方到暗的地方，隧道洞口最初是一个黑黑的洞。而从隧道内出来时则刚好相反，人眼看到的是一个白亮的洞口，被称为"白洞效应"。隧道路段驾驶员视觉特性试验结果表明，洞口段驾驶员瞳孔直径快速变化，以适应洞内外环境亮度差异（如图 1-4-18）。一般暗适应起点位于洞外，即从进洞前一定距离开始驾驶员已进入暗适应阶段（瞳孔直径开始增大）；明适应在洞外有一定延续（瞳孔直径持续减小）。明暗快速交替，极易发生事故。严重情况下会产生"骤盲"，有很大的安全隐患。

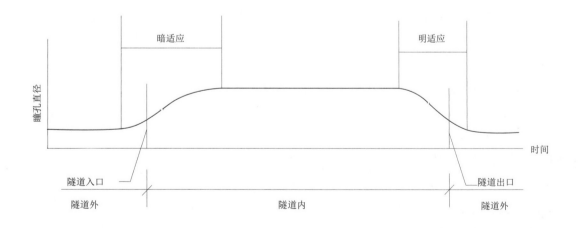

图 1-4-18 公路隧道明暗适应过程示意图

（二）动态视觉引起的心理变化

1. 注意力集中

人的注意力随速度的提高而提高。一个散漫站立着的人是没有注意力的，随着其运动速度的增加，其注意力也会相应增加。车速越高，注意力越集中且越难于转移。而对于驾驶员而言，过于注意与路况不相关的物体会变得非常危险。

2. 错误率增加

驾驶判断是指驾驶员把不断收集来的感知信息与自己的知识、经验进行对照、分析，然后对前后车辆速度、间距、意图、驾车技术状况等诸方面情况进行判断，最后决定采取哪些措施，以维持正常的交通秩序。驾驶判断是周而复始、不断循环的过程。其中任何一个环节判断失误，都将容易引发交通事故。高速行驶时，驾驶员在单位时间内接受的信息量显著增多。车速越快，给驾驶员的观察时间就越短，单位时间内的刺激物出现次数越多，驾驶员出错的比例越大。而对高速公路安全行驶负面影响较大的是驾驶员对车速和车间距离判断失误。

3. 道路催眠

在交通环境变化不大的情况下，单调信号对大脑皮层某些点的重复刺激，会导致神经细胞呈现抑制状态，形成"道路催眠"，也有人把这称之为"公路催眠"或"低觉状态"。例如，高速公路道路条件好，路面平坦、线形较直、车速高、干扰少、无交通信号，同时周围环境单一、车外景色单调而重复，很容易对驾驶员形成"道路催眠"。

在公路行车过程中，随着车速的增加，驾驶员的空间辨别范围缩小，注视点后移，两眼凝视远方并集中于一点，形成"隧道视觉"，从而使外界刺激物减少，只注视单调的路面，难以发现突然出现的障碍物。加之发动机单调的响声和单调枯燥的驾驶操作，脑细胞产生抑制作用，致使驾驶员大脑机能降低，感觉迟钝，知觉减弱；进而肌肉动作迟缓；对危险情况缺乏必要的应急能力，基本上处于无防备状态，这时就很容易发生交通事故。

4. 恐惧心理

当公路景观过于开敞，而地平线又远低于视点时，会形成非常空洞的视觉空间。比如一些相对高程较高的高架桥段，视点与桥下景物构成非常大的高差。行驶在此类空间里的驾乘人员视域内除了前方的桥面、防眩和防护设施外，再没有其他任何可视对象及高程参照物，这种特殊的视觉空间可定义为空旷空间，给人一种不稳定、没有确定感的心理恐慌反应。恐惧心理会使驾驶员思想呆滞，精神紧张，意识与现状脱节，当遇到比较复杂的道路时，就会惊慌失措、手忙脚乱，极易引发事故。

四、公路绿化的小环境特点

公路绿化的环境受到公路工程条件、公路建设和运营的影响，在区域自然环境、路域绿地小环境方面都有着自身的特点，对绿化的规划设计、施工、养护都有非常大的影响。公路线路很长，特别是国省干线，所在区域环境条件复杂多变；由于公路建设阶段施工对绿地小气候、土壤、地形、生物因子的负面影响，运营期间交通车辆排放造成的污染，加上路基较高，造成公路绿化非常恶劣的小环境。

（一）温度

公路建筑、构筑物材料多为混凝土、石材和沥青，材料的热容量小，反射率大；路基、路面、砌石边坡结构直接暴露在大气之中，直接经受太阳的照射、外界气温、风速、降雨及蒸发等外界因素的影响；公路路域地形开阔，空气对流快，路基较高，尤其是在立交桥梁路段，为满足桥下净空高度，路基应修至更高。公路绿地由于这些因素影响，夏季高热而冬季严寒，而且气温变化也很快。

通常情况下，路表温度普遍高于气温，路表由于受太阳的照射等因素的影响，远比当天的最高气温还高。每年的高温季节，气温高达40℃左右时，再加上沥青、水泥路面的热辐射作用，气温局部高达50℃以上，造成绿地温度上升，严重时可以引起树木灼伤。

而在低温的情况下，路表最低温度由于受强风、降雨、降雪及夜间路表放热等自然界因素的影响，可能比最低气温还低，使得冬季公路绿地的气温比其他地区更低，树木常常受到冻害。同时，土壤温度上升和下降和气温有差异，会影响植物的生长，如春季绿地地温回升慢，造成地上部分发芽而地下根系还未正常生长，造成植物生理性干旱，出现死亡或生长不良。

（二）水分

公路一般远离城市村庄，路基高，地形开阔，空气对流快。由于黑色路面的热辐射作用，容易形成高温，高温使树木蒸腾作用明显加强，更加剧了树木水分的蒸发，使其缺水造成生理性干旱而死亡。公路绿地土壤受到公路场地条件制约，加上施工影响，土层一般比较薄，密实度高，且绿地土壤多为生土，透水和持水性能都很差，雨水难以下渗，土壤水分容易缺乏，影响植物生长。

（三）光照

公路绿地处于空旷的环境之中，中央分隔带、路侧绿带等大部分区域日照充沛。边坡根据坡向条件，光照条件各不相同。路堤边坡和路堑边坡根据朝向分为向阳边坡（朝南）、阴阳边坡（朝东或朝西）和背阴边坡（朝北），光照受朝向影响很大。向阳边坡正对日照方向，光线充足；背阴边坡终年日照少。公路绿化植物的光环境还受到夜间车灯和路灯照明的影响。

（四）空气

公路绿地的空气中的污染物含量较高，在公路施工期，对空气质量造成的影响主要是施工机械的废气和施工材料粉尘的影响。路基开挖、土地平整及路基填筑等施工过程，会造成粉尘、扬尘、沥青烟和总悬浮物颗粒物（TSP）等大气污染；在公路运营期间，对大气环境的影响主要是车辆排放物，如一氧化碳、氮氧化物、二氧化硫、碳氢化合物等；同时，公路表面沉积物容易被运输车辆碾成小颗粒，这些小颗粒很容易伴随着经过的车辆或风进行空气传播。

公路绿地空气中的尘埃，常年使树木叶片表面覆盖一层尘土，影响叶片的光合作用；空气中的污染物会造成植物的生长不良甚至死亡，如果遇到雾天，大气气压低，空气不流动，会形成局部高污染空气滞留，空气污染浓度更高，对植物造成的危害更大。

（五）气流

公路路基高，地形开阔，空气流动快，再加上高速行驶的车辆产生的气流，造成公路绿地的气流较快。公路的车流量越大、速度越快、其产生的气流越强,大型客车通过时瞬间风速可达 2.5 m/s,对路面附近的植物生长影响很大,并且这种情况每时每刻都随时发生,强烈的气流引起树木剧烈摇摆,损伤树木的根系,还会加快树木的水分损耗,容易造成植物缺水。

(六)土壤

公路绿地受到公路施工和运营的影响,土层薄、密实度高、pH 值升高、养分含量低、污染严重。

公路建设施工破坏了原有肥沃的表土层和腐殖质层;机械碾压和人为踩踏,导致土壤板结、通气性降低,影响植物根系的生长;路堑边坡由于机械挖掘暴露出原生土壤的母质(风化壳、基岩、心土),土质坚硬、有机质含量低、肥力差,水土流失严重;路堤边坡的土层非常薄,还含有较多的石灰、粉煤灰、沥青或石块等路基路面施工材料;路侧绿带、互通立交区绿地由于受到施工影响,易造成土壤板结,部分地区还是取、弃土场地,机械的挖填、碾压和建筑垃圾等因素造成土壤质量更差;中央分隔带中回填土一般也含有大量的建筑垃圾,土质很差。

公路运营后,往来交通车辆污染物排放到空气和路面,再经过雨水和地表径流进入绿地,使土壤的质量更加恶化。

(七)地形

地形通过对气候因子和土壤因子的影响间接地影响植物的生长,公路绿地中有大量的边坡绿地,其方位、坡向、坡度的不同,对植物的生长影响很大:南坡光照强,湿度低,土壤比较干旱,而北坡则与之相反,在雨量少的地区对植物生长的影响更加明显,北坡植物生长旺盛,部分喜光植物也会生长在阴坡或半阴坡环境当中;坡度陡峭的边坡绿地,不仅引起小气候变化,而且容易发生水土流失,对植物的生长非常不利。

(八)生物因子

植物的生长会受到其他生物直接或间接的影响,土壤动物和微生物对土壤植物生长有着重要的促进作用,植物之间也会有相互影响。公路绿地中的土壤受到建筑施工的干扰,土壤中有益动物和微生物数量减少,土壤密实度还造成微生物繁殖受到抑制,靠微生物分解释放的养分减少,从而影响植物的生长。

第五章 公路绿化基本术语

一、公路绿化

1. 公路绿化

它是指在公路两侧边坡、分隔带及沿线空地等一切可绿化的公路用地，利用植物营造公路景观改善公路环境的工程。它是公路建设的一项重要内容，对巩固路基、保护路面、降低噪声、防治污染、维护公路的良好环境都有着重要作用。包括公路绿化（地）的规划设计、植物的种植、养护等方面内容。

2. 公路绿地系统

它是指由公路中各种类型和规模的公路绿化用地组成的整体，是一个体现各种结构和功能的绿地系统，并承担公路的以下职能：组织道路景观和交通安全，改善道路生态环境、满足人居环境要求、美化环境和防灾避灾等。

3. 绿色通道（公路绿化带）

它是指在公路两侧，按国务院和省政府规定的宽度进行绿化的工程。具体来说：公路绿色通道（公路绿化带）建设是指对公路沿线进行高标准绿化美化，以公路为主线，统一规划，公路用地绿化和两侧造林绿化统一布局，沿线城镇、乡村绿化美化统一推进，乔、灌、花、草结合，实现通道沿线林木连线成网。绿化带必须达到一定的宽度，一定规模的绿量（或生物量）和较复杂的空间结构，能满足美化道路环境，改善周边景观，并能与周边森林系统、农田系统和水体系统连为一体，成为生物流通的通道，以达到保护环境和生物多样性的目的。

4. 公路绿色通道主景观带

它是指在近干线公路两侧，以景观和生态效益为主，主要满足改善道路景观环境的区域，为主景观带。主景观带以外，围绕公路沿线绿化，以林业或其他经济植物生产为主要目的区域，为次景观带。主景观带可跨越公路用地内外，要求进行统一规划。主景观带是生态林框架的组成部分，应保持相对稳定，几十年甚至上百年不变，最终形成具有地方特色和自然特性，生物多样性丰富的植被群落、景观廊道或绿色屏障。因此，在骨干或建群树种选择上，要求景观效果好，无严重病虫害，寿命较长的常绿或落叶树种；在配置方式上，可采用乔灌草、观叶和观花相结合的方法，提高景观的审美价值。高速公路绿色通道绿化带的宽度与高速公路绿色通道主景观带的范围一致。

5. 景观路（园林路）

它是指在公路重点路段，强调沿线绿化景观，体现路段风貌、绿化特色的道路。

6. 生态路（环保路）

它是指使公路景观布置显出自然山水风景特色的布局格式的道路。体现了生态设计的基本思想，即是以自然生态的方法，代替以往单纯从视觉出发的设计方法，其目的就是要创造更加自然的景观，提倡用种群多样、结构复杂和竞争自由的植被类型。

7. 可绿化路段

它是指在公路用地范围内，能人工栽植和自然生长乔木、灌木和花草的路段。

8. 不可绿化路段

它是指公路隧道、桥涵、石质路基及护坡、漫水路、重盐碱等路段，不能人工栽植或不能自然生长木本、草本植物的路段。

9. 行道树

种植于道路两旁，以遮蔽及美化道路为主的树木，一般成行等距离种植，具有遮阴、防尘、护路、减弱噪声和美化环境作用。

10. 防护林带

防护林带指位于边坡或无边坡的路肩外侧一定宽度的林带，有加强路面防护的作用，可以防止风沙、泥石流等对公路路体的侵扰。

11. 绿化带

公路红线范围内或道路两侧的带状绿地。公路绿带分为分车绿带、行道树绿带和路侧绿带。分车绿带：车行道之间可以绿化的分隔带，其位于上下行机动车道之间的为中间分车绿带；位于机动车道与非机动车道之间或同方向机动车道之间的为两侧分车绿带。行道树绿带：布设在人行道与车行道之间，以种植行道树为主的绿带。路侧绿带：布设在道路边缘外侧的绿带。

12. 匝道绿化

指公路干线与相交干线或辅道连接路段的绿化。一般高速公路与交通量较小的路线相交时，有单向匝道、双向匝道两种。在这两种道路两侧的植物绿化，多采用适生的草皮、矮灌植物。

13. 分隔带绿地

位于机动车道之间和机动车与非机动车间的可绿化区域。

14. 中分带绿化

位于上下行机动车道之间的可绿化的分隔带，其上栽种常绿灌木，主要起防眩或美化作用。

15. 交通岛绿地

可绿化的交通岛用地。交通岛绿地分为中心岛绿地、导向岛绿地、导向绿地和立体交叉绿岛。

16. 互通立交绿地

互通式立体交叉干道与匝道围合的绿化用地。

17. 路肩绿化

以植草皮为主，其间可配植一些花卉；靠近护栏内外可栽植一些花灌木及常青绿灌木，达到颜色与形状的和谐。

18. 边坡绿化

采用植物加固，为防治公路边坡水土流失而采取的绿化措施，以乔灌间种，草皮满铺等方式进行平面布局。

19. 立体绿化（垂直绿化）

一是相对于地面绿化而言的，即垂直绿化，主要使攀缘植物在立交桥立面、立交桥立柱、裸露岩石和护坡、挡墙工程表面等处生长，并将其表面覆盖，减轻硬质立面对视觉的影响。二是指采用乔灌草分层种植，充分利用有限的垂直空间，增加绿量。常用的植物有金银花、紫藤、常春藤、美国凌霄、爬山虎、扶芳藤等。

20. 服务区绿化

通过因地制宜地构造地形、栽种植物、布置园路等方法创造而成的优美的游憩环境的绿化工程。改善服务区的生态环境，满足工作人员和来访者休闲需要。

21. 湿地绿化

利用公路水体、低洼地等种植一些水生植物或耐水植物，营造特殊的水生植物景观，净化水质，改善路域生态环境。水生植物与环境条件中关系最为密切的是水质、土质、水的深度和水位的变化。

22. 假山

在公路服务区、互通中以造景为目的，用土、石或人工材料结合建造的隆出地面的模仿自然山景的地形地貌，一般坡度在15%以上，区别于微地形。

23. 屋顶绿化

又称"空中花园"，种植矮灌、花灌等观赏植物，绿化屋顶空间，使其与地面绿化配合、协调，增加绿化立体空间的绿化方式。

24. 墙面绿化

主要运用攀缘植物在建筑物墙面、立交桥立面等处，将其表面覆盖。可避免墙面受到太阳直接辐射。且对增加道路绿色和减低噪声有显著作用。常用的植物有爬山虎、金银花、紫藤、常春藤、凌霄等。

二、植物分类

1. 乔木

多年生木本植物，树体高大，分枝和叶组成庞大的树冠，主干和分枝有明显的区别。如雪松、樟、女贞、意扬、柳树、栾树等。成年树高大于10 m的称为大乔木，树高在5～10 m的称为小乔木。

2. 灌木

多年生木本植物，高度一般1.0～3.0 m，丛生无明显主干，分枝从地面处开始，无树冠和枝下高之分。如海桐、毛鹃、月季等。

3. 地被

株丛密集、低矮，用于覆盖地面的植物。主要为宿根越冬的多年生植物。

4. 草坪

指大面积人工种植的生长均匀、修剪适宜的由草本植物覆盖的地面。

5. 常绿与落叶

常绿树：所谓常绿树，并非周年不落叶，而是叶的生命较长，多在一年以上至多年。每次落叶仅仅脱落部分老叶，又能增生新叶的树木。因此全年连续有绿叶存在，如雪松、龙柏、香樟等。

落叶树：树木为适应冬季低温等不利的环境条件于秋季落叶，经过冬季低温休眠期至翌年春季开始萌芽生长。如水杉、银杏、栾树等。

6. 阔叶树与针叶树

阔叶树：所谓阔叶树，叶面宽阔，多为双子叶植物，如悬铃木、榆、杨、柳、泡桐等。

针叶树：所谓针叶树，叶多为常绿，针状或鳞片状，为裸子植物，如松、杉、柏等。

7. 冷季型草

温带气候条件下生长的草种，耐低温，最适宜的生长温度为15~25℃，耐践踏性相对较差，生长迅速，需频繁修剪。

8. 暖季型草

热带和亚热带气候条件下生长的草种，最适宜的生长温度为26~32℃，冬季进入休眠，耐践踏性优于冷季型草。

9. 一季草

通常指的是如黑麦草等播种发芽迅速但只能生长一季的草种。

10. 多年生草

非季节性死亡的草种，寿命在两年以上，一生中能多次开花结实。

11. 丛生型草

靠分蘖进行繁衍，叶片呈丛状生长的草种。

12. 阳性植物

在阳光充足的环境条件中才能生长健壮，在荫蔽和弱光条件下生长发育不良的植物，称为"阳性植物"或"喜光植物"。

13. 耐阴树种

具有较强的耐阴能力，能在庇荫环境条件下正常生长发育的植物，称为"阴性植物"或"耐阴植物"。

14. 中性植物

对光照条件的要求介于阳性植物与阴性植物之间，或在半遮阴条件下生长良好的植物，称为"中性植物"。有些植物对光照条件要求不严，适应范围较广，既能在荫蔽的林下或背阳的地方正常生长发育(尤其是幼龄期)，又能在阳光比较充足的环境条件中正常生长发育，即这类植物既性喜阳光，又较耐荫蔽。

15. 耐旱植物

在土壤水分含量相当低的条件下能正常生长的植物。

16. 耐湿植物

要求土壤水分充足，适合在水湿地中生长、抗涝性强，在短期内积水生长正常的植物，有的即使根部没入水中数月也不影响生长。其中还有少数植物常年生长在浅水中，照样开花结实。

17. 中性植物

介于耐旱植物与湿生植物之间的植物类型，最适宜生长的条件是土壤干湿度适中，既怕水湿，又喜湿润土壤。多数植物属于这种类型。

18. 水生植物

水生植物生活史中有一时期生长于水中或生长于饱和含水量之土壤上。狭义的水生植物是指植物的生活史必须在有水环境下完成，亦即该水生植物一生都必须生活在水中，根据其习性不同可分为：挺水植物、浮叶植物、漂浮植物、沉水植物。广义上的水生植物也包括湿生植物。

（1）挺水植物：它们的根浸在底泥中，茎直立挺出水面，大部分生长在岸边涸泽地带。如荷花、水葱、慈姑、香蒲、芦苇等。一般长在水深不超过 1 m 的浅水中。

（2）浮叶植物：它们的根生长在底泥中，叶浮水，但茎并不挺出水面。如睡莲、菱、王莲等，这类植物一般在 2 m 左右的水域都能生长。

（3）漂浮植物：体内有发达的通气组织，或具有膨大的叶柄，茎叶浮水，根自由漂浮的植物。如槐叶萍、满江红、水鳖等。

（4）沉水植物：指在大部分生活周期中植株沉水生活，根生于底泥中的植物，主要为单子叶植物，是完全的水生植物。如眼子菜、苦草、金鱼藻、狐尾藻等。叶子柔软而透明，有的形成丝状。丝状叶可以大大增加与水的接触面积，使叶子能最大限度地得到水里很少能得到的光照，吸收水里溶解得很少的二氧化碳，保证光合作用的进行。

（5）湿生植物：这类植物根茎即可以水生，也可以生于饱和含水量的土壤之中。有的树种，在整个生活周期，它的根系和树干基部浸泡在水中并生长良好，如池杉、墨西哥落羽杉、中山杉等落羽杉属植物，有较强适应性，不仅在水中生长良好，而且在陆地也生长极佳。有的树种，在水陆交替的生态条件下能良好生长，如水杉、柳树、杨树等。

19. 喜酸性植物

喜酸性土壤的植物，有的甚至在强酸性土壤上生长良好，如杜鹃、山茶、油茶等。

20. 耐盐碱植物

能生长在含盐碱的土壤中的植物，如乌桕、中山杉、白蜡、刺槐、紫穗槐、胡颓子、枸杞、旱柳等。

21. 耐瘠薄植物

对土壤养分要求不严，在瘠薄的土壤中能正常生长的植物，如松柏类植物、杨树、槐树、构树、桑树、朴树、马棘木蓝、木槿、女贞、棕榈、紫藤等。

22. 乡土植物

生活在某一特定区域和环境中的植物。

23. 外来植物

相对于乡土植物，在一定区域或环境中没有自然分布，由于被引种或间接引入的植物。

24. 有害植物

对环境和人畜的身体健康有害，有侵占性、蔓延性且难以控制的植物。

25. 一年生杂草

发芽、生长、开花、结果和死亡都在一年之内的杂草。

26. 二年生杂草

完成一个生命周期需要两个生长季，结实后死亡的杂草。

27. 多年生杂草

可自播和生存周期不确定的杂草。

28. 水生杂草

生长在水中或湿地边缘的杂草，包括挺水型、浮叶型、漂浮型和沉水型杂草。

三、土壤质量

1. 熟土与生土

熟土：耕作层也称熟土层。因受人类耕作活动影响，腐殖质较多，土层比较疏松。又由于施有机肥的原因，致该层颜色较暗，显黑色和灰色。

生土：为耕作层以下的土壤，没有人为干预条件下形成的瘠薄、肥力差的土壤。

2. 客土

将种植地点或种植穴中不适合种植的土壤更换成适合种植的土壤，或掺入某种土壤，改善理化性质的土壤。

3. 种植土

经过人工选择或改造，理化性能好，结构疏松、通气、保水、保肥能力强、适宜于植物生长的土壤。

4. 种植土层厚度

植物根系正常发育生长所需的土壤深度。

5. 土壤养分

土壤满足作物生长发育过程中对养分需求的能力。

6. 土壤有机质

土壤里面存在着各种植物和动物的残留体与分解产物，这些分解产物合成的物质以及活的和死的微生物体，统称为土壤有机质。

7. 土壤水分

存在和保持于土壤中的水分。灌溉、排水、镇压松土等措施，能调节土壤水分状况。

8. 土壤砾石含量

土壤里混杂的小石块、石子占比。土壤砾石含量过高，则土壤营养体积不够，影响植物生长。

9. 黏性土

黏土颗粒含量较高，黏性重的土壤。保水、保肥性能较强，但土性紧密，不易耕作。

10. 砂性土

土壤沙粒含量较高，通气性好，土质疏松，但保水保肥能力较差，土壤年龄较短，植被稀疏，土壤微生物活动微弱，土壤中生物的营养物质累积过程缓慢。

11. 酸性土

土壤 pH 值 <6.7 为酸性土。

12. 碱性土

土壤 pH 值 >7.0 为碱性土。

四、苗木质量

1. 带土球苗木

挖掘苗木时，按一定规格切断根系保留土壤呈球状，苗木根部加以捆扎包装。

2. 裸根苗木

挖掘苗木时根部不带土或带宿土（即起苗后轻抖根系保留的土壤）。

3. 主根和侧根

主根是指种子萌发时，胚根突破种皮直接生长而成的定根。

侧根是指从主根上产生的各级大小分支。

4. 直根系

主根发达，较侧根粗大而长。大部分双子叶植物和裸子植物的根系属于此类。

5. 须根系

主根不发达或早期停止生长。由茎的基部产生许多相似的不定根，根系呈丛生状态。如竹、棕榈等大部分单子叶植物的根系属于此类。

6. 苗木胸径

从树木根际向上 1.30 m 处的垂直横截面的直径。

7. 苗木地径

苗木根颈部树干直径，一般根部平地面的部位算起。

8. 苗高

从苗木的根颈至主干顶端的长度。

9. 冠幅

植物冠部投影直径的平均值。

10. 枝下高

树枝以下的树干高度。

11. 蓬径

树冠枝叶垂直投影地面的覆盖直径，也指树木冠层东西、南北两个方向的平均值。

五、种植形式

1. 孤植

单株树木栽植的配置方式。

2. 丛植

多株树木成丛、成群的配置方式。

3. 列植

沿直线或曲线以等距离或按一定的变化规律而进行的植物种植方式。

4. 立体种植

从垂直方向进行植物配置的方式。

5. 规则式种植与自然式种植

规则式种植：指按规则图形配置，或排列整齐成行的种植方式。

自然式种植：指株行距不等，采用不对称自然配置形式的种植方式。

6. 品字形栽植与对称式栽植

品字形栽植：即等边三角形顶角原点进行配置的方式。

对称式栽植：对称的布置中有中轴线可循，给人以庄重、严整的感觉。在规则式绿地中应用较多。

7. 栽植密度

单位面积种植的树木株数。

8. 株距与行距

同一行内相邻树木之间的距离为株距，相邻两行树木之间的距离为行距。

9. 通透式配置

绿地上配置的树木，在距相邻机动车道路面高度 0.9～3.0 m 的范围内，其树冠不遮挡驾驶员视线的配置方式。

六、种植技术

1. 起苗

挖苗前，先将苗木的枝叶用草绳捆扎。起苗时，裸根苗尽量挖大、挖深一些，使根系少受损伤。带土球的树，按大树移植土球规格挖起，并用草绳打好包，以保证树木的成活率。起苗的方法，分为裸根起苗和带土球起苗两种。

2. 绑扎

带土球苗木的捆扎传统的包装方法多以线球式或五角星式捆扎。为增强包装材料的韧性和拉力，打包之前可将草绳等用水浸湿。土球直径在 30～50 cm 以上的，在土球取出后，应立即用草绳或其他包装材料进行捆扎。捆扎方法和草绳的围绕密度，视土球大小和运输距离而定。土球大、运输距离远的，捆包时应扎牢固、捆密一些。土球直径在 30～40 cm 以下者，也可用蒲包或稻草捆扎。土球直径达 1 m 以上者，还应以韧性及拉力强的棕绳打上外腰箍，以保证土球完好和树木成活。

3. 打浆

裸根苗起苗后，为防止苗木水分损耗过多影响苗木的存活，挖小池、加入细土和水搅拌匀成糊状，将苗置入池中使苗木根部黏满浆土，以保持苗木水分。

4. 假植

苗木不能及时栽植时，为保护树苗在种植前不致受伤，并保持苗木根部新鲜，将苗木根系用湿润土壤做临时性填埋的绿化工程措施。

5. 种植穴

种植植物挖掘的坑穴称种植穴，坑穴为圆形或方形。一般树穴的直径应比土球大 30～40 cm，深度应比土球的高度深 20～30 cm。穴的大小，上下要一致，切忌挖成锅底形。若不符规格要求，对树穴应适当填挖调整，然后再放苗入穴。

6. 穴状整地

在种植植物前挖出多个圆形或方形的种植穴的整地方式。

7. 撩壕整地

在种植植物前挖出一行或多行长条形的坑穴种植壕的整地方式。

8. 鱼鳞穴

为防止水土流失，对树木进行浇水时，在山坡陡地筑成的众多类似鱼鳞状的土堰或石堰。

9. 截干

苗木在栽植前，为了保持树形的一致性或保住苗木水分而截去苗木的部分主干和枝条，促进景观整齐和苗木生长旺盛。

10. 定干高度

乔木从地面至树冠分枝处即第一个分枝点的高度。

11. 修剪

这里的修剪，是针对树木的广义修剪，包括整形与剪枝两部分。所谓"整形"，是指在树木生长前期，即幼树时期采用剪、锯、捆扎等手段调整树体，使树木长成栽培者所预想的特定树形。所谓"修剪"，是指植物形成一定的合适形状后，修整树姿，剪截枝条，维持和发展已构成的既定树形。整形与修剪是互相依存、互相促进的同一事物的两个方面，是提高公路绿化艺术水平不可缺少的一项专门技术。其目的是培养树形、调控树势、协调比例等。

12. 支架

大树、珍贵树木和种在风口的树木，植后还需搭架支撑，支架的形式有十字支撑、扁担撑、三角撑、单柱撑等，采用何种方式视树种、树木规格、立地条件而定。

13. 树池透气护栅

护盖树穴、避免人为践踏，保持树穴通气的铁箅等设施。

14. 客土喷吹

指把水添加到种子、肥料、泥土等组成的喷附材料中，搅拌成稠状的混合物，使用喷附机械喷至较为陡峭的坡面。

15. 种子喷播

指把种子、肥料、纤维等材料分散在水中，使用泵类喷附机械，把它喷到较为缓和的斜面上。

16. 草坪植生带

把优良混合草籽按比例以一定密度均匀地夹在涂有黏着剂的两层纸或无纺布中间，经滚压而成的产品。

七、养护技术

1. 养护技术

树木种植后要及时加强养护管理，不养不管就会出现生长不良，甚至死亡。为促使新种树木茁壮成长，应根据园林植物不同生长季节进行各项养管工作。

2. 补栽

园林树木栽种以后，由于公路中各种外界条件的影响，有些树木会死亡，造成缺株，因此每年冬、春季，在缺株的地方要进行补种。补种的树木可以从生长过密的地方移植来，或由苗圃提供大小相仿的苗木。对已经死亡的公路树木，应该认真进行调查研究，如土壤质地、树木习性、泥土干湿、种植深浅、地位高低、病虫为害、有害气体、人为损伤或其他情况，在分析了树木死亡的原因并采取改进措施后，再行补种，这样就能保证补种的树木生长茂盛。

3. 修剪

修剪是园林植物栽培过程中一项十分重要的养护管理措施，目的在于调节和控制园林植物生长与开花结果、生长与衰老更新之间的矛盾，满足观赏要求，达到美的效果。

4. 刷白

冬季在树干基部涂上石灰，可以杀死树皮上越冬的虫卵，防治病虫害。

5. 生物防治

利用害虫的天敌防治害虫，包括以虫治虫、以菌治虫和以其他有益动物治虫，是综合防治的重要环节。

6. 化学防治

利用化学农药防治害虫，突出的优点是收效快、防治效果好。但应特别注意的是要将化学防治与保护天敌最大限度地协调起来，减少农药对环境的污染，将农药的副作用降到最低。

7. 人工防治

通常采用人工或机械捕杀。此法简便易行，经济有效，而且不会产生杀伤任何天敌的弊病。

8. 物理机械防治

利用各种机械作用消灭虫害的方法。

9. 园艺防治

通过园艺学的措施和技术如选用抗性品种、培育无病虫的苗木等进行预防和防治病虫害。

10. 卫生清理

因降雨、人为的破坏或其他原因，常使根旁的泥土硬结，影响树木生长。在天暖解冻后，可用锄头在树干周围松土。保持根部泥土疏松，使空气流动，增加养分吸收，促进养分分解，并可除去与树木竞争营养的杂草，利于树木根系的生长和发育。树根附近如长了杂草，特别是藤蔓，会影响树木生长，要及时除掉。

11. 覆盖物

利用树木的树枝和锯木屑等废弃物或加工特制的产品覆盖地面，减少蒸发，补充养分。

12. 有机肥

通常称为迟效肥（长效肥），如人粪尿、厩肥、绿肥、油饼肥、堆肥、塘泥等；有机肥料肥效长，养分足，来源广，改良土壤效果好，一般作基肥用。

13. 化肥

通常称速效肥。以矿物、空气、水等为原料，经化学及机械加工制成的肥料。其特点是养分含量高，肥效快，施用和贮运方便。如磷矿粉、骨粉、尿素等。无机肥料肥效快，易吸收，无臭味，使用方便卫生，一般作追肥用。按肥料所含的营养元素，可分为氮肥、磷肥、钾肥以及微量元素肥料。

14. 生物肥料

利用生活在土壤中的细菌、放线菌、真菌、藻类和原生动物等微生物的生理作用，使土壤氨化、硝化、反硝化、固氮、硫化和纤维素分解等，以促进土壤有机物质的分解和养分的转化，适应植物生长需要的肥料。

15. 叶面肥

喷施在植物叶面，通过叶面吸收利用的肥料。

16. 混合肥

也称堆肥，主要由腐殖质构成的混合物，供施肥和土壤改良之用。

17. 固废混合肥

利用固体废弃物，通过堆制或采用相似手段，进行有机物生物降解和消毒并已经相当稳定，可以成为植物生长的营养物。

18. 专用除草剂

施用后只对一部分植物起作用的除草剂。

19. 除草剂组成

是指除草剂的物理组成，如干式指的是粉末和颗粒状，湿式指的是浓缩物或溶液。

20. 土壤改良剂

指的是和土壤混合可以提高其肥力或保水性能的物质，如粉碎泥炭、灭菌有机肥、人工配制混合肥或固废混合肥等。

21. 采伐和更新

对进入成熟年龄或生长势衰退的树木进行伐除，并重新栽上树木。

八、绿化功能

1. 生态功能

由于道路开发、汽车运行产生的大气污染、水质污染、土壤污染、噪声、振动、地基下沉等公害对人类的生命、健康、精神上的妨碍和损害。绿化的生态功能是指利用植物对公路生态环境进行修整、改善、修复的功能。为了迅速恢复生态系统、保护生态环境。就要求人类的开发活动必须与自然相协调。据此，绿化的生态功能可以归纳为以下三方面：（1）对自然的改变量限制在最小的范围内；（2）促进被破坏的生态系统的迅速恢复；（3）创造良好的人类生存环境。

2. 交通功能

绿化通过环境建设对行车安全和舒适程度的改善作用。

3. 美化

公路绿化用地的植物，它们随季节和生长的变化而不停地改变其色彩、质地、形态等全部的特征。美化了环境，改善城镇面貌。

4. 防眩

为避免对面车灯光照射而影响行驶所采取的交通安全措施。

5. 诱导（引导、导向、指引）

引导车辆正确行驶的种植方式。

6. 安全

公路中具有隔离和安全防护功能的绿化设施。

7. 设计速度

在公路条件满足设计要求时，公路特定段落能保持安全行驶的最高速度。

8. 安全视距

驾驶员看到车辆、行人或交通安全设施后做出安全反应所需的观察距离。

9. 净区

公路路侧净区是指公路行车方向最右侧车道以外，相对平坦、无障碍物、可供失控车辆重新返回正常行驶路线的带状区域。

10. 质感

植物的质感指的是树木或草坪草的叶片宽度。纤细的叶片具有细腻的质感，宽大的叶片质感粗糙。

九、资源管理相关术语

1. 信息记录

对绿化植物资源品种和数量、变动情况和效益进行计算机管理。

2. 绿化里程

指达到交通部公路养护技术规范要求的已绿化路段统计里程。

3. 公路绿化率（%）

已绿化里程占可绿化里程的百分数。

4. 绿量

在公路可绿化用地范围内植物的总绿化量。单位体积或面积范围内的植物绿色器官生物量或视觉感受到的绿色量大小。

5. 绿化密度

公路绿化中单位长度内的树木数量。

6. 成活率（%）

指栽植后发芽长叶至少一个生长季节以上的成活株数（平方米、丛、延米）占总栽植株数（平方米、丛、延米）的百分数。

7. 保存率（%）

指栽植后成活两年以上的株数（平方米、丛、延米）占总栽植株数（平方米、丛、延米）的百分数。

8. 绿地率（%）

指绿化用面积占总用地面积的百分数。

9. 绿化覆盖率（%）

指绿色植物投影面积占总用地面积的百分数。

10. 林木覆盖率（%）

指乔木和灌木投影面积占总用地面积的百分数。

11. 活立木蓄积量

单位面积生长的林木材积量。蓄积量 = fD^2H（f 为形数，不同树木形数不同）。

12. 草坪覆盖度（%）

草坪草覆盖土壤的面积与草地面积的百分比。

2 规划篇

- 公路绿化交通设计
- 公路绿化环境设计
- 公路绿化景观设计
- 公路绿化生态设计
- 公路绿化设计程序

第一章 公路绿化交通设计

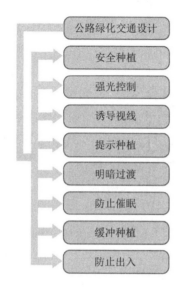

- 公路绿化交通设计
- 安全种植
- 强光控制
- 诱导视线
- 提示种植
- 明暗过渡
- 防止催眠
- 缓冲种植
- 防止出入

在公路绿化设计中，应结合驾驶员的动视觉特点，合理安排景观元素的体量、比例和尺度，从而给驾驶员提供一个宽松和愉悦的驾驶环境。

对于标志而言，就是当车速增加后，如果以相同距离识别标志则需要加大标志尺度；对交通环境而言，就是车速增大景观元素的尺度也应加大。

公路景观的设计应有助于将人的注意力集中到路面上而少受其他物体的干扰。因此，公路两旁的要素必须是静态的，其主体形象为视觉轴线服务，而不应引起驾驶者强烈的注意。

一、交通安全种植设计

公路绿化首先必须满足交通安全的需要，必须满足以下几个条件：

◆ 在公路建筑限界内，不能种植乔灌木；

◆ 在公路交叉口、出入口等位置绿化应种植低于驾驶员视线的灌木、花卉和地被植物，应留出足够的安全视距，不能遮挡行车视线；

◆ 绿化植物不能遮挡信号灯、交通标志等公路安全设施；

◆ 要考虑植物的生长对交通安全的影响，在种植时为植物的生长留出足够的空间。

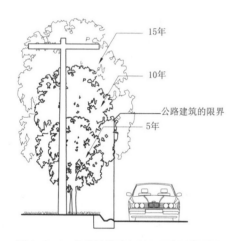

图 2-1-1　绿化植物生长侵入公路建筑限界

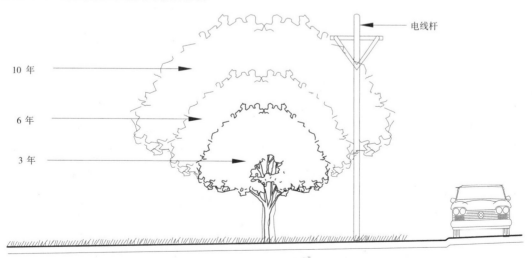

图 2-1-2　绿化生长影响交通设施

二、强光控制种植设计

夜间相向行驶的车辆其灯光及早晨和傍晚的太阳光照射都会产生眩光，使司机难以辨认路面交通状况，影响行车安全和行车速度，设计应注重防止直射光及反射光造成的眩光。

◆ 在中央分隔带中应布置1.5 m左右的灌木，采用行列式种植或片植形成绿带，遮蔽对面车辆的灯光，可以很好的起到防止眩光的作用，有利于夜间车辆的快速安全行驶；

◆ 在路侧绿带应种植高大乔木，遮挡清晨和傍晚的阳光直射，植物越靠近路面效果越好；

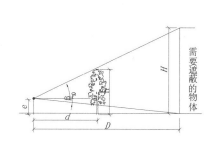

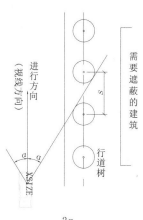

$$\tan\alpha = \frac{h-e}{d} = \frac{H-e}{D}$$

$$S = \frac{2r}{\sin\theta}$$

e：眼睛的高度。人站立时为150～160 cm，汽车驾驶室内为120 cm左右；
α：眼睛与遮蔽物最上端连接的仰角；
β：眼睛与遮蔽物最下端连接的俯角；
H：遮蔽物的高度；
h：遮蔽植物的高度；
D：视点与遮蔽物之间的水平距离；
d：视点与遮蔽植物之间的水平距离。

S：植物的间隔；
r：植物的半径；
θ：前进方向的视角。

图 2-1-3　公路绿化的遮蔽种植

◆ 在周围有水面的段落应结合滨水景观设置树丛和树群，遮挡水面的强烈反光；

◆ 以植物种植阻挡水面反光有所困难或会破坏景观时，可利用植物形成风管，使水面产生涟漪而减少反光。

三、诱导视线种植设计

合理安排植物种类和栽植位置，可以引导驾驶员视线，有利于集中注意力，配合公路交通设施，在公路交通岛、中心岛、导向岛以及立体交叉绿岛等处，可起到引导、控制人流、车流的作用。公路线形变化多的路段布置连续的植物种植带，可凸显公路的线形变化，帮助驾驶员预判前方公路的道路走向，提前采取相应措施，有效地降低了驾车者的心理压力，对安全驾驶非常有利。诱导视线的种植应注意：

◆ 线形为峰形的地方，顶部种植低矮植物，在稍低的地

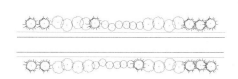

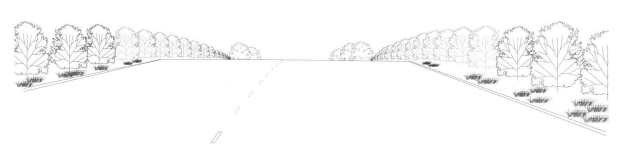

图 2-1-4　峰形区域的种植

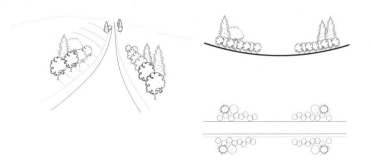

方种植高大乔木，这样可以从远处越过道路峰顶看见后面的植物，使方向明确；

◆ 线形为谷形的地方，在谷形底部应不种植高大树木，避免使视野更显狭窄；

◆ 在弯道外侧进行连续种植形成垂直面起到诱导视线的作用明显，弯道内侧为免影响行车视线，应种植低矮植物。

图 2-1-5 谷形区域的种植

图 2-1-6 弯道区域的种植

四、提示种植设计

植物可以提示公路行驶位置或作为公路标志。在分流点种植引人注目的树丛，在较远的距离就提示公路状况将要发生变化。

◆ 在公路出入口或交叉口附近布置不同种类、大小、形状、色彩的植物，和一般路段形成对比，提示即将到来的行驶条件变化；

图 2-1-7 提示种植

- 每隔一定的距离变换一类植物或一种种植形式，帮助驾驶员判断所处位置和行驶距离；
- 交通标志后侧种植深绿色的植物形成背景，使之更加突出，容易辨认。

五、明暗过渡种植设计

在隧道出入口附近路段进行植物配植时适宜采用明暗过渡种植方式：

在隧道出入口进行全遮光方式的种植，而后逐渐加大路侧植物株距，降低植物高度，并逐渐过渡到正常路段的绿化配置模式，使驾驶员进出隧道时的光线感受过渡自然，有助于减弱进出隧道时光线明暗突变造成的黑洞、白洞效应，减少因此而发生的交通事故。

图 2-1-8　明暗过渡的种植

六、防止催眠种植设计

驾驶员在路面平直、干扰少、交通环境变化不大的公路上高速行驶时，如果周围环境单一，就容易形成"公路催眠"，反应能力下降，加上视力减弱、视野变小，从而引发交通事故。通过一些公路绿化的方法，可以有效防止"道路催眠"的发生：

- 增加景观兴奋点；

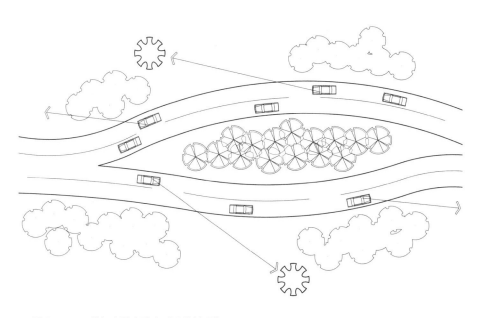

图 2-1-9　增加兴趣点防止"公路催眠"

◆ 控制景观节奏，视觉空间张弛有度。

七、缓冲种植设计

公路两侧栽植较密的乔灌木组合，可以缓和驶离车道汽车的冲击，为失控车辆提供了相对平缓的缓冲区，使驾驶员有更多的反应时间，同时利于吸收车辆的运动能量，使事故车辆"软着陆"。将事故限制在较小规模，降低伤亡程度，减轻事故的危害：

　　◆ 在进入服务区的分流处、立交匝道分流处以及车辆驶上跨线桥的桥台等容易发生失控事故的位置，成片种植灌木形成绿篱屏障；

　　◆ 植物应选择枝杆细密、柔韧性强的种类，如夹竹桃、紫穗槐、海桐、火棘等。

八、防止出入的种植设计

选择茎秆有刺的植物结合隔离栅、围墙等公路基础设施进行种植，可以有效防止路外人员和动物进入，保障公路行驶安全。

第二章 公路绿化环境设计

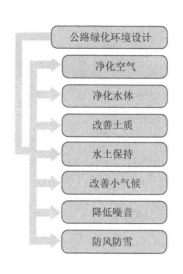

一、净化空气种植设计

公路绿化设计中的净化空气种植要注意以下几个方面：

◆ 植物应优先选择光合作用积极、滞尘能力强、吸收有毒有害气体能力强、分泌杀菌素多、可释放芳香气体的种类。

◆ 在满足交通、景观等功能的前提下，在绿地内尽可能多地种植乔木树种，乔木、灌木、草本植物立体配置，提高绿地的生物量，从而增强净化空气能力，最大限度地发挥公路绿化对空气环境的改善作用。

二、净化水质种植设计

植物有很强的水体净化能力，净化水体种植应着重考虑以下几个方面：

◆ 公路绿地中采用群落式种植方式，可以有效降低空气污染，减少对水体的影响；

◆ 绿地地面用草坪、地被植物全面覆盖，减少交通污染通过地表径流对水体造成的破坏；

◆ 结合绿地水景建设，兴建生态滞留塘、生态净化渠、生态排水沟等人工湿地，可以控制地表径流，净化水质，减弱交通污染对周围环境的影响；

◆ 在水体附近种植耐水湿植物，在水岸和水中成片种植挺水、浮水、沉水植物，营造乡土水体净化植物群落，通过植物体的吸收、吸附作用，改善水体质量。

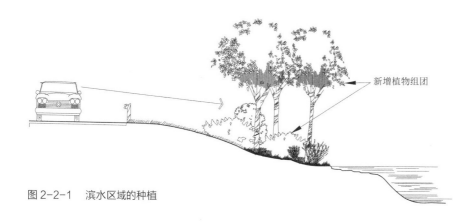

图2-2-1 滨水区域的种植

三、改善土质种植设计

公路对周边土壤环境造成很大的影响，尤其是重金属污染严重，且持续时间很长，再通过农作物吸收，进而影响到人类身体健康。植物不仅可以通过地下根系的吸收、吸附、转化，降解土壤中的污染物，净化土壤、增加肥力、改善土壤环境，还可以通过净化空气，间接地减少了交通尾气污染对土壤的影响。通过种植改善土质种植设计应重点考虑植物的选择：

◆ 选择吸收、吸附、降解土壤污染物的能力强、根系较浅、须根发达的植物种类，如杨树、柳树以及芒、荻、蒲苇等大型观赏草和肾蕨、毛蕨等蕨类植物，发挥植物对土壤环境的改善作用。

◆ 种植具有固氮菌的豆科植物，其中还含有植物－微生物共生体，对土壤中的有机污染物转化作用更强。

四、水土保持种植设计

造成公路水土流失的原因有风力侵蚀、水力侵蚀、重力侵蚀、冻融作用、人为作用5种类型。针对这5种类型，公路绿化均可从植物措施上进行有效防治。由于植物的叶、枝、干、根及生长特性之不同其对土壤侵蚀控制的效果也有差异，在进行公路绿化水土保持植物选择时，应选择具有抗风蚀、抗雨蚀特性的植物，选择抗风蚀植物时要注意：

◆ 选择枝叶浓密的树种或针叶树，如雪松、圆柏、香樟等，而且当风吹过植物时可形成良好的防风屏障；

◆ 选择枝条密集或分枝低矮的树种如石楠、海桐、小叶女贞等，可控制并减弱接近地表的风速；

◆ 选择枝杆多或树皮粗糙的树种，如夹竹桃、紫穗槐等，可将风打散而减低风速；

◆ 选择根属于须根、根系着生于表土、枝叶密集、匍匐生长的植物，如草坪草和地被植物，可有效固着表土使其不被风力吹走，防风蚀效果佳。

选择具有抗雨蚀特性的植物应注意：

◆ 枝叶愈茂密效果愈好，如大而浓密的树冠有极佳的防雨效果；

◆ 浅根性及须根系的植物效果好；

◆ 落叶树在其不落叶期间的效果比针叶树好；

◆ 在进行植物配置时应注意优先种植地被植物和灌木。因为一定覆盖度的植被，越是贴地面覆盖，其防蚀作用越有效，灌草由于适应性强，一般能较为迅速地郁闭覆盖地面，而且较为贴近地面生长，其作用优于长期不能郁闭、林下缺乏枯枝落叶层的树林，更适于早期保持水土。

五、改善小气候的种植设计

公路绿地可以发挥植物遮阴、调节气温、湿度和气流的作用，改善公路小气候，为公路使用人群营造舒适的休憩环境，在考虑改善小气候种植设计时应结合建筑、地形等场地条件。

种植遮阴树遮蔽夏季强烈的太阳光：

◆ 在人行道、休憩广场、停车场等经常被使用的室外空间种植质感浓绿的遮阴大乔木或设置绿廊，使近中午至下午均有树阴，降低活动场地温度，形成舒适的休憩区；

◆ 遮阴植物应以落叶大乔木为主，保证夏天有最大的遮阴而冬天有足够的阳光；

◆ 在建筑物的东窗和西窗前种植庭阴树，防止早晨和午后过于强烈的日光；

◆ 人工铺装可形成高度的反光，在建筑附近的地面布置绿地，植物材料的反射率低，可以减少刺眼的反光，还可以减少夏天建筑的热吸收，降低室内温度；

◆ 结合活动场地、建筑和地形等因素配置树丛和树林，营造夏季有微风的吹拂而冬天不被强烈季风侵袭的通风环境；

◆ 建筑或活动频繁的地区应布置在有遮阴树或大片草坪等有冷却空气效果设置的下风处，而停车场这一类大面积铺装材料、反热强的地区在更下风处，见图2-2-2（b）；

◆ 植物利用形成风管，从而增加通风，在树林中空出一条不栽种植物的通道可引导风向，增加风速，行道树和路侧绿带也具有风通道的效果；夏季在活动场地和建筑周围种植灌丛可以引导风向，增加通风，植物配置应注意下层开敞、枝叶较稀疏的树种以便在夏季让凉风吹过，见图2-2-2（a）；

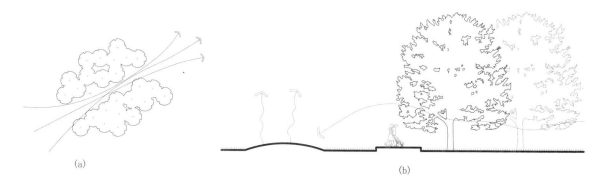

图2-2-2　绿化改善小气候环境

◆ 在冬季季风盛行的方向种植浓密大乔木和灌丛，浓密的大树及林下灌丛，可以挡风，使得被风面及向风面的小部分区域的风速减低，可阻挡强风的侵袭。风速的减低使得空气层间产生热力交换，而提高了温度；在靠近建筑物墙边种植树木，在建筑物与树之间会形成一个静止的空气区，建筑物内部、树与墙之间及树以外空间的温度梯度减小，甚至变成很平稳而产生隔热的效果，可以此来作为寒带地区防止室内热空气外散，或热带地区避免热空气侵入室内的设计；

◆ 防风林应与季节风盛行的方向垂直，在树高5~10倍距离内最具防风效果；

◆ 在服务区、收费站等人员活动频繁的区域绿地当中，应增加净化空气能力强和能释放出芳香气味的植物，如松柏类植物、樟科、木兰科植物等，创造怡人的空气环境。

六、降低噪音种植设计

公路绿化可以通过改善外在的环境因素和内在的心理感受来达到降噪的效果。种植树木产生的噪音减衰值，依树木密度、排列方法、树种、树高、枝下高、树枝密度等的不同而有差异。景观设计中，以植物种植来减弱噪音时，应注意音源的形式、强度，植物的种类、密度、栽植位置及风向、风速、气温、湿度等气候因子。

选择降噪效果好的植物要注意以下几点：

◆ 枝叶茂密的常绿树比落叶树隔音效果好；

◆ 高大植物的降噪效果比矮小植物的效果好；

◆ 树篱可吸收高波的影响；

◆ 草地或林地柔软的地表，也能吸收噪音。

公路绿化可以采用以下几种种植方式达到较好的降噪效果：

◆ 音源引导种植　绿化栽植应尽量靠近公路噪音源。边缘栽植时，近音源处之植栽应较低，而接近受音者处之植栽应较高，则可导引噪音向上而远离受音者。

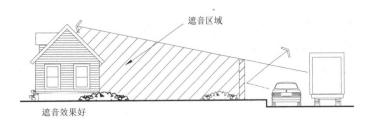

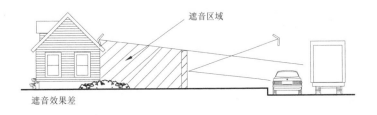

图 2-2-3　绿化位置和遮挡噪音的关系

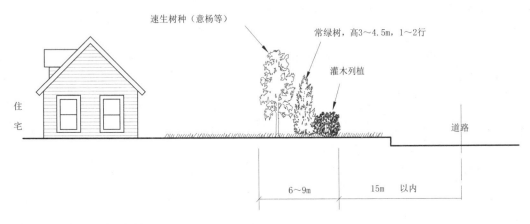

图 2-2-4　遮挡噪音的种植设计

◆ **优化林带结构**　茂密的常绿树较落叶树隔音效果更好。在北方寒冷地区，常绿树种应与落叶树种相结合，在林带前后种植常绿树种，中央配置落叶树。高大之树隔音效果较小树为佳。枝杆下部有空隙时，高树应与低树搭配，如桃叶珊瑚、胡颓子、连翘、杜仲等比较有效果，可以形成良好的降噪的林带结构。

图 2-2-5　遮挡噪音绿化的林带结构

◆ 林带的宽度越宽，减音效果越明显，图2-2-6。

◆ 遮挡噪音绿带的长度越长，效果越好，图2-2-7。

◆ 植物与地形或建筑结构物配合设计以控制噪音比单用植物控制噪音的效果更好。如在道路两侧设置土堤，在堤上进行植物种植，控制噪音效果非常显著。

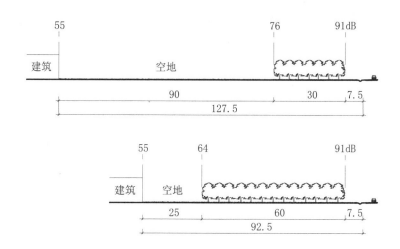

图2-2-6　林带宽度和减音效果的关系

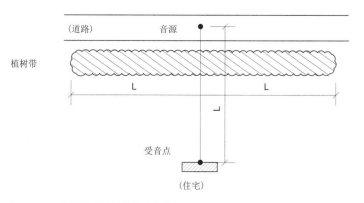

图2-2-7　降低噪音种植的长度设计

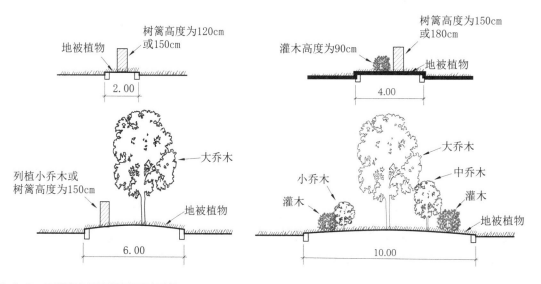

图2-2-8　不同宽度绿地的降低噪音种植

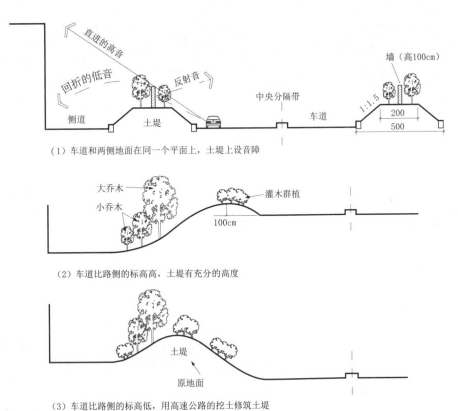

图 2-2-9 植物和地形结合控制公路噪音

◆ 结合构筑物种植　在隔音墙上栽植蔓性植物均能增加隔音效果。

◆ 在服务区、收费站区中的休闲区域设计瀑布、喷泉、跌水，用悦耳的流水遮盖交通噪音；在这些位置栽植松树、竹林，风吹过时枝叶发出声响也会减少人们对噪音的注意，起到控制噪音作用。

七、防风防雪种植设计

为减轻风、雪对公路的侵蚀，防止随风袭来的尘土、盐分，减轻雪、雾造成的其他灾害，可进行公路绿化的防风、防雪设计。

当有树木作为障碍物时，在树木的上风或下风就会发生大大小小的空气涡流，风向受到扰乱，风速降低。普通的防风林其防风的有效范围在其上风侧可达树高的 6~10 倍，在下风侧可达树高的 3~5 倍。公路应设在防护林高度 5 倍距离内以免受强风吹袭。

影响林带防风能力的主要因素为：

◆ 树木高度　防风的有效范围与树木的高度有关。在种植时，若树枝下有空隙，则风吹过枝干时会加速，影响防风效果，故应在种植带下风处种植矮树，使通过的风向上刮，以增大防风的有效范围。

◆ 林带宽度　防风林带的防风效果，是以防风林带为中心风速最低，而后依距离增加而递增分布。当防风林带的高宽比为 1:11.5 时，防风效果最佳。

◆ 树木密度　风速的降低则与树木的密度有关。当密植到风不能通过的程度时，虽然其前后有显著的防风效果，但会导致下风处空气变得稀薄，形成漩涡，使下风侧的林缘受到风力的影响。当树林密度在 50%~70%、树篱密闭程度在 45%~55% 左右时，防风的有效范围甚大。

◆ 风向　防风林带与盛行风向方向垂直时最能收到好的防风效果。

在公路上风处栽植树木减少风速，使风带来的雪堆积在公路以外，在植树带的下风一侧减少了积雪，可减轻清扫积雪工作，并降低冰雪对公路的危害侵蚀。影响林带防雪能力的主要因素为：

◆ 树木高度　栽植密度、林带宽度一定时，在树木高大的林带，雪丘出现在上风头林带外侧，其位置随着树高渐次降低后移，在树高 3～4 m 的小树林带，林内就会出现雪丘顶。

◆ 林带宽度　栽植密度不变，树林宽度不同时，雪丘顶在上风侧林缘同一位置发生，下风侧的雪丘尾则随着林带宽度的变窄而扩展至林外，故公路以设置在下风位置为宜。

◆ 栽植密度　栽植密度越大，防护能力越强。密度大时，雪堆积在林带前方，生成雪丘。反之若林带稀疏，雪丘便会出现在下风地方。

◆ 树木枝下高　其余因素一定时，上风头林缘树木的枝下高对于雪丘的形成位置有很大影响，其枝下高高时，雪丘就低。斗篷状的群落充分构成时，雪丘就在靠树木边缘的上风头出现。随着枝下高的变高，雪丘位置将向下风头后退。

在进行防风防雪树种选择时应注意：

◆ 以深根性、树干树枝坚硬、枝叶茂密、较耐寒、生长旺盛、枝干不易折断、下部枝条不容易干枯、耐瘠薄的乔木为宜。如乔木中的松柏类植物、水杉、落羽杉、杨树、榉树等防风防雪效果佳，防风防雪树篱宜采用松柏类植物、杉科植物、壳斗科植物、石楠、珊瑚树等。

种植防风防雪林带时要注意以下几点：

◆ 防风林带保护范围为以树林带为底边的三角形地带。栽植的位置应和常风向成直角，与地形的关系上，最好置于棱线或崖边；

◆ 防风林带应栽植成间隔为 1.5～2.0 m 的正三角形，种植 5～7 列，宽度以 10～20 m 为宜，林带的长度至少应为树高的 12 倍以上。配置上，在上风侧种植低树，下风侧种植高树，使全体树木分担风压，减轻风造成的伤害；

◆ 防风防雪林带应采用常绿、落叶植物结合，乔木、灌木结合，立体种植，防风、防雪效果最佳；

◆ 树梢呈斜坡状的不规则形防风林带，比单一整齐的形式摩擦力增加，更有减低风速的效果，见图 2-2-14；

◆ 若公路绿化中采用了容易刮倒、折杆、折枝的树种，则应用防风树种将其包围起来；

◆ 在设计时就充分考虑近期和远期效果，开始阶段增加种植密度，随着林带形成，逐渐移栽多余植物。

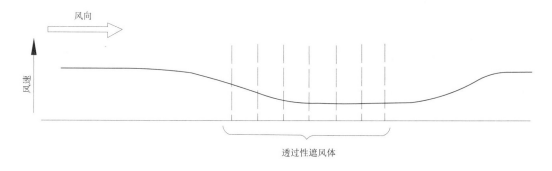

透过性遮风体减衰风速的模式图

图 2-2-10　透过性遮风体减衰风速的模式图

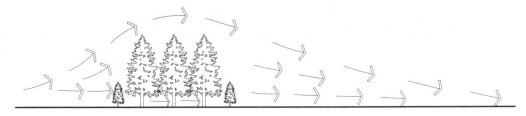

（1）最佳的林带

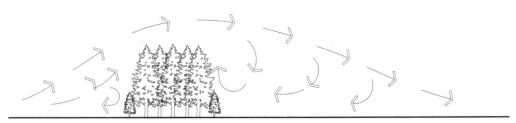

（2）过密的林带

图 2-2-11 林带的状态及风的流动情况

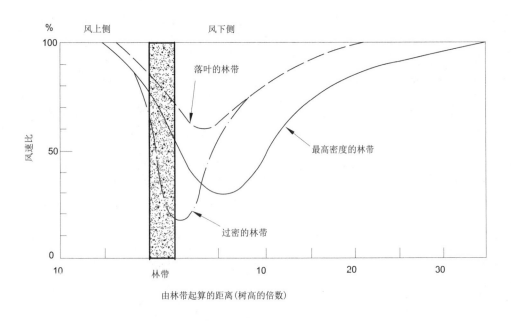

图 2-2-12 狭窄林带的风速减少率（地面以上 1 m 左右）

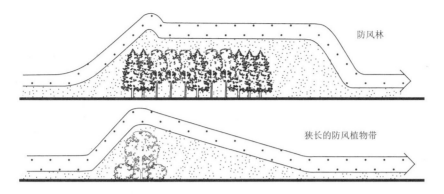

图 2-2-13 防风林带宽度和防风效果的关系

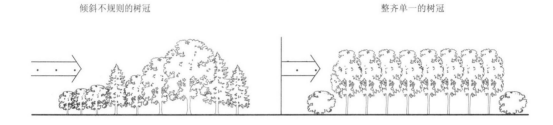

倾斜、不规则的树冠防风效果更好

图 2-2-14 防风林带的结构和防风效果的关系

八、防火种植设计

植物通过遮挡热辐射和阻挡气流起到防火的作用。

◆ 防火树种宜选择常绿阔叶树，叶片厚革质等不易燃植物，如冬青、珊瑚树等。

防火林带植物种植应注意以下几个方面：

◆ 乔木灌木结合，林带宽度大于 10 m，密度 1 株 /4 m² 左右；也可以安排 6～10 m 宽的林带加 6 m 以上的空地；

◆ 地面应采用硬质铺装或水面，不布置草坪；

◆ 树冠中心在木质建筑的屋檐下时最易燃，种植时应注意避免。

第三章 公路绿化景观设计

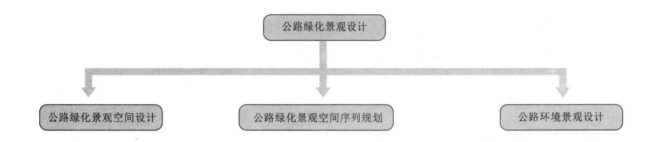

公路绿化景观设计指的是充分考虑公路的线形、构造物形式与沿线自然和人文环境条件，在公路用地范围内，结合植物、地形、建筑构筑物等景观元素，营造公路优美视觉空间环境和改善公路周边视觉环境质量的美学设计。是由公路主体建筑、构筑物，公路绿地地形与植物及其周围气象、地形地貌等自然环境，沿线建筑与设施、人的活动等因素构成的一个总的空间概念。公路绿化景观设计包括公路景观空间设计、公路景观空间序列设计和改善公路周边区域视觉景观设计等内容。

一、视觉艺术设计

公路绿化景观设计主要考虑的是视觉空间的艺术性，是一种美学设计，应符合形式美的基本规律，同时还要考虑到景观的视觉感知特性。

（一）形式美规律

1. 多样与统一

多样统一就是在统一中求变化，既有变化，又有秩序，是规划设计当中遵循的一个共同的美学准则，主从、对比、韵律、尺度、均衡都是多样统一的某一方面的体现。公路建筑、构筑物的形式复杂，有路基、中央分隔带、边坡、桥梁、互通立交区、服务区、收费站等，与之相应的绿化内容也各不相同。同时，公路线路很长，途经区域有城市、有乡村、有自然风景区，环境差异很大。因此，在绿化设计中要注重每一个部分绿化的空间设计，营造各部分的特色景观，更要重视公路景观的整体性规划设计，通过合理的公路景观结构布局，使得各部分绿化有机结合，从形式、色彩、风格等方面进行统一设计，从而形成整条公路完整的景观感受，并把公路景观融入周围环境当中，做到既丰富多彩又协调统一。

2. 主从与重点

各景观要素在整体景观中所占的比重和地位，将会影响到整体景观的统一性。绿化景观从主从与重点方面出发，主要应考虑突出景观重点，并处理好重点景观和一般景观段落的关系。突出城市出入口、互通区、服务区、收费站等重要路段节点的景观营造，并和主线绿化形成主从关系；在绿化植物配置中，从平面组合到立面处理，从植物单体到群落组合，都应当处理好主与从、重点和一般的关系。突出乔木的高大体量和形状、片植乔灌木的尺度、观花植物的色彩，形成绿地当中视觉重点，使得景观更加醒目鲜明。

3. 均衡与稳定

均衡主要是构图形式中各要素左右、前后的相对轻重的关系，注重视域内水平方向的平衡感；稳定主要是涉及构图要素上下之间的轻重关系，注重垂直方向的视觉安定感。公路绿化景观有规则式的对称均衡和自然式均衡，以自然式均衡为主，如表现在公路两侧绿化当中，通过景观元素在体量、色彩上的协调呼应，取得视觉上的均衡感。公路绿化景观观赏还是一个动态的过程，设计需考虑动态的均衡。在高速运动的状态下来观赏景观界面，强调从连续行进的过程中来看公路绿化组团和轮廓的变化，营造生动有韵律的均衡形式；在植物配置中，把色深、分量重的种类放在底部而顶部安排颜色较浅的种类，使构图显得稳定，因此在落叶树下布置成片灌木的时候就应该选择色彩较深的种类。

4. 对比与微差

对比与微差是通过大与小、直与曲、虚与实以及不同形状、不同色调、不同质地等的差异来产生对比变化，增加景观的趣味性和观赏性。公路绿化景观中应用主要表现在：形成建筑、地形、植物等景观元素的对比，各景观元素之间的对比。以及景观元素和整体之间的对比。并且把这些对比控制在适度的范围之内，避免差异过大，给人造成刺目、混乱、紧张的视觉感受，借助相互之间的共同性求得和谐。

5. 节奏与韵律

形状和线条的重复可以形成简单的节奏，再有规律地形成变化就会形成韵律美，韵律美具有条理性、重复性和连续性的特征。公路绿化可利用景观要素的连续、渐变、起伏、交错等手段，形成一条连续变化的而有秩序的空间序列。植物个体或组团以对称和几何布局的形式重复或再现，可以形成景观节奏感。植物布局和起伏的地形相结合，通过平面布局、立体林冠线结构、色彩、空间结构等方面精心的规划设计，形成和谐的韵律，行进在其中，仿佛在欣赏一首美妙的音乐。

6. 比例与尺度

运用比例与尺度美学规律要考虑长、宽、高各方向之间的度量之比，尺度感来源于要素或整体真实尺寸给人感觉上的大小印象。公路绿化规划设计中要考虑建筑、地形、植物等景观元素、各景观元素之间以及景观元素和整体之间恰当的比例关系。如植物景观中以及植物之间和组团之间的比例关系；道路宽度与两侧植物和地形高度的比例；公路视域中绿化、天空和路面的比例等。由于公路空间体量大和动态观赏的特点，景观元素的尺度比小空间和静态观赏条件下的尺度要大，才能给人以合适的尺度感受。

（二）视觉感知特性

1. 复杂性

复杂性指的是景观空间中景观元素的数量及其变化程度。随着景观元素数量的增加，人们需要从这些元素中找到必要的部分时就需要花更多的注意力。减少视觉复杂性的方法有：

◆ 移除场地中的一些元素；

◆ 统一景观元素的质感和色彩；

◆ 整合或重新排列场景中的元素；

◆ 遮蔽可能分散注意力的一些元素；

◆ 通过色彩对比等方法从环境中突出重要的元素。

2. 一致性

也称为秩序，主要受到景观形式、光影和形成景观空间的物体和组成部分的数量影响。通常认为，人最多只能同时掌握视觉信息中的 5 种元素。提高景观元素的一致性可以使景观感知更加容易。增加景观视觉一致性的方法有：

◆ 遮蔽不良景观元素；

◆ 运用色彩和质感的对比把主要景观元素和背景明显分开；

◆ 移除一些景观元素使视觉单元更简化；

◆ 把小型景观单元组团化以保证主要景观单元的可视性。

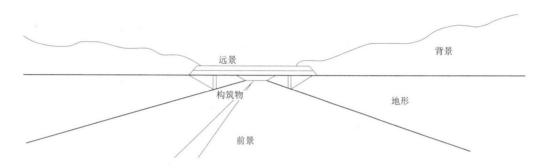

图 2-3-1　人最多只能同时掌握景观中的 5 种元素

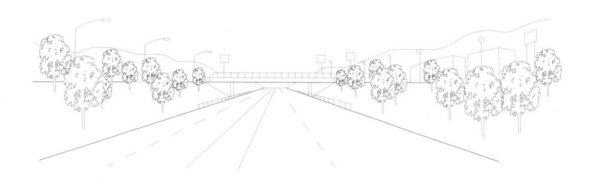

图 2-3-2　景观元素分散增加景观的复杂性

3. 可识别性

是指包含对空间安全性识别在内的三维空间识别能力。可识别性受到景深、空间界限和方向的影响。同时，景观元素和视觉单元的色彩、质感对空间的可识别性的影响也很大。如果景观元素或视觉单元不能从周围的环境中清晰地区分出来，那么就需要花更多的注意力去分辨，从而可能忽视其他的信息。公路景观的可识别性有助于驾驶者快速做出方向判断。

提高距离判断的方法有：

◆ 合并同一场景中相同体量的元素；

◆ 形成统一的空间形式和尺度，重复使用一种景观元素；

◆ 避免景观元素和视觉单元随意地在尺度和比例上的变化。

改善空间感的方法有：

◆ 运用视觉单元色彩和质感的对比；

◆ 凸显景观空间和元素的边缘。

图 2-3-3　组织景观元素提高空间的可识别性

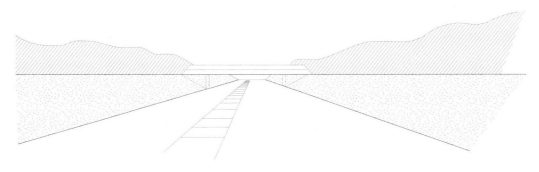

图 2-3-4　景观的可识别性受到景观元素的可辨别性的影响

4. 可预见性

和以现有场景为基础对后续情况的预期相关，可预见性高的景观空间具有连续的特性。连续性包括同一元素和统一手法的反复运用。提高景观的可预见性的方法有：

◆ 在景观空间中反复使用一个特定的景观元素；

◆ 重复使用某些色彩或材料；

◆ 针对一类特定功能时采用特定的景观组合。

二、公路绿化空间设计

公路绿化景观不仅是公路绿地中的植物、地形、水景、建筑构筑物、雕塑小品等景物，还包括这些景物和环境共同构成的公路绿化空间。公路绿化空间是由公路路体建筑构筑物、绿地地形、植物和周围环境共同构成，它融合在自然环境中，与自然空间的界限不明确，形状和范围比较难以确定。

（一）公路绿化空间的界面

绿化景观空间由底界面、垂直分隔面、覆盖面构成：

◆ 底界面——底界面由公路绿地中的草坪、地被植物和公路铺装面共同组成。

◆ 垂直分隔面——是构成室外空间的最重要部分，可以由一定高度的植物组成一个面，也可以由植物、地形、建筑物所共同组成。垂直分隔面形成清晰的空间范围和强大的空间封闭的感觉。

◆ 顶界面——也就是覆盖面，单纯的植物也可以形成良好的顶界面。夏天郁郁葱葱的树叶形成的树阴遮蔽性佳，带来的封闭感最为强烈。冬天落叶植物仅以树枝覆盖，人观赏时视线通透，封闭感最弱。

公路景观是公路使用者所能看到的各种自然景观与公路、交通要素的综合体，其空间主要由路面、天空和路侧景观3个部分构成，在路面比较窄的公路中，路侧乔木的树冠也可以成为顶界面的一部分。

（二）公路绿化空间营造

1. 空间类型与空间感

空间是指由底界面、侧界面以及顶界面单独或共同组合成的具有实在的或暗示性范围围合。公路绿化空间可以根据路面、两侧植物、顶部树冠闭合程度，分为封闭空间、半封闭和开敞空间。空间围合界面越少、界面间联系越松散，空间的开敞度越高。

封闭垂直面，开敞顶平面的垂直空间

完全封闭空间

低矮的灌木和地被植物形成开敞空间

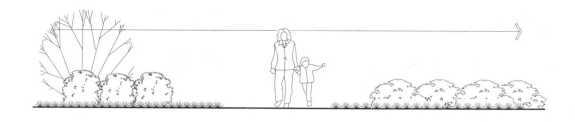

半开敞空间视线朝向敞面

图 2-3-5 植物营造室外空间

2. 空间的轮廓与空间感

界面的顶部走势形成了空间的轮廓,这对于空间的感受也有直接影响。轮廓越清晰,空间封闭感越强。公路绿化空间的轮廓通常是几个景观要素相互配合构成的,通常在规划设计时要注意以下特点:

◆ 在公路绿化中,可根据周围环境条件调节植物的种植情况,需要与外围环境屏蔽时,加大种植密度,强化连续紧密的空间轮廓,反之,需要与外围环境融合时,采用间断、相呼应的空间轮廓。

◆ 植物可以与地形相结合,强调或消除由于地平面上地形的变化所形成的空间。如果将植物植于凸地形或山脊上,便能明显地增加地形凸起部分的高度,随之增强了与相邻的凹地或谷地的空间封闭感。与之相反,植物若植于凹地或谷地内的底部或周围斜坡上,它们将减弱和消除最初由地形所形成的空间。因此,为了增强由地形构成的空间效果,最有效的办法就是将植物种植于地形顶端、山脊和高地;如果想让低洼地区更加通透,就最好不要在这些区域进行种植。

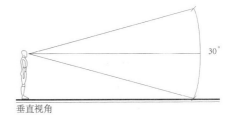
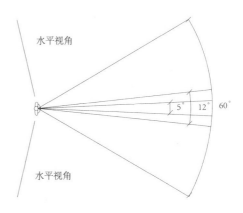

图 2-3-6 人的正常视野范围

3. 视觉与空间感

人的视觉特性会影响景观空间观赏效果。人静止时的视野范围是垂直视角约 20°~60°,水平视角约为 50°~150°。最佳垂直视角小于 30°;最清晰水平视角为 3°~5°;次清晰水平视角为 5°~12°;舒适的水平视角为 60°,但此时细节不容易看清。在布置景物和观赏者的合理距离时应注意:

◆ 当观赏距离和物体高度相等时,垂直视角成 45° 时,空间感强,置身其中有完全被包围的感觉。于此视角之内的区域,可看清物体细节,视角之外区域细部感觉就模糊了。

◆ 当观赏距离是物体高度的两倍,垂直视角成 30° 时,人们方开始有被包围的感觉,于此视角之内的区域,人们对物体的整体及细部尚能感知。

◆ 当观赏距离是物体高度的 3 倍,垂直视角成 18° 时,被包围的空间感降至最微弱的地步,只在心理上产生边界感,无法看清物体的

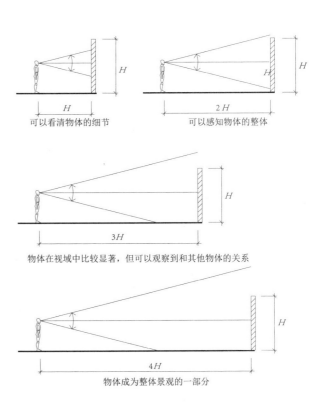

图 2-3-7 不同观赏距离时的室外空间感受

细部及其特质。

◆当观赏距离是物体高度的4倍，垂直视角成14°时，被观察的物体已失去了其重要性，而成为整个景物中的一部分了。

4. 公路绿化景观空间营造

公路绿化景观规划设计要充分考虑公路景观的视觉空间特性。公路景观空间是一种比较少见的长而狭窄的一点透视类型，平行于公路中心线的护栏、坡脚线、围栏、林缘线汇聚在远处的灭点上，视觉影响不显著。同时，随着驾乘人员的视点持续运动，公路景物不断变换，相当于平均每分钟看50幅快照；而且，人在公路行车时视域明显变窄，一般会从60°降到30°左右。这些视觉特性对公路绿化空间设计都有很大的影响：

◆ 细节不容易被看到，尤其是低矮平面上的元素在空间中的影响小；

◆ 和驾乘人员视平线相交的景观元素视觉影响力比较大，这就意味着在公路景观中的垂直元素，如边坡、挡墙、土堤、树木在视野中最为重要；

◆ 景物观赏距离变长，在行驶过程中，要想让车上人员能看清，一般距离至少要有40 m左右；

◆ 公路绿地中的景观元素尺度根据观赏速度的不同而变化，主线绿化带尺度应该比较大，而服务区、收费站、互通立交等慢速观赏或静止观景的区域的尺度则可以适当减小。

公路绿化景观空间设计包括绿化景物设计和绿化空间设计两个部分。公路绿化景物设计就是公路室外环境中景物的视觉艺术设计，包括景观建筑、小品、场地、地形、绿化等景观元素的造型、色彩、质感的设计。景物的设计要能体现公路景观特色，还要能反映出公路所在区域的自然生态特征和地方文化特点。

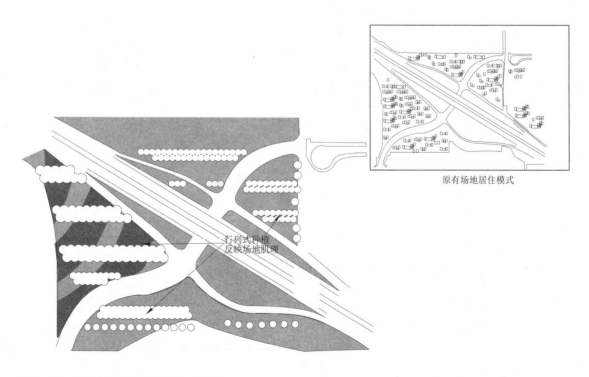

图 2-3-8 植物布局反映场地原有景观脉络

这些景物相结合也形成公路绿化空间的底界面、侧界面和部分的顶界面，公路绿化的空间设计就是合理安排各景物之间的关系，各景物与景观界面的关系，各景观界面之间的关系，营造比例恰当、对比鲜明、和谐统一的视觉空间。

公路绿化景观空间构建时应注意以下内容：

◆ 在公路绿地中构建景观空间必须协调好植物、地形和建筑等3个垂直界面的高度（H），视点到空间界面的距离（D）之间的关系。通常D/H值越大，空间越开敞；D/H值越小，空间封闭感越强。

◆ 植物、地形、建筑构筑物等景观元素都可以作为室外空间的侧界面，形成空间围合感。在公路绿地中，地形和植物材料相结合，对侧界面的围合效果更好。

◆ 侧界面的围合效果根据景观元素的性质而定，若建筑、构筑物等不通透的材料，或宽度大密度高的林带能完全

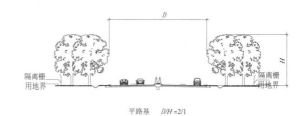
平路基　$D/H=2/1$

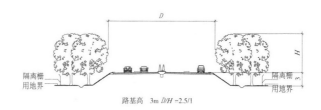
路基高　3m　$D/H=2.5/1$

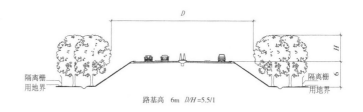
路基高　6m　$D/H=5.5/1$

图2-3-9　景观元素比例和绿化空间感

屏障视线通过，围合感强，而使用具通透性的植物，可降低围合感，形成观景视线渗透的效果。

◆ 运用植物材料将其他景观元素所构成的空间给予更多的围合面。

◆ 植物具有很好的空间连接作用，可以将其他孤立的因素从视觉中将其连接成一完整的室外空间。

◆ 运用植物等景观元素遮蔽不良环境时，要分析景观视线、观赏距离、被障物的高度以及地形等因素。遮挡用的景观元素越靠近观赏者，遮挡作用越好。

◆ 底界面可以通过形成室外空间边界起到暗示空间范围的作用；这种空间暗示作用可以是铺装场地，也可以是草坪和地被植物。

公路绿化中不仅要考虑构建不同的景观元素各方向的尺度，同时要注意景物特性对观赏感受的心理影响，不同的色彩、质感，可使空间看起来缩小或放大，还会给人松或紧、热烈或平静、活泼或严肃、温暖或凉爽等空间感觉。因此，在公路景观设计中改善视觉效果要充分利用景观元素的色彩、质感等特性。

◆ 物体本身的质感、色泽明暗也影响人们对空间的感受，表面粗糙、颜色深暗的物体，人们感觉其距离较近，反之则距离较远。

◆ 不同的颜色进入人们的眼帘，不但能产生大小、轻重、冷暖、远近、明暗等的感觉，还能引发兴奋、紧张、安全、烦躁、忧郁等心理效果。运用景物的色彩作用可以影响公路景观空间，使人产生不同的感觉：

红色和黄色属于鲜艳的颜色，能够穿透距离迅速作用于眼睛，使人感到物体变近而空间变小；蓝色和白色属于冷色，它们会引起距离变远而空间变大的感觉，如果蓝色一点点地变浅，又会使人感觉物体越来越远；而且强光对冷色的影响比对暖色的影响小，冷色在阳光下能产生变远的视觉效果，而在阴影下，将会变得更远。

◆ 植物作为构成公路景观的一个重要元素，会随着时间的推移产生体量、形态和色彩上的变化。在运用植物景观时要充分考虑植物不断生长和随季节变化的特性，丰富了景观空间的组成，营造了一种动态的、富有生命力的景观空间。

三、公路绿化景观空间序列设计

公路绿化景观沿公路展开，在连续行驶的过程中欣赏，是通过公路三维空间的景观营造、一系列景观空间的布局组合，再加上一定时间和人的视觉、心理感受形成动态三维空间。公路观景是在一段运动的时间内获得景观整体感受的过程。公路绿化景观设计应处理好绿化和公路平面、纵断面、横断面结构的关系，还要和周围的环境相协调，形成比例尺度适宜、具有韵律感和节奏感、对比鲜明、协调统一的景观空间序列。

公路绿化可以通过对比、渗透、引导、衔接和序列等方式组织景观空间：

（一）空间的对比

两个相邻的景观空间，如果在某一方面呈现出明显的差异，借这种差异的对比，可以反衬出各自的特点，从而使人们从这一空间进入另一空间时，在心理上产生突变和快感。空间的差异和对比作用通常出现在几个方面：

◆ 高大与低矮的对比　相邻的两个空间，若体量相差悬殊，视觉和心理产生较强烈印象。当由小空间进入大空间时，凭借体量之间的对比，使人精神为之一振。我国古典园林中采用的"欲扬先抑"的手法，实际上就是借大小空间的强烈对比作用而获得小中见大的效果。

◆ 开敞与封闭的对比　由植物或其他景观元素的不同组合布置而形成空间开合度的不同。封闭空间一般较暗淡，与外界隔绝，开敞空间较明朗，视线互动联系性强，与外界的关系较密切，当人们从封闭空间进入开敞空间时，必然会因为强烈的对比作用而顿时感到豁然开朗；由开敞空间进入封闭空间时，会使人感到紧张，在公路中靠近互通立交区、收费站区等区域可以采用这种手法，促使驾驶员放慢行车速度。

◆ 不同形状的对比　不同形状的空间之间也会形成对比作用，不过较前两种形式的对比，对于人们心理上的影响要小一些，但通过这种对比至少可以达到求得变化和破除单调。

◆ 不同方向的对比　可借助空间方向的改变也可以产生对比作用。

◆ 色彩对比　由于公路车速快，绿化的细节不容易分辨，因此，运用色彩形成对比的效果较好。

（二）空间的渗透

空间的渗透，实质上是使人的视线能够越过空间侧界面，由这一空间而及于另一空间或更远的地方，从而获得层次丰富的景观感受。如把周围的景物引到公路景观来的"借景"的处理手法，也是一种空间的渗透。

（三）空间的引导与暗示

公路景观空间的引导和暗示是通过植物等景观元素作为空间标志物，或通过合理的公路沿线绿化布局，用含蓄、自然、巧妙的手法来表达暗示公路景观序列中的转折，提醒驾驶员前方公路线形的变化，增加空间的趣味性。

（四）空间的衔接与过渡

两个对比强烈的空间如果以简单的方法使之直接连通，常会使人感到单薄或突然，倘若在两大空间之间插进一个过渡性空间，它就能像音乐中的休止符或语言文字中的标点符号一样，使之段落分明并具有抑扬顿挫的节奏感。公路绿化过渡空间可以适当短一点，空间感可以弱一点，色彩也不宜过于鲜艳。

（五）空间的组织

公路绿化景观空间组织，把公路的城市出入口、交叉口服务区、收费站、互通立交等节点景观空间和主线景观空间沿公路进行有序的组织，综合运用对比、渗透、过渡、衔接、引导等一系列的空间处理手法，把一个个独立的空间组织成一个有秩序、有变化、统一完整的空间集群。随着行进而逐一展现出一连串系统的、连续的画面，有开始段、引导过渡段、高潮前准备段、高潮段、结尾段，空间忽大忽小、忽宽忽窄、时而开敞时而封闭，配合着公路景观主体的起伏变化，不仅可以形成节奏和韵律感，同时还能通过空间程序组织，形成有机、统一的整体景观。公路中的一个段落就可以形成有起承转合的序列景观，整条公路的景观通过对各个段落序列景观的组合，给人留下完整、深刻的整条公路绿化景观印象。

四、公路环境景观设计

公路绿化景观设计不仅要考虑公路使用者的观赏效果，也要从附近居民的角度去考虑，注重绿化对周边区域的视觉空间改善作用。公路在很大程度上割裂了原有景观空间脉络，建成后的公路还不停地高速运行着的各种车辆，对途经区域的景观影响很大。公路绿化，尤其是路侧绿地、路堑边坡的绿化，是公路和周边环境的交接，可以发挥其融合、对比和屏障的作用，融合公路和环境景观，缓冲公路对环境的视觉冲击，改善公路两侧环境景观的绿化设计可以采用以下一些方法：

◆ 公路绿化选择和两侧环境相似的植物和硬质景观材料、采用类似的色彩、质感，可以更好地取得与周围环境的协调；

◆ 公路绿化景观元素的设计要尊重场地文脉，在人文环境上和周边相呼应；

◆ 地形是公路景观环境中起支配作用的元素，能明显地起到环境融合和屏蔽作用，营造起伏的地形再成片种植乔灌木，可以将公路绿化景观融入自然环境当中，也可以有效地减弱公路建筑、构筑物对两侧居民的视觉影响；

◆ 在周围景观元素缺乏或环境比较凌乱的地方，如环境较差的城镇段、乡村段，新建的公路绿化景观可以成为区域景观的主角。

第四章 公路绿化生态设计

公路绿化生态设计运用现代景观生态学、群落学理论，以动植物生境保护、通道网络建设为核心，修复和重建受到公路建设影响的生态环境，构建绿色生态网络，优化区域景观格局，保证物种、生境和生态系统的多样性和稳定性，形成可持续发展的公路区域生态环境。

公路是非常典型的人工廊道，使沿线原有的生态景观格局发生变化。公路建设会破坏动植物栖息地，屏障生物廊道，对原有的生态环境造成很大不利影响，同时公路廊道也可以成为新的生物廊道，对环境发挥积极作用。

一、公路生境保护

公路建设初期的选线、定线工作应充分考虑原生境保护，尽可能减少破坏是生态环境建设最为重要，而且最为经济的手段，对沿线生态环境建设起到至关重要的作用。在这个阶段要注意路线及其结构物的所有设计要素，要尽可能与地形地貌吻合，土石方的开采量要尽量做到最少。尽可能减少对生态环境的破坏，确定生态敏感区和敏感性景观资源的保护措施，按有关规定设定路线与敏感性区域之间的间距。公路作为一种构造物，要满足车辆通行的基本要求，不可避免地会对生态环境造成影响，这就需要通过公路绿化的方法予以改善。

二、公路生态修复与重建

公路绿化生态设计中的生态修复与重建主要包括生境修复与重建、生物廊道建设和生态网络优化设计这 3 个方面的内容。

（一）生境修复与重建

生境对生物的生存和繁衍意义重大，受公路建设的影响很大，非常需要进行修复和重建，在公路绿化生态设计时要注意以下几个方面：

◆ 要重视对原生生态环境的调查、分析；

◆ 应当根据地带性规律、生态演替及生态位原理选择适宜的植物种类构造植物群落和生态系统，实行土壤、植被与生物同步分级恢复，以重建为手段，以恢复为目的；

◆ 要尽量模仿建设前或临近区植物群落的组成，以顺应群落的自然演替，实现原生物种的逐步恢复，使整体生态效益达到最佳；

◆ 利用沿线土壤种子库，人工辅助促进自然恢复；

◆ 尽量选择本地的乡土树种，乡土植物种类、乡土植物群落的运用是生态系统健康、稳定、可持续的保证；

◆ 增加植物种类和群落和生境的多样性从而提高物种的多样性；

◆ 采用小规格苗木，大面积片植的方式进行种植，快速形成覆盖，以后再通过间伐并种植长寿命植物，为植物群落的演替创造条件；

◆ 在公路绿化中尽可能为周围生物新建小生境，增加野生动物觅食和休息的生境空间，对生物多样性保护的作用明显。

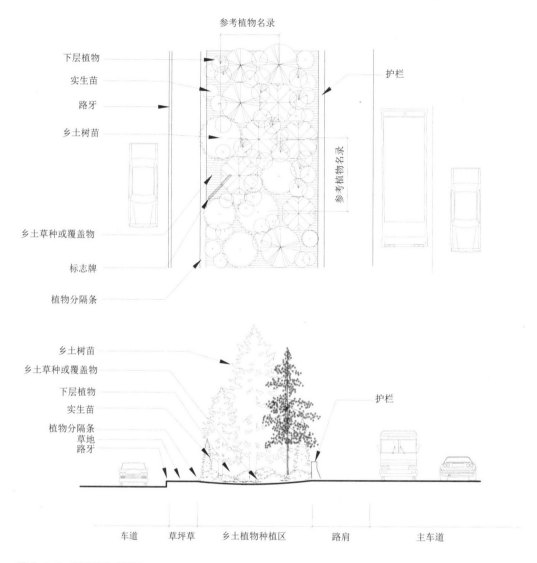

图 2-4-1　绿化的生态设计

（二）生物廊道建设

廊道可以将孤立的生态系统连接起来，提高了系统的变异能力和适应环境的能力，增加了景观的联通性，提供了物种传播的通道。公路线路长、规模大，会破坏原有生境，使生物栖息地斑块面积减小，同时也对生物廊道产生巨大的屏障作用，公路附近是人工生态系统占优势的区域，通过合理的生态廊道建设，对改善生态环境的效果显著。在进行生态廊道规划设计时应注意以下几点：

◆ 廊道生境和周围环境生境保持一致，地形、植被与公路两侧环境自然衔接；
◆ 廊道内尽可能考虑到区域内的大型动物、小型动物、水生动物，为多种生物设置通道；
◆ 野生动物重要栖息环境中设置生态桥、生态涵洞等立体生态通道，恢复与重建栖息地斑块的贯通；
◆ 采用模拟自然的方式建设公路生态廊道，首先选取典型区域，采用现场调研的方法，借助

GPS等设备，对沿线各阶段内的植物种类和稳定的植物群落进行调研，通过整理和分析，科学地获取准确的乡土植物种类和植物群落。然后在公路路侧生态廊道的建设中选择适合公路环境生长的建群种和优势种，采取模拟自然群落结构的方式进行种植设计，体现地带性植被的景观外貌特征。

（三）生态网络优化

生态网络优划是结合公路区域自然过程、自然格局和自然界面特征，立足于公路复合生态系统的结构，通过原有生物生境、廊道生态环境、生态网络与新建公路生物生境、廊道综合规划，形成协调统一、稳定高效、更优化的生态网络，建设平衡、健康、和谐的公路生态系统。

第五章　公路绿化设计程序

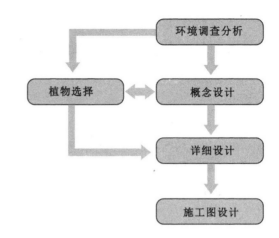

由于公路结构、功能要求和环境的特点，公路绿化不同一般的园林绿化，设计目标、设计主题、设计内容、设计过程都有其特殊性。公路绿化设计按照程序有环境调查分析、植物选择、概念设计、详细设计、施工图设计等几个阶段。

一、公路绿化环境调查分析

进行公路绿化设计时，首先要对项目所在区域的环境条件进行详尽的调查，并通过分析研究，使之成为设计的依据。环境调查分析不仅能为设计提供主题构思和素材，还在形成景观特色、提高设计的可行性方面发挥重要作用。公路绿化的环境包括自然环境、公路条件和人文环境。

（一）公路绿化的自然环境

自然环境包括公路绿地所在区域环境和公路绿地小环境两个方面。

1. 区域环境

（1）气候

公路所在区域的大气物理特征要素，包括气温、降水、光照、风向、太阳辐射、地表蒸发、大气稳定度、大气透明度、自然景观资源、动植物资源等。

（2）水文

公路水环境包含沿线河流、湖泊、水库、溪流、地表地下水系等，尽量向当地的环保、水利部门收集水文地质、水源地、水资源使用、水资源设施、农田及灌溉设施、河流湖泊、温泉瀑布等具有重要价值水体、水资源的质量等勘察资料和信息。

（3）地形地貌

公路两侧地形地势状况，地貌景观特点、走向、海拔高度；与毗邻地区的交接状况，道路的平交道口分布，沿线是否有涵管与桥梁等等。

（4）动植物资源

要充分调研公路沿线区域动物和植物资源，掌握公路沿线动物物种、动物栖息地、动物迁徙廊道分布情况；公路周围的植被类型、群落结构、生长状况，了解乡土植物和已经在当地长期生长、表现良好的外来植物种类。

（5）周围环境景观

公路是路线较长的线性区域，沿途穿越不同类型的景观环境，如平原、山区、草原、森林、大海、沼泽等景观类型，以及沿线景观环境特质以及景点的分布状态。

（6）环境敏感区和敏感性景观资源

生态敏感区是整个城市区域具有生态环境意义的生态要素或实体在人为干扰下自我恢复能力较

差，其改变将对城市生态环境产生影响、需要加以控制或保护的区域，也包括用来分割城市组团、防止城市无序蔓延的地带，以及作为城市可持续发展资源储备的区域。

敏感性景观资源是指那些对环境空气、噪声、振动等有特殊要求的景物或区域，如自然保护区、鸟类保护区、风景名胜区及划定为保护单位的历史文物（包括遗址）等。

2. 公路小环境

公路建设和行驶在其上的车辆都会对路域内的小气候环境造成严重影响，路域内的小气候、温度、水分、光照、空气、气流、土壤、地形、生物因子等都与场地原有生境有所区别，形成了公路绿化特有的立地条件（详见概论篇第四章）。

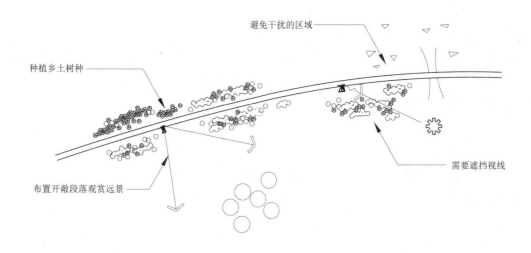

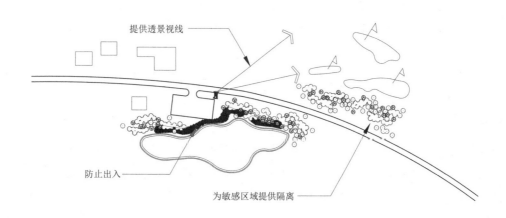

图 2-5-1　公路环境景观调查分析

（二）公路绿化的社会环境

公路绿化的社会环境主要包括公路途经区域的人文历史和社会政治经济等方面的内容。

1. 区域特色历史文化

主要包括沿线区域的有历史名人、典故、民间传说、风俗习惯、民间工艺、文物古迹、地方建筑、农业文明等。

2. 土地权属

周边现状和规划用地情况，了解公路沿线两侧用地性质及土地权属。

3. 相关法律法规

公路建设、环境保护等方面的法律法规。

4. 苗木市场

公路绿化建设项目距离长、范围广，植物品种、数量需求巨大。需要结合苗木市场行情、苗木品种储备、价格波动情况，进行植物绿化品种选择。

（三）项目资料

项目资料包括定位、作用、线形、结构等与工程建设相关图纸、资料。

1. 技术文件

公路项目的具体位置，方向，在城市路网中的地位、作用，公路的长度、宽度、线形、结构、断面形式等。

2. 相关规划

公路途经区域的区域发展规划、城市规划、土地利用规划、绿地规划、生物多样性规划等相关规划。

3. 国内外类似案例

4. 项目建设预计投资预算及资金来源

二、公路绿化概念设计

公路绿化概念设计也可以称为公路绿化总体规划，主要内容包括根据公路类型、定位和环境条件，制订绿化目标和原则，形成整条公路的主题概念构思，并通过公路绿化结构的规划将主题概念落实到具体项目中的过程。

（一）公路绿化目标

公路绿化目标是，营造安全舒适的交通条件，改善公路和沿线环境，提升公路的景观形象，构建绿色生态系统，反映地方人文特色，地域文化内涵，形成具有公路特色和时代精神的绿化景观。

（二）公路绿化设计原则

1. 安全优先原则

交通安全是公路绿化设计首要考虑的因素。在满足这个要求的前提下才能考虑其他方面的功能。

2. 生态友好原则

公路绿化设计需适应所在区域生态环境，选择绿色生态材料和技术，通过公路绿化保护和恢复生境、构建优化生态网络结构、提高生物多样性、实现生态环境可持续发展。

3. 内外兼顾原则

公路绿化要兼顾公路使用者和沿线居民的景观环境需求，发挥其在景观融合、屏蔽和对比方面的作用，不仅形成公路上悦目的视觉空间环境和舒适小环境，同时也要缓解周边环境压力、改善居住生活环境。

4. 整体设计原则

公路绿化线路长、内容多，要注重公路景观的整体性，将公路作为一个整体，统一考虑景观的造型、色彩、风格等，避免其成为片段的堆砌和拼凑，建设具有整体性和连续性的公路绿化景观。形成公路绿化独特的风格，反映公路特点、所在区域历史文化特色和时代特征。

5. 经济可行选择

公路绿化规模一般都比较大，在一般路段应主要采用中小规格的苗木，价格适中的施工材料，选择工艺难度较低的施工方法，保证绿化项目经济性和可行性。

（三）公路绿化主题构思

构思绿化景观主题，确定公路景观概念，是公路绿化概念设计阶段的一项重要工作，对整条公路的景观风格、特色的形成具有决定性的作用。构思主题是公路绿化规划设计中最有创造性和挑战性的工作，同时也是一项非常困难的工作，公路绿化已经开展了相当长的时间，国内外有很多成功的范例，要想在此基础上有所创新，必须具备很高的文化修养、艺术创作能力，还要投入很大的精力。构思公路绿化主题可以从以下几个方面出发：

◆ 调查分析公路沿线人文环境，从历史、人文、风俗、风景名胜、乡土建筑、民间艺术中寻找独特的艺术造型、构图、色彩、材质、工艺等，形成公路绿化景观构成主题元素。

◆ 勘察分析自然环境资源、找出最具特色的植物、动物、地形地貌、景观资源，找到符合公路绿化景观的元素，形成公路绿化主题。

◆ 主题的确立最重要的是独特性，不能求全，取其精华，甚至只取一点，可以是一种造型、一种色彩、一种构图、一种线条、一类植物等，通过抽象、变形等艺术性处理，在整个规划设计中反复运用，不断强化，最终形成景观特色。

（四）公路绿化结构规划

公路绿化结构以项目线路结构为基础，通过对项目沿线自然、人文环境的详细调研，对环境、资源和景观进行评估，发现可借之景、可用的资源，找出需要保护的区域和需要屏蔽的段落。根据公路绿化特点，确定出景观段落和景观节点，运用空间序列设计手法，形成公路全线景观空间结构。按照绿化主题构思，基于公路环境特点和景观结构，赋予景观节点和段落主题，组织景观空间。在公路绿化结构布局时应着重考虑以下几个方面：

◆ 利用公路路线中的城市出入口、互通立交区、道路交叉口、收费站等重点区域设置景观节点，形成绿化景观序列的重点。

◆ 根据沿线环境条件安排段落景观，其中城镇段应和城市风貌相协调，可以适当增加景观建筑、小品、雕塑等硬质；乡村段布局要和农田林网相结合，尺度宜大，常可形成相对放松的段落；自然风景段应注重和周围环境的衔接，尽可能减少人工痕迹，力求过渡自然，营造路在景中穿行的感觉。

◆ 结合公路平纵线形特点进行景观处理，形成平顺连续、和缓优美的空间感受。

◆ 根据项目特点和环境条件进行色彩规划。

◆ 景观空间布局应突出节奏感，运用节点景观和段落景观形成对比，一般绿化段落和重点绿化段落形成对比，开敞空间和封闭空间形成对比。

◆ 为了形成公路景观良好的节奏，不仅要在空间上形成对比，还要注重在观景时间上的对比，同时，还要做到对比显著，形成足够的变化。

◆ 公路景观序列由每一段公路的景观子序列共同构成，子序列中的节点、段落主题、结构、形式、风格要和总体构思相协调，避免过于杂乱，影响公路景观的整体性。

三、公路绿化详细设计

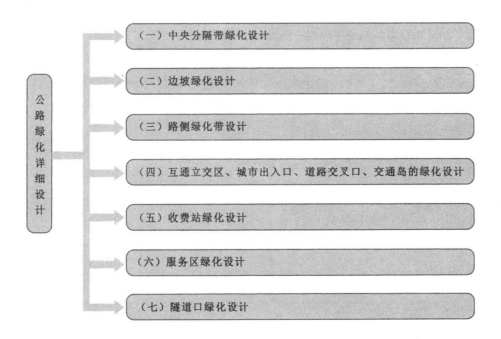

根据公路绿化特点，公路绿化由中央分隔带、边坡、路侧、互通立交区、城市出入口、道路交叉口、交通岛、服务区、收费站等区域的绿化组成，按照总体构思主题和规划结构安排，确定各区域绿化的主题构思、景观概念、空间尺度和结构形式，每个区域功能和环境都有所差异，在绿化详细设计阶段需要进行分别考虑。

（一）中央分隔带绿化设计

公路中央分隔带绿化纵贯全路段，是公路绿化的基本组成部分，也是公路绿化设计的重点。中央分隔带绿化起到分隔不同方向的车道、防止车灯眩光干扰、减弱路面色彩的单调感的作用，对保障行车安全有着重要的意义。同时，中央分隔带绿化最接近驾驶人员，占据了驾驶人员视线中相当的比例，其景观质量的好坏对于公路绿化景观的影响很大。

中央分隔带的立地条件十分恶劣，由于位于路面中间，硬质路基上方，绿地宽度有限，土层很薄，因此，易板结，透水、透气性差，绿地内多为回填土，土质一般较差，有机质含量低，保肥能力差。而且最靠近路面，空气污染严重、灰尘量大、风大、温度变化剧烈，这些都严重威胁着植物的生长；同时，中央分隔带处于公路机动车道中间，养护管理难度大，在进行植物选择时要特别加以重视，应注意以下几点：

◆ 贯彻"安全第一"的宗旨，保证遮光防眩的效果。防眩植物以常绿树种为主，选择树形完整、枝叶紧密、分枝点低的种类。

◆ 根据立地条件，选择耐旱、耐寒、耐瘠薄、抗污染、抗风、较耐水湿的植物。

◆ 根据种植养护特点，选择耐修剪、生长较慢的植物。

◆ 根据绿地宽度选择，一般宜选择圆柱形或纺锤形等树冠较窄植物。

◆ 防眩植物建议种植容器苗，成活率高，可迅速达到防眩和景观效果。

◆ 控制观花植物的数量，避免景观变化过大，减少开花时由于吸引蝴蝶、蜜蜂对车辆行驶造成不利影响。

中央分隔带的主要功能是防眩，也起到改善公路行车环境和营造景观的作用，在进行绿化设计时应根据功能要求和环境特点，主要考虑以下几点：

◆ 中央分隔带为保证防眩效果，车灯灯光散射角度为8°（有的为12°），一般车灯高度0.8~1.2 m，特种车辆可达1.4 m。确定株行距原则上要求所栽植树木必须有足够的遮光防眩能力。植株间的距离要依据所选用的植物的特性和道路线形等条件确定，如在平面曲线半径较小的路段防眩植物的布置应适当加密。

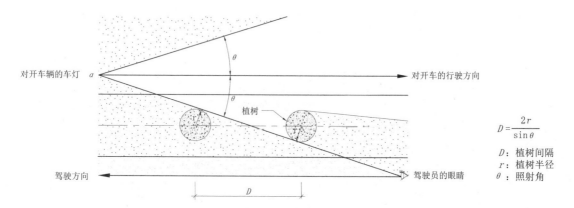

图 2-5-2　根据车辆灯光照射角设置中央分隔带防眩植物的合理间距

$$D = \frac{2r}{\sin\theta}$$

D：植树间隔
r：植树半径
θ：照射角

◆ 应满足公路建筑限界要求，注意靠近行车道一侧一般选用低矮植物，以防植物枝叶侵占路面空间。

◆ 根据宽度条件采取相应的布局方式，中央分隔带绿地一般比较窄，多为 2 m 左右，此时应以规则式布局为主，用行列式或树篱形式；对于宽度有限的中央分隔带，可通过在隔离网上栽植攀缘植物来达到绿化及防眩的效果；如果绿地宽度较宽时，如留有预留车道或分离式路基，可根据路段条件采用乔灌花草相结合的自然式种植方式。

◆ 车辆安全行驶要求中央分隔带绿化既要防眩又要有开阔的视野，所以对防眩植物的高度有一定的限制。按照防眩效果的视觉要求，中央分隔带常绿乔木修剪后高度一般不超过 1.5 m，灌木球类不超过 1.2 m。在直线或半径较大的曲线段树高不宜过高，过高会使小车司机在超车道行驶时产生压抑感。对于弯道半径较小，且带有纵坡的路段，中央分隔带树高一般确定在 1.8 m 左右。

◆ 中央分隔带应根据设计车速确定合适的景观段落长度，并通过合理的布局，通过景观段落植物种类和种植形式的变换，来形成分隔带的景观节奏和韵律，消除司机的视觉疲劳和乘客的心理单调感。形成绿化景观节奏。如在高速公路中，车速常达到 100 km/h，这时中央分隔带绿化景观段落的长度就应适当长一点，每段可控制在 10 ~ 20 km。

中央分隔带开口两侧防眩植物的高度可在两侧一定范围内逐步降低，对于设计速度大于或等于 80 km/h 时采用 100 m 长度，设计速度 60 km/h 时采用 60 m 长度，防眩设施由正常高度降至开口处的 0 高度。

◆ 中央分隔带的绿化植物色彩应以绿色为主基调，适当配置色叶植物和观花植物，以深绿色、浅绿色、黄绿色等各种不同绿色和少量观花、观叶植物的鲜艳色彩进行搭配，充分表现植物的季相，以增加景观丰富度，增强绿化美化效果。

◆ 绿化风格要与路侧绿化、上下边坡、碎落台、隔离栅等区域保持一致，以使公路环境更为协调统一，与周边环境的衔接也更为自然。

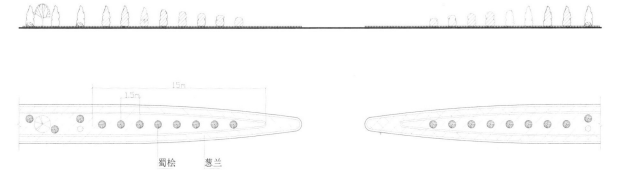

图 2-5-3　中央分隔带开口绿化示意图

（二）边坡绿化设计

边坡绿化主要作用是防止土壤侵蚀、稳固路基及边坡的作用，同时也具有景观和生态功能。边坡光照强，温度高，风大，还由于是人工填挖而成，表土因施工受到严重破坏，土层非常薄，有机质含量低，保水性和透气性都差。因此，选择能适应边坡功能和环境特点的植物和种植方式是边坡绿化的重点和难点。边坡种植应根据当地气候条件、边坡结构、土层厚度、土壤质地、坡向的差异，选用不同的绿化模式和绿化植物，主要考虑方面：

◆ 选择生根性强，根系浅，根系发达，茎秆低矮，枝叶茂盛，生长快，绿期长，能迅速覆盖地表，防止土壤侵蚀能力强的植物。

- ◆ 选择对土质要求不高，适应气候的能力强，耐酸、碱，耐严寒，耐高温，耐干旱，生长能力强的植物，如马棘、紫穗槐、观赏禾草等，适应边坡绿地恶劣的种植环境。
- ◆ 藤本植物和悬垂型植物生命力强、生长迅速、适用范围广泛，非常适合在路堑边坡坡面和碎落台绿化中使用。一些深根性的地被植物也是较有效的边坡绿化植物种类。
- ◆ 以草灌为主，草本植物初期能够很快覆盖整个坡面，有效地减缓地表径流，防止土壤侵蚀，而灌木的持久护坡能力好，且在后期能为草本植物提供良好的生长环境，有条件的情况下可以选择。在绿化条件允许的位置还可以少量点缀乔木。植物种类尽可能的多样化，有利于提升植物群落的稳定性和抗逆性。
- ◆ 最好将冷、暖季型草种进行一定比例的混播，如狗牙根、高羊茅和多年生黑麦草，混播不仅能强化绿化效果，提高草坪的整体适应性，还能延长边坡草坪的使用年限。
- ◆ 根据坡向选择，阴坡光照时间短，光照强度弱，应选用阴性植物或耐阴性植物。阳坡的光照时间长，光照强度强，尤其在夏季高温天气，其光照强度更强，在此环境中应种植阳性、耐干旱植物。
- ◆ 在坡顶至隔离栅内侧，可适当地选用一些背景林中的原生优势种，列植于坡顶，以减弱边坡上方雨水对坡面的冲刷，与原生生态环境的过渡也更为自然。

公路边坡有路堤边坡和路堑边坡两种形式，在绿化布局和施工方式方面也根据边坡的位置、形式、地质条件、绿地面积有不同的技术要求。

路堤边坡绿化线路长、绿地面积大，绿化以防护功能为主，在种植设计方面应注意以下几点：

- ◆ 路堤边坡是平地上填筑而成，在公路上一般看不见，所经地段多为农田和自然风景区区域，可采用常规绿化，主要选择喷播植草的方式，尽快对坡面进行全面覆盖，防止土壤侵蚀。在适当路段也可以结合框格式绿化、轮胎绿化等方式种植地被植物和灌木。
- ◆ 在靠近路面的条件允许的区域可配置观花、观叶灌木或多年生花卉，改善公路景观效果，考虑到公路观赏特点，种植应以片植为主，尺度宜大。
- ◆ 注意防火，边坡绿地线路长，主要是大面积草坪，冬季易燃，应结合公路工程设施布置防火隔离带。

路堑边坡由山地开挖而成，高度较高，在公路驾乘人员的视域中占有较大比重，绿化面积也比较大，而且两侧植被条件一般比较好，应作为绿化的重点区域，在绿化设计时要注意以下几个方面：

- ◆ 根据边坡结构、地质、坡度、坡长等条件选择适宜的种植施工方式。土质边坡宜采用移栽、喷播等方式；石质边坡宜采用厚层基材边坡绿化技术（TBS 技术）、框格式绿化、藤本覆被护坡；土石混合边坡宜采用三维植被网、TBS 技术、植生带、框格式绿化；
- ◆ 运用植物造景等手段丰富边坡景观，尤其在较大的迎面坡设置标志性景观可形成公路景观亮点；
- ◆ 坡面绿化布局和公路整体景观相协调，与中央分隔带、路侧绿化相呼应。
- ◆ 坡顶采用和原生环境相似的植物群落进行配置，与周边植被衔接，使公路景观融入自然环境。

（三）路侧绿化带设计

路侧绿化带由土路肩、护坡道、边沟和边沟外绿化带组成，是公路和周边环境的交界，有缓冲、防风防雪、改善路域小环境，改善周边居民环境，遮蔽不良景观，营造公路景观，改善生态环境等多方面的作用。路侧绿化带的土壤、水分、空气条件等立地条件相对比较好，距离路面也有一定的空间，适合布置乔、灌、花、草等各类植物。

在植物选择方面应注意：

◆ 路侧绿化带线路很长，会经过各种条件的场地，应根据具体环境进行植物选择，注重植物种类多样性。

◆ 以中小规格为主。同一种植物，移栽小苗的成活率高，未来生长情况更好，而且造价低，经济性好，但也要注意早期应提供防风雪等适当的防护措施。

◆ 在隔离栅位置种植刺篱和有刺的攀缘植物，如枸橘、刺梨、枸骨、藤本月季等，可以更有效地防止人、车和动物穿越公路，避免引发交通事故。

在进行种植设计时应考虑：

◆ 和两侧景观环境相协调，根据途经区域自然、社会环境选择相应的植物景观布局形式。

◆ 按照总体构思和结构进行空间布局，为适应公路大空间条件和动态视觉特点，绿化尺度不宜过小。

◆ 采用防风防雪和降低噪音种植，乔灌草立体配置，和地形改造相结合则效果更好。

◆ 尽可能多种植乔木树种，大面积片植，取得最大的景观和生态效益。

◆ 结合原有生境和群落结构，建立野生生物小生境和生态廊道，连接公路所在区域原生境，优化生态网络。

◆ 有土路肩的路段，绿化不能超越公路建筑限界，以草坪种植为主，适当点缀灌木球和色块，增加景观变化。

◆ 路侧绿地较宽阔时，可以考虑设置安全净区。

◆ 当路肩外侧有足够空间时，尽量采用浅碟式植草边沟，可以使绿化显得更加自然，而且能提高行车的安全性。

（四）互通立交区、城市出入口、道路交叉口、交通岛的绿化设计

1. 互通立交区绿化

互通立交区担负着疏导大量交通和引导城市过境车辆的作用，规模大而且线形复杂，绿化设计首先要考虑交通安全功能，满足安全视距的要求，综合运用标志、视线诱导、缓冲等绿化设计方法；其次，互通立交区车速比较慢，绿地面积比较大，立地条件相对比较好，养护水平也比边坡及中央隔离带高，因此景观的可塑性较强，最能体现公路的绿化特色，应作为公路绿化的重点区域，形成景观节点。

在植物选择时应注意：

◆ 绿地面积大，立地条件比较复杂，低洼地区较多，有许多陡坡和阴影区域，应根据具体情况具体分析，选择相适应的植物种类。

◆ 景观主要以远观为主，比较重视群体美的效果，应以乔木为主。

◆ 优先选择乡土植物，形成地方特色，降低养护成本。

◆ 作为重点景观区域，对植物的形态、色彩、季相的要求较高。

◆ 通过栽植藤本植物进行立体绿化可以软化互通立交设施生硬的线条。

◆ 跨线桥下过于阴暗，耐阴植物也不能正常生长的区域，不宜勉强种植，避免增加不必要的养护工作量，可采用砾石、树皮等进行覆盖。

互通立交区绿化要满足行车安全和心理需求，通过合理栽植，使交通空间更加开阔、清晰、便利；还要与公路全线景观绿化的总体风格相协调，并在统一中追求变化，以体现节奏感，形成鲜明的景观亮点。互通立交区种植设计应注意以下几点：

◆ 满足安全视距要求　曲线、交叉等路段应保证视距。在设计视距影响范围以内，不应种植乔木和大灌木，可栽植低矮灌木、绿篱和花草。内侧3.0 m范围内不宜种植高于视平面约距地面1.0 m以上的植物，一般以种植低矮灌木及花卉为宜。

◆ 诱导视线种植　小半径平曲线以外侧栽植成行的乔木，以诱导汽车行驶，增加安全感。如匝道平曲线外侧可采用小乔木，用于引导行车人员的视线，预告前方匝道线形的变化；在匝道两侧绿地的角部，可适当种植一些低矮的花灌木以增强出入口的导向性；在车道分流端、匝道外侧及车辆驶出匝道的地方种植高大的标志植物，对中距离的司机有较清晰的行车视线引导作用。

◆ 缓冲种植　跨线桥墩台和立交出口端部，可密植一些灌木或矮乔木，以减缓车辆因分流不及而失控时产生的冲击力，降低事故损失。

◆ 标志种植　立交区内和附近地段种植高大乔木，使司乘人员从远处就能注目到立交区。

◆ 结合排水进行地形营造，植物、地形、水体相结合，形成视线开合、空间虚实对比，以丰富驾乘人员景观感受。

◆ 景观节点作用　绿化要围绕总体规划阶段确定的设计主题，有模纹图案型、人文景观型、疏林草地型、田园风光型、水生湿地型、森林型等多种绿化形式。以大尺度的简洁明快的设计手法，景观构图与庞大的立交主体相协调，充分表现互通立交的线形美与立体美。形成具体公路特色和地域特色的景观节点。

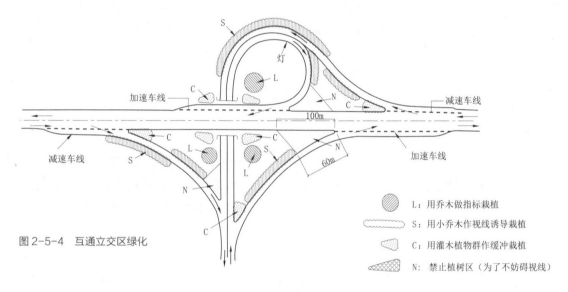

图 2-5-4　互通立交区绿化

2. 城市出入口绿化

城市出入口是给进入城市的人们留下第一印象的地方，是公路绿化的重要节点，应结合城市历史文化特点，进行重点专项设计，要注意特色树木、花卉、灌木和草坪的选用，适当安排植物图案和雕塑等造景元素，建成有地方文化特色的绿化景观。景观元素的体量应比较大，使人从很远处就能看见，起到进入城市入口的标志作用。

3. 道路交叉口和交通岛绿化

道路交叉口和交通岛在公路中的位置重要，绿化的主要功能是引导交通功能和景观功能，在绿化设计时应注意：

◆ 任何情况都不影响交叉口的行车视线，种植应符合公路安全视距要求。交通岛灌木高度控制在80～90 cm。

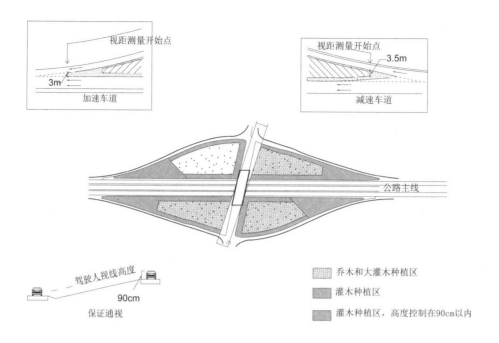

图 2-5-5 互通立交区种植区域

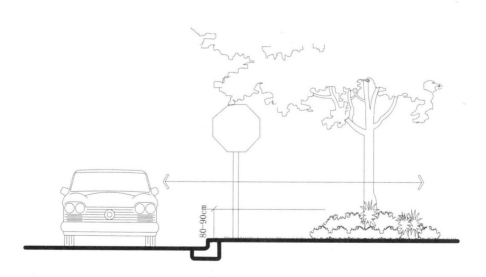

图 2-5-6 道路交叉口和交通岛的驾驶视线要求

◆ 在不妨碍交通与驾驶员视线的前提下，交通岛以中央植物造景或雕塑为主体，周围用中小灌木和修剪成型的灌木色块规整布置，力求简洁，立体感强，烘托中央主景，引导驾驶，给人以强烈的视觉印象，形成景观节点。

◆ 采用绿化缓冲设计，在丁字交叉口会合处支路的对面成片密植树木，在会合道路的一侧延伸的树木会引起驾驶员的注意，从而降低进入道路交叉口的速度。

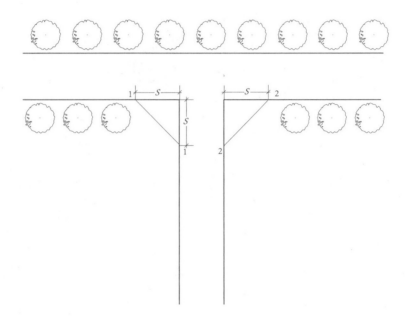

图 2-5-7　丁字路口安全视距

（五）收费站绿化设计

收费站绿化主要采用标志种植和景观种植的方式：

◆ 收费站绿化景观设计，主要目的是强调已经到达收费口，车辆驶入收费区后，车速减缓直至停下。一般是在接近收费站 1～2 km 处选择与一般路段不同品种的绿化树种，采用植物色彩渐变等方式形成标志栽植，以强调收费站的出现，也可以结合体量适当的小品设计，使标志作用更加醒目。

◆ 收费站是高速公路的门面，它对景观的要求相对其他地段要高，其绿化水平要反映出公路的建设理念和服务水平。

（六）服务区绿化设计

服务区主要包括加油站、维修站、管理楼及停车场等区域，主要功能是满足司乘人员休闲、缓解疲劳的需要。同时，服务区人员集中，使用时间较长，绿化场地充裕，也是展示公路绿化水平很好的场所。

为建立安全、舒适、美观的休憩空间，综合考虑植物的生态功能和美化效果，可将吸滞粉尘、降低噪音、吸收有害气体、杀菌抗虫等特性作为筛选物种的主要指标。在树种选择方面应注意：

◆ 庭阴树宜选择落叶大乔木，遮阴效果好，冬季也不会遮挡阳光；

◆ 停车场遮阴树应选择树干通直、冠幅大、分枝高，无污染的乔木，慎用掉落果实为浆果、核果的种类；

◆ 可适当增加观花、观叶、观果植物数量，提升绿化景观效果；

◆ 增加芳香植物和能分泌杀菌素的植物，可以改善空气质量，形成舒适的休憩小环境效果显著。

服务区绿化设计主要采用改善小气候的绿阴种植、降低噪音种植和景观种植等方法，应做到以下几个方面：

◆ 营造舒适的休息、活动环境　服务区建筑多，铺装面积较大。多种植一些枝叶繁茂、冠大荫浓的乔木，或是利用藤本植物来装饰凉亭、步道，能有效减少地面热辐射，方便司乘人员休息、纳凉。

◆ 建设生态停车区　通过合理布局，利用绿地划分停车位，能缓解水泥建筑给人的单调、生硬的感觉。乔灌木立体配置，高大的乔木能防止车辆夏季被曝晒，片植灌木也可以形成缓冲带，增加停车的安全性。

◆ 形成具有地区文化特色的绿化景观节点　服务区绿化设计应根据总体规划要求，与区内的建筑物、道路、设施等和谐统一，结合当地景观特色和人文特点，安排多样的植物景观，结合雕塑、小品、水景等丰富的景观元素，形成公路绿化优美的视觉空间和浓郁的地方文化氛围。

◆ 服务区内各功能空间较多，可以采用庭院式的景观设计手法，利用植物进行空间的分割与点缀，如以绿篱、花境、花坛等形式对空间进行划分，设置各具特色的休息小场所。也可适当选择草本花卉、禾本科植物点缀空间，使绿化更显精致，还可以适当设置小品，提升空间品位。

（七）隧道口绿化设计

隧道口绿化的主要功能是明暗过渡，通过绿化降低隧道口的亮度，缓解司乘人员由于进出隧道时强烈的明暗变化而造成的不适，同时，还可以起到标志和引导视线的作用，设计时应考虑：

◆ 从隧道接近段起点开始，在路基两侧种植高大、树冠和枝叶浓密的深色常绿树；

◆ 两侧边坡采用深色植物种植；

◆ 隧道口上方种植悬垂植物；

◆ 越接近出入口越密植，然后逐渐过渡到常规种植；

◆ 在上行、下行两个洞口之间种植乔灌木，阻止汽车废气在两个洞之间回流；

◆ 隧道口墙面有强调入口的作用，不宜用绿化遮挡。

四、公路绿化施工图设计

公路绿化施工图设计也常称为种植设计，是详细设计的深入化和具体化，是绿化施工的依据，主要内容包括：确定植物种类、苗木规格、种植技术要求、种植位置、形式、范围、密度、数量等内容。种植设计阶段首先应把详细设计放到现场环境中进行详细分析，反复斟酌，并在种植设计完成后再到现场进行全面的复核，充分完善后完成种植图纸，保证内容准确、翔实，减少施工阶段的变更，全面达到设计预期的效果，节约工程造价。

种植设计应根据详细设计、现场环境条件和植物的生态习性进行，应从植物的生态习性、功能作用、近远期效果、经济性等几个方面综合考虑，进行平面布局、立面结构、种植密度设计和苗木规格确定。

（一）生态习性

应根据植物的生态习性和种植区小环境确定植物的种植位置：

◆ 充分考虑植物公路建筑、构筑物、地形、场地的关系，植物与植物之间的关系。如场地条件对光照、水分、通风的影响；

◆ 按照植物的群落结构进行乔、灌、草复层种植，注意各层植物的生态适应性等，保证植物生长良好，最高层的乔木应是阳性的，第二层亚乔木应是半阴性的，而种植在乔木树阴下和背面的灌木、地被则应该是半阴性和阴性的，喜温暖光照充足环境的植物应配置在树丛、树群的南方或东南方向。

（二）功能作用

应根据绿化功能确定植物配置：

◆ 根据防眩作用安排合理的布局间距；

◆ 遮挡设计中先分析植物组团和被遮挡物体之间的视觉关系，再确定种植位置和结构；

◆ 遮阴种植中要根据场地位置、面积、空间条件确定种植位置。

（三）景观空间营造

路侧林带是形成公路景观空间侧界面的主要元素，植物的平面布局、立面构图和层次、色彩等对景观的影响很大，应注重种植形式、林冠线、林缘线、植物层次结构、色彩、质感、比例和尺度等方面的设计效果。

1. 种植形式

根据详细设计要求，结合场地具体条件，可采用孤植、对植、列植、丛植、群植、片植等形式。

◆ 孤植是利用树冠、树形、色彩特别优美的乔木树种，单独种植形成一个空间或画面，形成主景的配置形式。孤植树作为园林构图的一部分，必须与周围环境和景物相协调。种植地点要求比较开阔，不仅要保证树冠有足够的生长空间，而且要有比较合适的观赏点和观赏视距，不能有高大的物体阻隔视线，最好还要有像天空、水面、草地等自然景物作背景衬托，以突出孤植树在形体、姿态等方面的特色。

◆ 对植、列植、树阵式种植等对称式种植，主要考虑植物与建筑、构筑物、地形元素的位置关系。

◆ 丛植、群植、片植等自然式种植，种植点之间应疏密有致，变化丰富，在整体上保持统一性，避免机械对称或形成差异过大、没有呼应的两组。基本构图单元为3株相邻的植物种植点在平面上构成不等边三角形。4株、5株、6株植物及树丛、树群均可以分解成这个基本构图单元。

2. 林冠线

林冠线是植物和天空的界线，是植物景观的立面轮廓，是植物造景要考虑的最重要内容之一，进行植物造景时应充分考虑到树木的体量、树形、植物特性，形成和谐统一又变化丰富的林冠线。林冠线设计可从以下几个方面入手：

◆ 以乔木为骨架，乔、灌、草立体种植，高低错落，疏密结合，形成具有动感韵律的林冠线。

◆ 结合曲折起伏的地形，依地势疏密有致的进行大片种植，可以形成具有连续韵律的林冠线；地形较高处种植高大的树木，低处种植较低矮灌木或地被植物，可使林冠线变化更加明显。

◆ 利用不同形状植物的组合，如运用圆形、椭圆形植物形成协调的立面主体，通过高大的圆锥形、纺锤形植物与之形成树形的对比。

◆ 常绿与落叶植物相结合，利用树冠和叶形对比。秋冬季节落叶树的枝干和常绿植物的树冠对比鲜明，使林冠线显得更加丰富。

◆ 利用不同冠形的乔木在轮廓线上对比调和，通过错落有致的种植来创造优美动感的林冠线。

3. 林缘线

林缘线是树林（或树丛）边缘树冠的投影，是植物形成边界的平面轮廓，它是植物进行空间划分的重要手段，空间的大小、景深、透景线的开辟、气氛的形成都要依靠林缘线来处理。林缘线的处理可以采用以下方法：

◆ 林缘线的曲折变化，林缘可以是连续的不规则曲线，也可以由不规则曲线加上树丛或孤植树；

◆ 在大空间中创造小空间，在这个轮廓线上通过林缘乔木灌木的聚散、开合形成丰富的空间变化；

◆ 运用交错的布局方式，成片、成块或断断续续地穿插组合，互为背景，互相衬托，半隐半现；

◆ 组织透景线，既加大了景深，又突出了节奏感。

4. 层次结构

植物群落式种植可以提升绿化的生态价值和环境价值，不同的层次结构处理对营造路侧绿带景观和公路视觉空间具有明显的作用：

◆ 充分考虑植物的生物学特性、生态适应性和地方植物群落特征，乔木、灌木、地被植物、藤本植物相结合，喜光和耐阴植物相结合，速生和慢生植物相结合，发挥绿化最大的生态功能和环境功能；

◆ 乔、灌、草立体种植或高灌木加地被形成层次，遮挡视线功能较强，对屏障不良景物和形成封闭的视觉空间侧界面效果较好；

◆ 乔木和地被植物两层种植，有利于景观视线渗透；

◆ 低矮灌木和地被形成两个层次，或草坪、地被植物单层种植，空间的围合感最弱，适用于在空间开敞的路段。

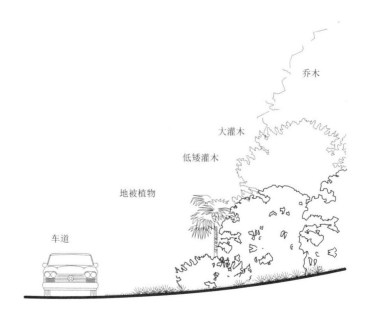

图 2-5-8　公路绿化植物的层次结构

5. 比例和尺度

适宜的绿化比例和尺度是形成公路视觉空间美感的重要因素，在种植设计时应考虑：

◆ 公路景观元素和整体景观之间以及各景观元素之间应保证有恰当的比例关系。特别是植物和地形是形成公路空间垂直界面、垂直界面与路面的比例关系的主要因素，对公路景观的形成起到非常重要的作用，应根据路面宽度、路基高度条件，安排地形的变化、植物的布局、确定植物的体量，形成和谐的比例关系。如高填方和路面宽阔的路段，路侧绿化应尽量靠近路面；路基或路面较窄的路段应将乔木种植区域向外移，一般认为，绿化垂直界面和绿化之间宽度的比例在 1∶2 左右比较恰当，还要综合考虑环境中地形、地貌、场地条件等具体情况进行调整。

◆ 应综合公路规模、公路结构、行车速度、环境特征等因素确定适宜的绿化尺度。公路是大规模的人工构筑物，具有大尺度的环境空间特征，同时，使用者多为高速运动中的人群，有视力下降、视野变小、景深变小等动态视觉特性。因此，景观元素的尺度比一般绿化中的要大很多。如行车时速 100 km 时，获得景观印象至少要 5 s，绿化长度约 140 m。而获得一段绿化的景观感受要 5 min，绿化长度约 8.3 km。

6. 色彩和质感

植物的色彩质感丰富，是形成景观的重要组成部分，在利用植物的色彩和质感特性构成绿化景观时应注意以下几点：

◆ 色叶树、花灌木、花卉和绿色主基调形成对比，容易引人注目，形成视觉的焦点。但使用不能过多或太频繁，否则会造成景观杂乱，影响整体感。

◆ 根据气候环境选择色彩组合，例如，炎热地区应以冷色调为主，寒冷地区则与之相反，可多采用暖色调。

（a）高速公路低路基绿化

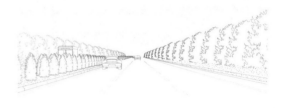

（b）高速公路高路基绿化

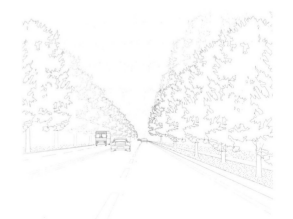

（c）二、三、四级公路低路基绿化

图 2-5-9　公路绿化的比例与尺度

◆ 运用质感对比可以丰富绿化景观，相似色彩不同质感的植物组合，容易取得景观的和谐统一。公路绿化应以中等质感的植物为主，少量的粗糙质感和细腻质感的植物形成对比。

◆ 植物的质感还可以调节视觉空间感受，空间过于空旷的区域可多布置粗糙质感的植物，空间狭小的区域与之相反，应主要种植具有细腻质感的植物。

（四）近远期效果

绿化设计还要做到近期效果和远期效果相结合，既保证近期能满足绿化的各项功能要求，形成一定的景观，也要注重长远效果，并考虑植物会生长的特点和绿化工程的经济性，确定适合的植物种类、规格和种植密度。

1. 苗木规格

苗木的规格应根据绿化所在区域的立地条件、绿化功能、工程造价、养护管理水平等因素确定，注意以下要点：

◆ 城市出入口、收费站、服务区等公路景观节点绿化应选择大规格苗木；

◆ 中央分隔带绿化需要立即达到防眩效果，应选择大规格苗木；

◆ 城镇段宜种植大规格苗木，可以和周围环境景观取得协调；

◆ 自然段、乡村段的一般路段可选择中等规格苗木，以降低工程造价；

◆ 边坡防护植物宜选择小规格苗木，采用较高密度进行种植，通过自然选择，优势植物生长旺盛，从而取得最佳的景观和生态环境效果。

2. 种植密度

合适的种植密度，片植、林植树木、灌木、花卉的种植密度和植物的种类、规格、生长速度、形成景观的时间要求密切相关。

◆ 作为行道树的常绿乔木株距4~5m，落叶大乔木合适的株距则一般为5~6m，冠大慢生的树种，株距还可以适当加大。

◆ 从长远考虑，应根据成年树木树冠大小来决定种植距离，但在短期也要取得比较好的绿化效果，这就需要在开始种植时密度适当加大，再于后期养护管理过程中采用间伐等措施逐步完善。

◆ 复层种植边缘轮廓线上的灌木和花卉的种植密度可适当加大。

◆ 绿化种植密度和位置要充分考虑后期养护需求，如在需要修剪的草坪上进行乔灌木种植时，应采用群落

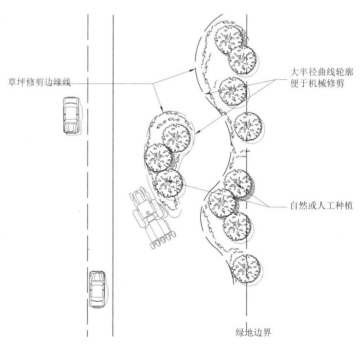

图2-5-10 绿化设计考虑后期养护需求

式种植，边缘呈流线型，并为草坪修剪留出足够的通道，便于开展草坪的养护管理工作。

五、公路绿化植物选择

（一）公路绿化植物选择原则

1. 适地适树

适地适树是选择公路绿化植物的基本原则。必须掌握各种植物的生物学特性，根据绿地具体环境条件选择与之相适应的植物种类。在进行植物选择时应充分考虑公路所在地域的气候、水文等自然环境条件和公路绿化的立地条件，一般情况下公路绿地的立地条件较差，光照、水分、空气、风、土壤、地形等小环境条件都比较恶劣，因此，应尽量选用乡土树种或在当地绿化中生长多年并生长良好的外来植物种类，取其易于成活、生长良好、抗病虫害等特点，充分发挥其绿化、美化道路的功能。不论是乡土树种还是外来树种，在复杂的公路环境中，都有一个能否适应的问题。大面积使用前应在相似环境中进行试验种植，即便是乡土树种，如未经试种，也不能贸然大量选用。

2. 满足功能要求

公路绿化植物种类的选择要满足交通安全、环境、景观、生态等功能要求，选择大小、外形、色彩、质感和树叶类型等特性与之相适应的植物，在防眩、引导视线、防风固土、遮阴、降噪、净化空气、营造景观和改善生物生境等方面充分发挥作用。

3. 符合种植养护特点

公路绿化线路长，绿化面积大，需要苗木数量多，且场地相对封闭，施工和养护管理都有很大难度，在植物选择阶段就应充分考虑建设和养护的特点，宜选择苗源充足、施工难度较小、养护管理强度较低的植物。

4. 兼顾近期与远期效果

植物会随着时间的推移不断生长，绿化效果也随之发生改变，再加上公路的不同路段、不同部位对绿化效果形成的时间有不同的要求，在进行植物选择时应考虑采用近期与远期效果相结合，速生树种与慢生树种相结合的策略。

5. 绿化功能与经济效益相结合

公路绿化在改善行车环境和保护生态环境方面作用明显，同时，很多植物能提供优良用材、油料、药材、香料等，在公路绿化植物选择时，尤其是乡村段绿化可适当考虑，可以有效地提高绿化的经济性，但应注意，果树容易吸引周围居民进入公路采摘，不宜选用。

（二）公路绿化植物的选择方法

公路绿化的植物选择应结合植物资源调查、环境调查和规划设计要求进行，有条件的情况下，还可以结合工程进展进行区域试验，引种新的植物品种。

1. 植物资源调查

（1）查询资料：查询地方志、植物志等相关资料，了解项目所在区域植物地带性分布，生态习性、观赏特性等情况。还可以调查相同或相邻的纬度上，气候差异不大地区的植物资源，扩大植物的选择范围。

（2）植被调查：对公路两边的原生植被进行调查，在公路两侧各300 m的范围内，根据土壤质地的不同和植被的分布情况，选取几个有代表性的植物群落作为样地，对植被种类、群落结构进行详细勘察。另外，调查相邻地区的公路绿化情况，对绿化植物的选择也很有帮助。

2. 环境分析

研究公路土壤环境的特点，分析土壤的理化特性，测定土壤的pH值、含盐量、有机质含量，为植物选择提供依据。

3. 确定名单

根据植物资源调查和环境勘察分析，确定可发挥各种绿化功能，适合在公路各段落、各部位种植的植物种类名单，供规划设计时合理运用。

（三）公路绿化常用植物名录

表2-5-1　公路绿化常用植物特性分类表

类型	植物名称
耐旱、耐瘠薄植物	侧柏、铅笔柏、圆柏、刺槐、苦楝、枣、南酸枣、云实、栾树、柽柳、旱柳、栓皮栎、白栎、构树、柘树、锦鸡儿、雪柳、小叶女贞、黄荆、牡荆、荆条、黄栌、火炬树、豆梨、野山楂、火棘、美丽胡枝子、紫穗槐、黄连木、山合欢、臭椿、文冠果、桑、槲树、朴树、小叶朴、枸杞、木槿、沙枣、沙棘
耐寒植物	白皮松、雪松、池杉、银杏、毛白杨、榆树、旱柳、香椿、元宝枫、杜仲、鹅掌楸、泡桐、核桃、枫杨、白桦、栓皮栎、朴、构树、白玉兰、二乔玉兰、广玉兰、蜡梅、二球悬铃木、山楂、石楠、杜梨、樱花、稠李、红叶李、刺槐、国槐、臭椿、锦熟黄杨、火炬树、黄栌、三角枫、栾树、糠椴、猕猴桃、瑞香、石榴、灯台树、白蜡树、紫丁香、女贞、小叶女贞、枸杞、梓树、接骨木、荚蒾、桂竹、淡竹、罗汉竹、紫竹、凤尾兰
耐水湿植物	日本柳杉、水杉、池杉、落羽杉、中山杉、墨西哥落羽杉、乌桕、旱柳、河柳、垂柳、金丝垂柳、杞柳、无患子、榔榆、朴树、枫杨、江南桤木、日本桤木、水杨梅、紫穗槐、白蜡树、柽柳、银鹊树、榉树、美国山核桃、楝木、意杨、山茱萸、枸橘、女贞、桂竹、枸杞、法国冬青、洒金桃叶珊瑚、千头柏、红瑞木
耐盐碱植物	强度盐渍土：（土壤含盐量0.4%~0.8%）柽柳、火炬树、沙枣、罗布麻、海滨木槿 中度盐渍土：（土壤含盐量0.2%~0.4%）刺槐、榆树、楝树、美国白蜡、臭椿、侧柏、龙柏、铅笔柏、柏木、朴树、乌桕、栾树、旱柳、桑、杜仲、漆树、紫穗槐、枸杞、棕榈、石榴、无花果、枣、刺梨、月季、玫瑰、夹竹桃、金银花、杞柳、君迁子、木槿 轻度盐渍土：（土壤含盐量0.1%~0.2%）银杏、日本柳杉、柳杉、榉树、白花泡桐、毛白杨、枫杨、皂荚、黄连木、丝棉木、椴树、槐、梓树、三角槭、五角枫、无患子、香椿、栓皮栎、二球悬铃木、枳椇、黑松、南酸枣、法国冬青、女贞、木瓜、海棠、蔷薇、石楠、白蜡树、海桐、冬青卫矛、桑、美国山核桃、蚊母、杞柳、圆柏、洒金柏、榔榆、河柳、垂柳、盐肤木、香椿、朴树、合欢、枇杷、山楂、紫荆、黄杨、紫丁香、连翘、紫藤、凌霄、葡萄、扶芳藤
抗污染植物（抗两种以上污染）	蜀桧、龙柏、侧柏、罗汉松、云杉、黑松、女贞、广玉兰、樟、石楠、石栎、樟叶槭、竹叶椒、柑橘、臭椿、构树、丝棉木、榆、槐、刺槐、朴树、紫花泡桐、乌桕、合欢、垂柳、旱柳、桑、枣、柽柳、青桐、白蜡树、白玉兰、梓树、二球悬铃木、枫杨、楝树、鹅掌楸、皂荚、麻栎、板栗、黄连木、山楂、樱花、法国冬青、胡颓子、枸骨、枸橘、夹竹桃、紫薇、石榴、木槿、无花果、桃、榆叶梅、紫丁香、接骨木、木芙蓉、棕榈、蚊母、海桐、冬青卫矛、山茶、栀子、小叶女贞、八仙花、凤尾兰、月季、紫藤、爬山虎
抗二氧化硫植物	铅笔柏、粗榧、日本柳杉、白皮松、冬青、大叶冬青、青冈、港柯、厚皮香、油茶、水蜡、小蜡、银杏、槲树、交让木、榔榆、无患子、黄金树、三角槭、君迁子、榉树、毛白杨、栾树、梨、美国白蜡、胡桃、西府海棠、紫穗槐、八角金盘、十大功劳、蔷薇、映山红、迎春

续表

类型	植物名称
抗粉尘植物	油松、白皮松、侧柏、苦槠、枇杷、冬青、女贞、桂花、法国冬青、夹竹桃、棕榈、海桐、蚊母树、冬青卫矛、垂柳、核桃、榔榆、榉树、朴树、二球悬铃木、栾树、重阳木、合欢、刺槐、国槐、梧桐、泡桐、臭椿、乌桕、梓树、楸树、白蜡树、绒毛白蜡、丝棉木、构树、紫穗槐、无花果、蜡梅、茶条槭、紫丁香
芳香植物	湿地松、香柏、侧柏、香樟、桂花、广玉兰、深山含笑、白玉兰、辛夷、合欢、国槐、刺槐、楝树、泡桐、木瓜、含笑、梅花、蜡梅、丁香、浓香探春、栀子、牡丹、芍药、海桐、玫瑰、蔷薇、月季、木香、紫藤、金银花、鼠尾草、菊、玉簪、葱兰

表 2-5-2 公路绿化植物用途分类表

类型	植物名称
防眩植物	蜀桧、龙柏、洒金柏、刺柏、法国冬青、石楠、红叶石楠、桂花、海桐、冬青卫矛、火棘、胡颓子
护坡植物	沙棘、杨、柳、盐肤木、榆、刺槐、枣、山杏、山桃、合欢、榛、黄荆、牡荆、荆条、火棘、紫穗槐、马棘、多花木蓝、胡枝子、伞房决明、绣线菊、迎春、野蔷薇、爬山虎、葛藤、络石、金鸡菊、波斯菊、菲白竹、菲黄竹、芒、五节芒、白茅、针茅、多变小冠花、紫苜蓿、白三叶、草木樨、猪屎豆、狗牙根、结缕草、假俭草、香根草、高羊茅、紫羊茅、匍茎剪股颖、弯叶画眉草、百喜草
防风、防雪植物	雪松、白皮松、湿地松、罗汉松、金钱松、落羽杉、池杉、柳杉、日本柳杉、冬青、樟树、女贞、法木荷、苦槠、红楠、紫楠、意杨、毛白杨、江南桤木、青朴、旱柳、枫杨、栾树、榆树、榔榆、朴树、珊瑚朴、乌桕、黄连木、栓皮栎、青冈、麻栎、苦楝、元宝枫、三角枫、构树、广玉兰、二球悬铃木、紫花泡桐、白花泡桐、楸树、槐树、臭椿、银杏、海桐、桑树、枫香、杜梨、相思树、重阳木、丝棉木、灯台树、茶条槭、柽柳、拐枣、喜树、紫穗槐、卫矛、棕榈、法国冬青、蚊母、海桐、冬青卫矛、厚皮香、山茶、八角金盘
防火植物	木荷、红豆杉、柳杉、罗汉松、苦槠、青冈、紫楠、法国冬青、女贞、铁冬青、夹竹桃、交让木、枫香、麻栎、栓皮栎、乌桕、洋槐、核桃、旱柳、杨树、白蜡、溲疏、厚皮香、八角金盘、冬青卫矛、桃叶珊瑚、山茶、阔叶箬竹、常春藤
风景林植物	湿地松、金钱松、日本柳杉、柳杉、池杉、落羽杉、墨西哥落羽杉、中山杉、侧柏、圆柏、红豆杉、香榧、香樟、浙江樟、紫楠、浙江楠、白楠、米槠、甜槠、苦槠、青冈、石栎、麻栎、栓皮栎、短柄枹、白栎、槲栎、槲树、美国山核桃、青钱柳、野核桃、糙叶树、紫弹树、珊瑚朴、朴树、青檀、榔榆、榆树、榉树、檫木、枫香、银缕梅、杜仲、黄檀、臭椿、黄连木、无患子、棟木、重阳木、乌桕、南酸枣、毛竹、刚竹、淡竹
遮阴植物	二球悬铃木、银杏、榉树、朴树、榔榆、三角槭、合欢、臭椿、鹅掌楸、七叶树、黄连木、黄山栾树、无患子、重阳木、南酸枣、乌桕、白玉兰、美国山核桃、枫杨、枫香、槐、刺槐、香樟、广玉兰
垂直绿化植物	爬山虎、美国地锦、葛藤、常春藤、络石、常春油麻藤、扶芳藤、薜荔、鸡血藤、金银花、凌霄、紫藤、野蔷薇、藤本月季、白花木香、黄花木香、葡萄、铁线莲

表 2-5-3　公路绿化观赏植物分类表

类型	植物名称
观花植物	春季观花木本植物：梅、美人梅、山茶、结香、白玉兰、紫玉兰、二乔玉兰、宝华玉兰、深山含笑、迎春花、金缕梅、蜡瓣花、杏、梨、杜梨、苹果、紫叶李、贴梗海棠、金钟花、金钟连翘、桃、碧桃、白花碧桃、红叶桃、山桃、榆叶梅、郁李、樱花、日本晚樱、李、笑靥花、山茱萸、郁香忍冬、珊瑚朴、杜鹃、厚朴、凹叶厚朴、麦李、云南黄素馨、湖北海棠、垂丝海棠、丁香、流苏树、秤锤树、楸树、雪球荚蒾、映山红、羊踯躅、黄山紫荆、加拿大紫荆、紫荆、巨紫荆、白绢梅、西府海棠、木绣球、含笑、木瓜、棣棠、麻叶绣线菊、锦鸡儿、牡丹、刺槐、红花刺槐、文冠果、小蜡、紫花泡桐、锦带花、海仙花、红豆树、檵木、红花檵木、光皮树、七叶树、玫瑰、夏蜡梅、荚蒾、黄金树、梓树、探春、木莲、四照花、毛梾、山梅花、蝟实、溲疏、宁波溲疏、鹅掌楸、木香、紫藤、云实、铁线莲、野蔷薇、龙吐珠 春季观花花卉：雏菊、三色松叶菊、矮雪轮、翠菊、百合、风信子、蝴蝶花、黄菖蒲、鸢尾、飞燕草、香石竹、荷包牡丹、矢车菊、美女樱、桂竹香、石竹、高雪轮、金鱼草、蒌斗菜、紫罗兰、郁金香、诸葛菜、福禄考、活血丹、大花三色堇、葡萄风信子、矮牵牛、锦葵、芍药、金盏菊、扶郎花、虞美人、白头翁、香雪球、霞草、花菱草、花毛茛 夏季观花木本植物：八仙花、金丝梅、刺梨、粉花绣线菊、石榴、六月雪、月季、黄刺玫、槐、广玉兰、合欢、野茉莉、女贞、日本女贞、金丝桃、栀子、夹竹桃、紫薇、珍珠梅、黄荆、牡荆、臭牡丹、木槿、醉鱼草、木芙蓉、黄山栾树、美丽胡枝子、金银花、凌霄、美国凌霄 夏季观花花卉：鸡冠花、荷兰菊、紫茉莉、金盏菊、香雪球、美女樱、花菱草、紫菀、金光菊、唐菖蒲、玉簪、翠菊、霞草、福禄考、桔梗、花菖蒲、景天三七、射干、火星花、百日草、马兰、韭兰、藿香蓟、晚香玉、麦秆菊、雁来红、半枝莲、曼陀罗、红花酢浆草、黑心菊、金鱼草、香石竹、万寿菊、紫萼、蛇目菊、蒌斗菜、芍药、飞燕草、金鸡菊、硫华菊、孔雀草、萱草、天人菊、锦葵、凤仙花、醉蝶花、美人蕉、蜀葵、千日红、百合、石蒜 秋季观花木本植物：桂花、夹竹桃、油茶、海州常山、丝兰、醉鱼草、大花醉鱼草、刺桂、月季、木芙蓉、凤尾兰、紫薇、木槿 秋季观花花卉：波斯菊、曼陀罗、金鱼草、万寿菊、一串红、葱兰、香石竹、醉蝶花、翠菊、红花酢浆草、紫茉莉、韭兰、天人菊、千日红、美人蕉、大丽花、唐菖蒲、麦秆菊、菊花、菊花脑、石蒜、紫松果菊、孔雀草、矮牵牛、晚香玉、藿香蓟、美女樱、百日草、荷兰菊、大吴风草、鸡冠花、长春花 冬季观花木本植物：蜡梅、茶梅
色叶植物	日本落叶松、金钱松、水杉、池杉、落羽杉、中山杉、银杏、枫香、二球悬铃木、红枫、鸡爪槭、元宝枫、五角枫、三角枫、茶条槭、榉树、朴树、榔榆、青檀、珊瑚朴、白桦、乌桕、黄连木、重阳木、黄山栾树、无患子、鹅掌楸、檫木、白蜡、栓皮栎、盐肤木、丝棉木、垂柳、枸骨、紫叶李、红叶桃、樱桃、紫薇、火炬树、卫矛、黄栌、山麻杆、红瑞木、洒金柏、金叶女贞、金边黄杨、红花檵木、南天竹、紫叶小檗、彩叶杞柳、菲白竹、菲黄竹、紫叶酢浆草、金叶过路黄、金边石菖蒲
观果植物	红豆杉、罗汉松、香橼、柑橘、枸橘、冬青、枇杷、石楠、杨梅、枸骨、法国冬青、花椒、火棘、红豆树、无患子、栾树、黄山栾树、檫木、水榆花楸、珊瑚朴、李、杏、桃、樱桃、海棠、山楂、木瓜、野鸦椿、楝树、丝棉木、石榴、四照花、海州常山、荚蒾、金银木、卫矛、接骨木、紫珠、枸杞、平枝枸子、无花果、刺梨、洒金桃叶珊瑚、南天竹、紫金牛、中华猕猴桃、葡萄

3 种植篇

- 公路绿化的种植施工程序
- 各类植物的种植技术
- 公路各区域绿化的施工技术

第一章 公路绿化的种植施工程序

公路绿化种植是按要求进行植树、栽花、种草，并使其成活，尽早发挥绿化效果的过程。因此，在实际工作中既要掌握植物学、栽培学以及绿化工程等相关的理论知识，又要具备现场种植及养护等方面的技能。只有这样才能在保证工程质量的前提下，较好地把公路绿化工程的科学性、技术性、艺术性等有机地结合起来，建造出既实用、又美观、且经济的绿化作品。

公路在修建过程中，破坏了绿地的土层结构，造成土壤板结、土层薄、有机质含量低、建筑垃圾多、土质很差；另外，公路地形开阔，路基一般较高，绿地周围有大面积建筑材料，有些部位，如中央分隔带、路堤边坡等位置甚至处于路基之上，因受到热辐射、蒸腾加速和强风的影响，很容易造成绿地干燥缺水、夏季高温、冬季严寒；再加上交通车辆高速行驶和尾气排放，产生大量灰尘和有毒有害气体，空气污染非常严重。恶劣的环境条件非常不利于公路绿化植物的生长。因此，公路绿化种植应充分考虑各类绿地的功能要求和环境条件，深入了解乔木、灌木、地被等各类植物的生态习性，全面掌握相关的种植技术。

公路的绿化包括中央分隔带绿化、边坡绿化、路侧绿化带绿化、互通立交区绿化以及服务区和收费站绿化等。

公路绿化种植是公路建设当中十分重要的环节，除了要按照设计要求施工之外，还要充分结合具体施工条件和现场实际情况，公路绿化种植的一般程序如下表所示。

表 3-1-1 公路绿化种植的一般施工程序

编号	施工阶段	施工内容
1	施工前的准备	工程现场勘查，工程设计图纸现场核对，确定施工方案
2	施工现场的准备	清除现场杂物，处理地形，整地，土壤改良，安排水电和机械设备
3	植物的准备	苗源选择，号苗，起苗前准备，起掘，包装，运输，苗木检验，假植
4	定点放线	确定种植点，确定种植范围
5	栽植前的准备	现有植被的保护，种植穴、槽的挖掘
6	植物的栽植	散苗，栽前修剪，定植

一、施工前的准备

（一）熟悉工程情况

主要了解工程范围、工程量，如所需绿化材料的数量、规格、质量要求等。

通过熟悉设计资料以及设计、建设单位的交底，理解设计意图与要求，从而保证严格按照设计图纸与有关技术规范、标准施工。

通过现场勘查，了解现场地下管线、地上遗留物的处理要求以及土质、水电、进出通道情况。

（二）编制施工方案

制订工程分部分项的关键技术措施。

确定施工程序与进度计划。

做好机具、材料、劳动力使用计划安排。

（三）成立组织机构，做好人财物及现场安排

根据工程需要成立相应人员组织与现场安排。

根据工程进程需要，做好苗木准备以及资金安排，尤其是各种苗木的来源和根据进度制订苗木等材料的组织计划。

二、施工现场的准备

（一）清除现场杂物

在绿化范围内，如存在妨碍绿化施工的市政设施、农田设施、房屋、违章建筑，地面、地下或水下有通过的管线，或有其他异物时，应事先与相关部门协同查清，进行清理。

现场常常遗留大量灰槽、灰渣、砂石、砖石、碎木及建筑垃圾等，在整地之前应全部清除。

缺土的地方，应换入肥沃土壤。

（二）处理地形

地形处理就是在绿化施工范围内，根据公路绿化设计要求进行地形塑造。地形处理过程中，可与清理障碍物相结合，根据现场条件进行局部调整，但在地形调整之前应与设计单位及时进行沟通。

由于公路绿化部分区域为低湿地，容易造成水分过多，通气不良，土质多带盐碱，因而可结合场地平整进行地形改造，建成合理的排水系统，以利排水。需要注意，对新填土壤要分层夯实，并适当增加填土量，以防自然沉降。地势低洼的区域，可以通过挖排水沟降低地下水位，如每隔20 m左右就挖出一条宽1~1.5 m的排水沟，并将起掘的表土翻至一侧培成垄台，垄台上可种植植物。还可采用暗渠排水、渗透管排水等方式增强绿地的排水能力。

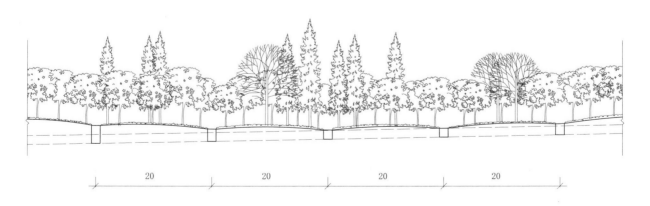

图 3-1-1　明沟排水

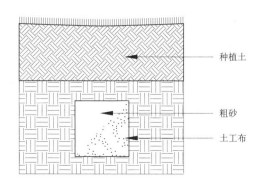

图 3-1-2 砂暗渠排水

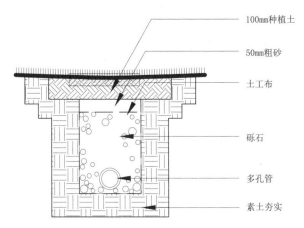

图 3-1-3 渗透管排水

营造地形阶段，还应注意表土的利用，先将施工场地内富含有机质的表层种植土收集并集中存放，然后再根据地形施工图进行地形处理，最后再将收集的表层种植土重新覆盖到绿地之内。

（三）整理场地

地形塑造完成之后，需要在绿化区域内整理地面土壤，为植物提供良好的生长条件，保证根部能够充分生长，维持活力，以利养分和水分吸收。

整理地面土壤要确保根域范围有利于根系的自然生长，确保适当的土壤质地，确保排水性和透水性。

对坡度 8° 以下的平缓区域，可采取全面整地 30 cm 的深度，以利蓄水保墒。对于重点布置地区或栽植深根性树种的区域，可翻掘 50 cm 再进行深耕，然后将土块敲碎、平整。

（四）土壤改良

首先进行土壤检测，分析土质是否符合种植条件，确定种植土是否需要进行改良或更换。所有种植土应达到如下要求：应保持疏松、排水良好，非毛管孔隙度不低于 10%，土壤 pH 值为 6～8，土壤含盐量不高于 0.1%，土壤营养元素达到基本平衡（有机质含量不低于 10 g/kg，含氮量、含磷量、含钾量分别不低于 1.0 g/kg、0.6 g/kg、0.7 g/kg）。

绿化种植区域经测定土质较差，如土壤板结、通透性差、过酸、过碱、含盐量过大，含有有毒、有害成分，不符合种植要求时，应根据场地条件和设计要求，采取相应的消毒、改良措施。

1. 改善土壤物理性质的措施

◆ 壤土适合大多数植物生长，采用物理掺和的方法，可改良土壤质地，如沙质土掺加黏土，黏土掺加沙土。

◆ 增加土壤有机质、秸秆还田、向缺钙土壤中加钙等都是改善土壤结构的有效措施，可促进形成水稳性团粒结构。

◆ 加强耕作，疏松土壤。

2. 改良盐碱地的措施

盐碱地区一般具有排水不畅、含盐量及矿化度高、地下水埋藏浅的特点，受盐、涝的双重危害，改良盐碱的措施首先应该是挖沟排盐、灌水洗盐，基础工程就是修建灌、排系统。

修建灌溉系统时应根据绿地内水源情况和面积大小埋设水管线，并且每隔50～100 m安装一个上水阀门，修建上水井，井上加盖。

在修建灌溉系统的同时，要开挖排水沟渠，一般间距为100～200 m，沟深1.5～2.5 m，要达到地下水位，所开挖的各级排水沟，分别要做以下处理：

（1）明沟砌筑，对于主排水沟，可结合造景，用块石砌筑坡岸，沟宽增至10 m以上，沟深增至5 m左右，沟内保留一定的水面。

（2）埋设暗管，对于支排水沟，可埋设暗管排水，材料可用水泥管、塑料管或陶瓷管等。规格依据排水量选择，一般直径在30 cm以上。埋设时应将渗水处的过滤层做好，防止周围泥沙随水进入管内造成堵塞。每隔30～50 m应设暗管检查井，以便定期清理淤泥。

（3）埋填渗透性好的材料，沟内埋设直径为5 cm以上的石子或厚度为40 cm左右的卵石，上面再填铺厚度为5～10 cm的中沙。也可在沟内铺设一排空心砖，具有排水效果持久、不阻塞、施工简单的优点。

在良好的排灌条件下，采取深耕、洗盐，结合种植绿肥或增施有机肥等措施，可使轻度或中度盐碱地得到改良。方法有以下几种。

（1）生物改盐

种植盐生和耐盐植物，尤其是种植绿肥植物，不仅能使土壤脱盐，而且能够增加土壤有机质，提高土壤肥力，增加土壤团粒结构，还能促进微生物的活动，进一步改善土壤的物理、化学性质。这种方法简单易行，将种植地整平后，深翻，浇淡水，在适宜播种期将绿肥、种子播入即可。

（2）淡水洗盐

其原理是淡水压盐，隔离层防止反盐，此法适宜于地势较高、排水良好的区域。方法是先深翻，将土块晒干后，再灌淡水，如此反复3～5次，再进行绿化。如果同时在地下埋设排水设施，排走盐水，效果更佳。

（3）化学改良

这是通过在灌溉土地时按需要量浇入特种肥料的方法。这些特种肥料主要利用酸碱中和、离子吸附和转化盐类的化学反应原理，改良盐碱化土壤。对于重盐碱化土壤，可结合耕作、水利措施，向土壤中增加磷石膏、黑矾、工业废硫酸等化合物进行暂时和局部的改良。

（4）地面覆盖

使用农作物秸秆以及锯末、杂草、树木枯枝落叶等进行地面覆盖（覆盖物的厚度以10 cm以上为宜），是滨海盐碱地改良的良好措施。地面覆盖可以减少地表水分蒸发，又可拦截地表径流，便于浇灌水和雨水的下渗。另外，通过灌水沤腐，可增加土壤腐殖质。

（5）增施有机肥料

绝大多数的盐碱地贫瘠、板结、肥力低下，增施有机肥是改良盐渍土不可缺少的措施。有机肥的种类很多，主要包括人粪尿、鸡粪、猪粪、马粪、牛粪等，在施用前必须经过充分腐熟。另外，除盐生植物以外的枯枝落叶、植物残体，在无盐环境下，经过腐烂、沤制后也是很好的有机肥。

3.改良酸性土壤的措施

（1）化学改良剂改良

传统的酸性土壤改良的方法是运用石灰（生石灰和熟石灰），可以将土壤的活性酸和潜性酸中和，同时通过加强微生物活动，促进有机酸分解，从而促进有益微生物的活动，促进有机质的矿质化和生物固氮作用，增加有效养分。酸性土壤施用石灰后，有利于形成水稳定团粒结构，改善土壤的物理性状。此外，使用石灰还能减少病虫害。

石灰使用量见表 3-1-2。

表 3-1-2　使酸性土壤的 pH 值向中性变化所需的碳酸钙用量

土壤质地	腐殖质含量			
	缺乏（5%）	丰富（5%～10%）	很丰富（10%～20%）	20% 以上
沙土	0.56	1.13	1.5～2.25	—
沙壤土	1.13	1.69	2.25～3.00	—
壤土	1.69	2.05	3.00～3.75	—
黏壤土	2.20	2.87	3.75～4.50	—
黏土	2.81	3.38	4.50～5.25	—
腐殖质土	—	—	—	4.5～7.5

注：施用生石灰按上述数字的 60% 计算；施用消石灰按上述数字的 80% 计算。

除了应用石灰外，一些工业副产品和矿物也能起到改良酸性土壤的效果，如白云石、磷石膏、磷矿粉、粉煤灰、黄磷矿渣粉等。这些改良剂能对酸性土壤起到一定的改良效果，但是这些改良剂中的大多数含有一定的有毒金属元素，在使用中应注意不能过量。

使用化学改良剂前，应对土壤进行化学分析，根据土壤酸碱度、土壤质地、所用面积和种植苗木确定施用量。在种植苗木之前，将改良剂撒在表面，通过翻土混匀。以后每隔 1～2 年再进行分析、施用。

（2）生物措施改良

利用生物有机肥和土壤中的一些动物来达到改良土壤的目的。生物改良不仅能改善土壤的酸碱度，而且对提高土壤养分含量、有机质含量尤其是微量元素含量，增加土壤中微生物数量具有明显作用。

（3）增加土壤有机质含量

可以采用增施充分腐熟的有机肥作为基肥。如果土壤条件过差，不能经改良达到种植土要求时，应考虑局部更换或全面更换，同时，保证回填土达到质量要求，并达到应有的厚度。

（五）安排水电和机械设备

安排好施工场地及生活区的水电，以便开展工作。同时，按照工程规模及现状，将所需的机械设备准备齐全。

三、植物的准备

植物准备工序：

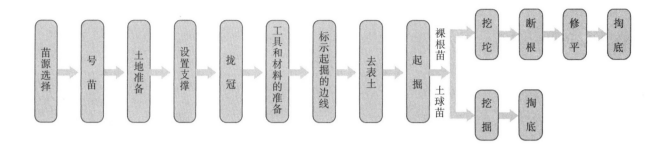

（一）苗源选择

工程开工前，要根据施工组织设计或施工计划所定工程进度情况，分阶段地组织施工材料的采购、进货、运输和储备待用。

植物材料与一般材料不同，准备早，进场晚。对选中的大树或一些最重要的景观树，为了确保购入后移栽成活，最好采取订购方式，预付一部分定金，责成货主在1～3年内分几次进行切根处理，并加强水肥养护，确保树势健旺，直至能够移植为止。

（二）号苗

为提高存活率、最大限度地满足设计要求，应在绿化前到苗圃选择适用的苗木，并做出标记，习惯称为"号苗"。在选好的苗木上用涂颜色、挂牌拴绳等方法做出明显的标记，以免误掘，此工作称"号苗"。

（三）起苗前准备

起掘苗木是绿化工程的关键工序之一，起掘苗木的质量好坏直接影响成活率和最终绿化效果。起掘苗木的质量同时与土壤含水情况、工具锋利程度、包装材料适用与否有关，故应于事先做好充分准备工作。

1. 土地准备

若苗木原栽地土壤过于干旱时，乔、灌木应提前1～2天灌一遍透水，保持土壤湿润。圃地土壤过于干旱时，应提前3～5天灌水。竹类提前两天灌水，可提高成活率。

刚浇过透水及大雨过后，不可立即起苗，防止在起吊或运输过程中，造成土球的散坨。一般黏重土壤在灌水或大雨过后2～3天，待土壤略干时才能起苗。如果赶工期急需用苗时，可开沟放水，提前半天挖苗、晾坨，保证在装卸苗木时或运输途中不散坨。

注意预报有雨天气，不可进行挖苗、晾坨。

2. 设置支撑

当起掘较大规格苗木时，应先设置好支撑再起苗，以免起掘的过程中苗木倾斜或倒伏，导致树根劈裂、枝干砸伤、顶梢折损、散坨等。

3. 拢冠

常绿树尤其是分枝低、侧枝分叉角度大、枝条长而比较柔软、或冠丛直径较大的灌木树种，如圆柏、龙柏、雪松等，掘前要用草绳将树冠松紧适度地围拢，如图3-1-4。

拢冠有利于掘苗和运输，还可减少树枝的损伤、折裂和树冠的损伤。

4. 工具和材料的准备

准备好工具和材料。工具要锋利适用，带土球起掘时用的蒲包、草绳要用水浸泡湿透待用。

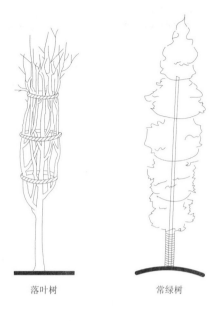

图3-1-4 拢冠

（四）起掘

起苗前应做好边线标示和去除表土工作。首先以树干为中心，根据大于规定根幅和土球标准3～5 cm的要求画圆，标示出起掘的内边线。然后再铲去一层表土，深度以不伤地表根系为度。用铁锹从圆外缘垂直向下挖环状沟，以便于操作。

1. 裸根苗的起掘

裸根苗起掘法适合处在休眠状态的一般的乔、灌、藤本植物。其操作简便、节省人力、运输及包装材料。但由于易损伤大量的须根，从起掘至栽前，根部裸露，容易失水干燥，根系恢复需时较长。

首先，在内边线以外动手向下挖，挖到足够深度后，再往里掏底。在往深处挖的过程中，遇到根系可以切断，如遇大根则应酌情保留。圆圈内的土壤可边挖边轻轻搬动，不能用锹向圆内根系砍掘。

挖至规定深度和掏底后，轻放植株倒地，不能在根系未挖好时就硬推拔树干，以免拉裂根部和损伤树冠。根部的土壤绝大部分可去掉，但如根系稠密，带有护心土，则不可打除，而应尽量保存。

裸根苗起掘注意事项如图3-1-5所示。

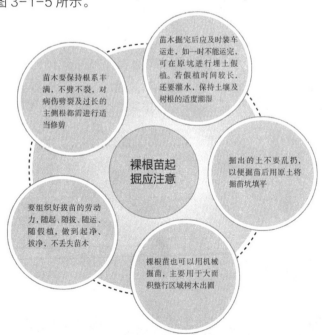

图3-1-5 裸根苗起掘注意事项

2. 带土球苗的起掘

将苗木一定范围的根系，连土掘挖成一定形状，称为"带土球起苗"。由于在土球范围内须根未受损伤，并带有部分原有适合生长的土壤，移植过程中水分不易损失，对恢复生长有利。但操作较困难，费工费时，要耗用包装材料，土球笨重，增加运输负担，所耗投资大大高于裸根移植。

一般常绿树、竹类和生长季节移植落叶树多用此法，为了保证和提高成活率，大规格的落叶树、珍贵植物、非正常季节植树也都采用带土球起苗。为了保证在运输搬运过程中，土球不会松散，通常用草包（麻、蒲草、草）、绳子（草、麻）软材料等对土球进行包装。带土球苗起掘要注意以下几个方面：

（1）挖坨

沿内边线，使用铁锹向外挖取土球，开沟宽度以便于操作为度，所挖沟上下宽度要基本一致。随挖随修整土球表面，使土球表面圆润、光滑，一直挖掘到规定的土球高度。

（2）断根

遇到细根用铁锹斩断。直径 2 cm 以上的粗根，不能用铁锹铲，以免震裂土球，应用手锯锯断。

（3）修平

挖掘到规定深度后，球底暂不挖通，用圆锹将土球表面轻轻修平，如果开挖过大，应消减土球体积至要求大小。土球过大也易松散。使土球呈"苹果"形，即肩部圆滑不留棱角。上口稍大，中部最大，下部渐小。

（4）掏底

土球四周修整完好以后，再慢慢由底圈向内掏挖。土球的底部直径一般不应超过土球直径的 2/3。沿着自下向上的方向，修整土球至一半高度时，应逐渐向内缩小至规定的标准，最后用锹从土球底部斜着向内切断主根，将土球与土底相互分开。在土球下部主根未切断前，不得硬推土球或硬掰动树干，以免土球破裂和根系断损。

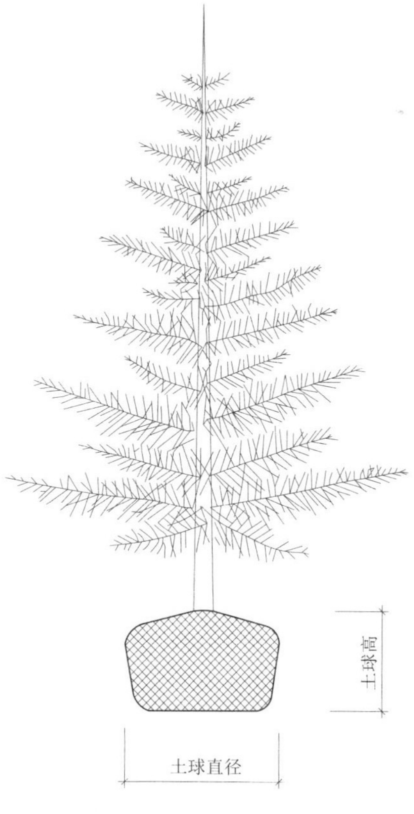

直径小于 50 cm 的土球，可以直接将底土掏空，以便将土球抱到坑外包装；而大于 50 cm 的土球，则应与底土中心保留一部分，支撑住土球，以便在坑内进行包装。

图 3-1-6　土球样型

（五）苗木的包装

苗木的包装是一项技术性很强的工作，要根据苗木习性、生长地的土质、土壤含水量、苗木的规格、土球的规格、起挖季节、运输距离等因素综合考虑，包装的工序操作繁简也不一样。

除肉质根植物如牡丹、泡桐等应适当晾晒外，其他树种起苗后最重要的是保持根部湿润，避免风吹日晒。

1. 裸根苗的包装

裸根苗根系应蘸泥浆，泥浆应选择素土，为提高栽植成活率，可在泥浆中加入生根粉、杀菌剂、营养元素等，促进生根和根系的生长。

2. 带土球苗的包装

将土球用湿草帘覆盖或将土球用土堆围住保存。土球包装要求整齐、牢固、不松散。

宿根花卉及小规格花灌木，土球直径在 30 cm 以下，土球易松散的，可用薄无纺布或草绳包裹并扎紧。土球直径为 30～50 cm，土质不松散的，可用草片、蒲包包装，用双手抱出土球，放置在浸湿的草片或蒲包中央，在干基处收紧，用一道湿草绳以干基为起点呈纵向，采用"单股单轴"打络法捆紧包装，绳间距应小于 8 cm。

凡在树穴内包装的土球苗，将腰绳系好后，在土球一侧挖一个弧形浅沟，将苗木向挖沟方向轻轻放倒，用草绳、草片封严土球底部，用草绳与土球底沿纵向草绳交错绑扎固定，一般土球的草绳包可分为线球包、井字形包、五角星包等，如图 3-1-7 所示。

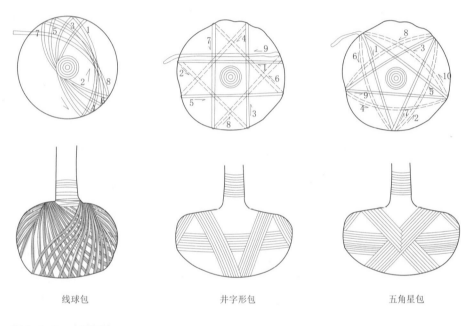

线球包　　　　井字形包　　　　五角星包

图 3-1-7　土球包扎

胸径为 30 cm 以上的土球苗，应根据树冠大小、土球重量及枝条疏密程度确定起吊部位，大树重心必须在起吊部位下方，在树干基部和起吊系绳位置，捆扎 60～80 cm 的草绳，草绳捆扎要均匀、松紧适度，在草绳外侧竖向钉入同样高度、均匀分布的木板保护。

（六）圃地修剪

苗木装运前，应对其烂根、枯死枝、病虫枝、徒长枝进行初步修剪，保证苗木质量，并且可以减少水分蒸腾，提高成活率。

（七）苗木的运输

起苗后，应在当天装车运输。做到随起苗、随运输、及时栽植，尽可能减少途中滞留时间。

1. 准备工作

选择适合的运输路线，避开有障碍物的路段。如需要，应准备用以撑举电线的绝缘工具，如木杆、竹竿等。

装车前，应仔细核对苗木品种、规格、数量，检查苗木质量等，凡不符合要求的苗木，应予以更换。

2. 装车

苗木可采用人工装车和机械装车，有条件的情况下，尽可能采用机械装车。

（1）人工装车

土球直径在80 cm以下的乔木、一般花灌木的土球苗可用人工装车。

土球直径40 cm以下的苗木，应抱土球装车。土球稍大的，可用夹板、麻绳做好牵引，在桥板上轻轻滑动。

（2）机械装车

土球直径在80 cm以上的乔木及大型花灌木，应使用机械装车。为保证起吊安全，选择标定为树木两倍估重的起重机。

起吊土球直径在100 cm以下的苗木时，可直接使用吊装带绑缚根颈起吊装车，基干处应包裹草帘、麻袋片或厚无纺布，以免损伤树皮。也可使用3～4 cm粗的麻绳，将麻绳双起，在双股麻绳一端1.5～2 m处，挽一个死扣。再将两股麻绳分开，在土球或竹筐距土球顶面2/3处用吊绳拦腰围紧。将两绳头系成一道拦腰扣，其松紧度要适当，不可太松，以免吊运时脱扣。将两侧拦腰麻绳向上聚拢，两侧麻绳所留长度应当一致，再将两侧吊绳系于树干的1/3处，以免苗木吊运时树体倾倒。

树干处需夹垫软物或缠草绳，以免损伤树皮。将吊绳两侧的吊扣套入吊钩上，检查所有环节确实牢靠。

对于土球直径在100 cm以上的土球苗或筐装苗，不可直接用吊绳绑缚根颈处起吊，必须用吊装带，兜住土球进行吊装。以免由于树体过重，起吊时拉伤毛细根或导致树皮脱落。

高度在5 m、胸径在20 cm及土球直径在120 cm以上苗木，必须使用两条可承受8 t重量的钢丝绳或吊装带。

使用吊装带时，将两条吊装带分别自土球顶面2/3处反方向各系一条，吊装带要平贴于土球。将吊装带的一头支出，应系紧拦腰绳。将两个吊扣牢固地挂在吊钩上，以起吊后树体直立或倾斜45°为宜。吊装时在树高2/3处系一条长麻绳作牵引绳，以便于在吊运过程中人为控制树体移动方向。

起吊土球直径在150 cm以上苗木时，需在土球与钢丝绳或吊带间插入6～8块长度为50～80 cm、宽度为10～15 cm、厚度为3～4 cm的木板，防止吊带或钢丝绳嵌入土球，导致土球破损或散坨。

起吊胸径在30 cm以上大树时，必须使用粗钢丝绳。土球用钢丝绳围拢，钢丝绳与土球的接触处垫厚木板，然后将土球固定牢固。钢丝绳之间用U形扣连接，用主钩挂住钢丝绳吊扣，副钩挂住树干2/3起吊位置护板处吊装带。起吊部位树干处应用麻袋片一层一层包裹，以免绳索和吊钩损伤干皮。

待检查所有环节确实牢固后即可起吊，起吊过程一定要轻吊轻放。

3. 苗木装车的要求

◆ 风力达到4级以上时，应停止起吊树木作业。

- 检查车辆、机械是否正常。
- 苗木应轻拿轻放，装车时要按顺序摆放。
- 装车时，要做到梢不拖地，上不超高，防止在运输途中，碰伤行人或发生交通事故。
- 如果遇到低温天气，应采取保温措施，如加盖苫布、草帘；高温或者生长季节，应用遮阳网保护。

4. 运输

（1）裸根苗的装车、运输

车厢底部应铺垫草帘，苗木装车应按顺序分层进行，根系放置在车头方向，树冠顺向车尾。苗木要码放紧凑、整齐、稳固，以免运输途中晃动。树梢过长的，应用绳索围拢吊起，以免树梢拖地。绳索围拢处需垫草帘或苫布等软物，防止损伤干皮。车后厢板和枝干接触部位应铺垫厚蒲包、草袋等软物，防止损伤干皮。

所有苗木装车后，需用湿草帘盖住根部，用苫布遮盖车厢。全部装车后应用绳索绑扎固定，以免枝干擦伤和树体摇晃。长途运输时，需定时喷水保湿。途中白天需休息时，应将车停在背阴处。

（2）土球苗的装车、运输

运输土球苗和筐装苗的株数，应依据实际情况而定。一般土球直径小于 30 cm 的可装 2～3 层，土球直径 40～50 cm 的可装 2 层，土球直径大于 60 cm 的，只可码放 1 层。苗木需码实，以免土球晃动。

高度在 150 cm 以下的土球苗，可将苗木直立放在运输车上。高度 150 cm 以上苗木必须倾斜放置，用支架将树头架稳。

装车时，土球上不得放置重物或站人。

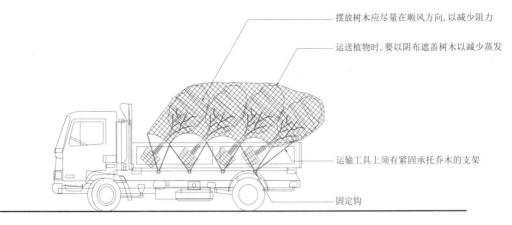

图 3-1-8　土球苗的运输

5. 卸车

苗木运到后应及时卸车，卸车要求轻拿轻放，不得损伤苗木和造成土球松散。

根据进场苗木规格、土球大小，提前准备卸苗需要的机械。如遇到风雨天气，无法卸苗，应提前准备草帘、彩条布等，以备苫盖使用。

卸车前，由专人上车目测苗木品种、规格等，基本符合苗木验收标准，可以卸车。

（1）人工卸苗

在机械无法到达的情况下，裸根苗可以选择人工卸苗。裸根苗、土球直径在 80 cm 以下的乔木、一般花灌木土球苗、草卷、草块、宿根花卉等，可用人工卸苗。

卸软包装容器苗时，应搬容器，不得提拉苗木干茎，防止损伤花茎或苗木脱盆。

裸根苗卸车时，应自上而下一层一层顺序卸下，不可从中间抽取，更不得将苗木直接推下车。

土球直径在 40 cm 以下的苗木，应抱球卸苗，不得手提苗木干茎，需轻拿轻放，以免散坨或损伤枝干。土球直径在 40～80 cm 范围内的苗木，可用厚木板斜搭在车厢外沿，将土球移至板桥上，土球上拦一根直径为 3 cm 的麻绳，用来控制苗木下滑速度和运动方向，顺势将苗木慢慢滑至地面。严禁下滑时土球滚落，否则很容易导致散坨。

（2）机械卸苗

土球直径在 80 cm 以上的乔木、地径为 7～8 cm 以上的花灌木，需用起重机等机械工具卸苗。在起重机不便操作和道路狭窄的地方，可使用钩机进行卸苗。

一般土球直径在 100 cm 以下的苗木，可以用绳索绑缚根颈基部直接起吊，绳索松紧要适中，不可系得太松，以免起吊时树木干皮损伤，在起吊部位应缠绕透气厚软物。

起吊土球直径 100 cm 以上的苗木时，不得使用吊装带或绳索直接绑缚根颈基部起吊。必须用直径为 3～4 cm 的吊装带或吊绳拦吊土球进行吊卸。在树高 2/3 处系一根麻绳做牵引绳，以便于人为控制树体移动方向。

6. 苗木检验

苗木质量的好坏不仅是植物成活的关键，同时也是实现绿化造景效果的基础，因此，必须对所种植的苗木进行严格的检验，苗木质量应符合苗木出圃质量标准和设计对苗木质量的要求。

苗木材料的实测项目和技术标准应符合表 3-1-3。

7. 假植

苗木起掘后，不能及时运走，或者运到现场后不能及时栽植，必须进行假植。所谓假植，就是用湿润的土壤或其他物质将苗木的根、干部覆盖，防止苗木失水的一项贮藏苗木的措施。

（1）临时假植

较短时间内贮藏苗木，时间一般为 5～10 天。

可以将裸根苗木平放在地面上，码放整齐，覆土或盖湿草即可。或者把苗木放入深 30～40 cm 长条形沟内，用湿润土壤掩埋根系。带土球苗木临时假植时，应尽量集中，将土球垫稳、码严，周围用土培好。

（2）长期假植

长期假植又称越冬假植，通常是从秋季起苗后，越冬后再栽植，需要在较长时间进行苗木的贮藏为越冬假植，一般需一至几个月时间。

假植地点应选在不影响生产，又方便将来运出苗木，地势应高而干燥，排水良好，且背风阴凉处，因为向阳处温度高，苗木易发芽。假植沟的方向应垂直于当地秋冬季的主要风向。深度规格根据苗木的大小来定，一般为苗木土球高度的 1/3～1/2，假植时间越长，假植深度越深，长度依苗木数量多少而定。一般小苗深度为 30～45 cm，规格大的至少将根颈部掩埋覆盖住。顺风面的沟壁成 45°。

表 3-1-3　植物材料实测项目和技术标准

项次	项目			允许偏差	检验方法	检验频率
1	乔木	胸径（cm）	＜3	±0.2	尺量检查	乔灌木按数量抽查，但乔木不少于10株或全株，灌木不少于20株或全株，每株为一个点（绿篱每10 m²为一个点）
			3~8	±0.5		
			＞8	±1		
		高度（cm）截干苗 未截干苗 ＜50 50~100 ＞100	截干苗	±5		
			未截干苗	±20		
		截干苗 未截干苗 ＜50 50~100 ＞100	＜50	±10		
			50~100	±20		
			＞100	±30		
2	灌木	高度		±10		
		蓬径		±5		
		地径		±0.5		
		分枝		±1		
3	球类	蓬径和高度/cm	＜50	±5		
			50~100	±10		
			＞100	±15		

表 3-1-4　植物材料的外观鉴定和质量要求

项次	项目	质量要求	检验频率
1	乔灌木	姿态和生长势	树干基本挺直，树冠基本完整，基本不脱脚；生长基本健壮，根系发育良好
		病虫害	乔木、大灌木无病虫害；其他树木有病虫害的植株不应超过1%，且不影响树木的生长和外观
		土球和裸根树根系	土球基本完整，包扎基本牢固，无裸出土球的根系；裸根树木主根无劈裂，根系基本完整，无损伤，切口平整
2	草块和草根茎		草块的尺寸基本一致，根系保留完整，杂草不超过5%，草根茎中不超过2%，过长草应修剪；无枯黄，无明显病虫害；生长势良好
3	花卉、草本地被		生长基本茁壮，发育基本匀齐，根系基本良好，无损伤和病虫害

苗木倒向与风向一致，即顺风倒。大规格苗木单株一层密集排列，小规格苗木整捆排放，但应解开根部的捆扎绳，把根部散开。一层排放好后，将根及部分干，用湿沙或壤土覆盖，压实；盖土不能太厚，以不见根为度，保证每条根系周围都有湿沙。完成一层后接着放第二层，排放要有顺序。如土壤过干，可适当浇水。但忌过多，以免苗木根系腐烂。

苗干上部可用草苫或农作物秸秆白天覆盖以降低温度。

假植后应每半个月至一个月检查一次，发现问题及时解决。

四、定点放线

根据种植设计图，按比例放线于地面，确定各树木的种植点。由于树木种植点的配置方式不同，定点放线的方法也有多种，常用的有以下几种：

（一）行列式种植的定点放线

行列式种植的定点放线要求位置准确，尤其是行位，必须绝对准确无误。

1. 确定行位

行位应严格按种植设计的位置放线，有固定路牙的道路以路牙内侧为准；没有路牙的道路，以道路路面的平均中心线为准，用皮尺、测绳等测准行位，并按设计图规定的株距，大约每10棵左右，钉一个行位的控制桩。

通直的道路，行位控制桩可稀一些，凡遇到道路拐弯则必须测距钉桩。行位控制桩不要钉在植物种植穴的范围内，以免施工时挖掉木桩。道路笔直的路段，如有条件，最好首尾用钢尺量距，中间部位用经纬仪照准穿直的方法布置控制桩。

2. 确定点位

以行位控制桩为瞄准的依据，用皮尺或测绳，按照设计确定株距，定出每棵树的株位。可用铁锹在株位的中心铲出一个小坑，内撒白灰，作为定位标记。如多树种的绿化，可用小木桩钉在种植位点上，作为种植桩，种植桩要写上树种代号。

（二）等距弧线放线样

等距弧线放线法适用于道路转弯处，树木栽植为弧线时。

放线时可从弧的开始起点至末尾终点，以路牙或道路中心线为基准，每隔一定距离分别画出与路牙垂直的直线。在直线上，按照设计要求的树与路牙的距离定点，把这些点连接起来就成近似道路弧度的弧线。在这条弧线上再按株距要求定出种植点。

（三）块面种植的定点放线

以道路、花坛、路缘石、建筑物或已定植的苗木作为参照物，用皮尺按比例量出参照物与绿篱或色块的外围轮廓线的距离，在地面画出栽植沟挖掘线。如绿篱、色块紧靠建筑物或位于路边，则需向外留出设计栽植宽度，在一侧画出边线。

（四）自然式种植绿地定点放线

自然式种植有两种，一种为单株种植，即在设计图上标出单株的位置，另一种是图上标明范围而无固定单株位置的树丛片林。其定点、放线方法有以下3种：

1. 坐标（网格）定点法

坐标定点法适用范围大、地势平坦而树木配置复杂的绿地。

根据植物配置的密度，先按一定比例在设计图上和现场分别打好距离相等的方格（边长5、10、20 m），定点时先在设计图上量出树木在某方格的纵、横坐标尺寸，再到现场相应的方格按比例量出坐标的距离，即可定出位置，钉木桩或撒白灰线标明。

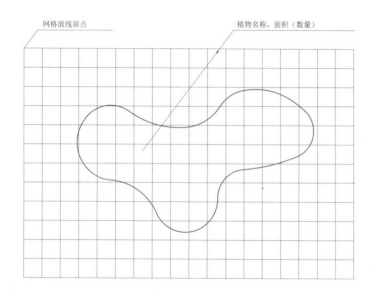

图3-1-9　片植植物网格定点法

2. 仪器法

适用于绿地范围较大，测量基点准确的绿地。依据基点，利用经纬仪、平板仪等测量仪器，按设计确定苗木种植位置或种植范围，钉上木桩，并标明植物种类和数量。

3. 交会法

适用于范围较小、现场内建筑或其他标志物、与设计图相符的绿地。

以建筑物的两个固定位置为依据，根据设计图上与该两点的距离相交会，定出植树位置。位置确定后必须做明显标志，孤立树可钉木桩，写明树种和种植穴规格。

树丛界限要用白灰线划清范围，线圈内钉一个木桩，写明树种、数量、编号，然后用目测的方法定单株点，并用白灰点明。

目测定单株时，必须注意以下几点：

- ◆ 树种、树形应符合设计图；
- ◆ 树种位置注意层次，要中心高、边缘低或由高渐低的倾斜树冠线；

◆ 树林内注意配置自然，切记呆板，尤应避免平均分布，距离相等，邻近的几棵不要成一条直线或机械的几何图形。

4. 平行法

适用于带状铺地植物绿化放线，特别是流线型灌木、色块或花带实地放线。

平行法需要用细绳、石灰或细砂、竹签等，放线时通过不断调整细绳子，使色块中线保持线性和流畅，定出中线后，用垂直中线法将花带边线放出，石灰定线。

定点放线时应结合现场情况进行详细核对，确保种植点符合相关规范要求，并应特别注意道路交叉口、会车点、急弯、交通标志等重点位置。

◆ 遇道路急转弯时，在弯的内侧应留出50 m的空当，不进行栽树，以免妨碍视线；

◆ 交叉路口各边30 m内，不进行栽树；

◆ 公路与铁路交叉口50 m内，不进行栽树；

◆ 高压输电线两侧15 m内，不进行栽树；

◆ 公路桥头两侧8 m内，不进行栽树；

◆ 遇到有出入口、交通标志牌、涵洞、车站电线杆、消防栓、下水口等都应留出适当距离，并尽量注意左右对称。

表 3-1-5　树木与地下管线外缘最小水平距离

管线名称	距乔木中心距离 / m	距灌木中心距离 / m
电力电缆	1.0	1.0
电力电缆（直埋）	1.0	1.0
电信电缆（管道）	1.5	1.0
给水管道	1.5	—
雨水管道	1.5	—
污水管道	1.5	—
燃气管道	1.2	1.2
热力管道	1.5	1.5
排水盲沟	1.0	—

表 3-1-6　树木与其他设施最小水平距离

设施名称	至乔木中心距离/m	至灌木中心距离/m
低于2m的围墙	1.0	—
挡土墙	1.0	—
路灯灯柱	2.0	—
电力、电信杆柱	1.5	—
消防龙头	1.5	2.0
测量水准点	2.0	2.0

五、栽植前准备

（一）对现有植物的保护

对现场中原有的树木，要尽量保留，并采用在树干位置包裹木条等方法予以保护。对于大树和古树名木，更要妥善保护。最好在外围采取临时性的围护隔离措施，围护范围要大于被保护树木胸径的 18 倍，以充分保护其在工程施工期间不受损害。

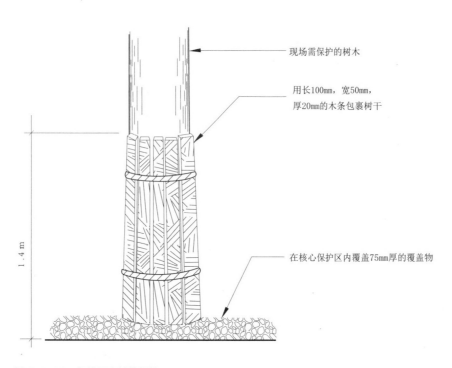

图 3-1-10　场地原有植物保护

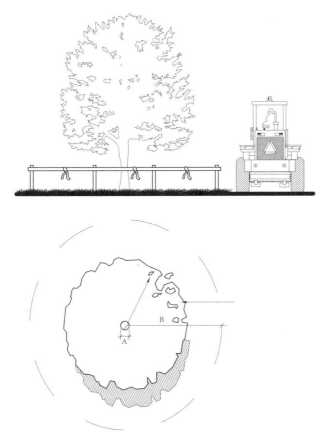

图 3-1-11　绿地中大树和古树名木的保护

对实在不能避让或原地保留价值不大的树木，也需要进行迁移作业，使其得到再利用。在这种情况下一般要实施大树移植，详见大树移植部分。

（二）挖掘种植槽、穴

种植槽、穴的质量好坏对植株以后的生长有很大影响。挖掘种植槽、穴是改地适树，创造良好的根系生长环境。应在苗木入场前挖好种植槽、穴，检验合格后备用。挖穴的位置应严格按定点放线的标记，不得随意改变。

1. 种植槽、穴的规格

一般种植槽、穴的宽度与深度应根据苗木根幅、土球、容器的大小以及土球厚度、土壤状况而定。

2. 种植槽、穴的形状

种植槽、穴的周壁应基本垂直于底，上下等大，不应成为"锅底"、"V"或"瓮"形，如图 3-1-12。

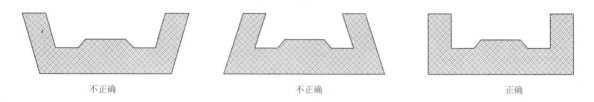

图 3-1-12　栽植穴的断面图

在种植穴的中央底部，堆高度为 10～15 cm 的土堆，踩实。箱装苗穴底堆一个宽度为 70～80 cm、高度为 15～20 cm 的长方形土台，长边与底板方向一致，踩实。

在重盐碱地区或黏重土壤上栽植时，可在穴底铺厚度为 20～30 cm 的碎石、粗砂、煤渣等，形成隔淋层，便于水分下渗，并阻止地下水透过毛细管向地表移动，起到隔盐、透气作用。

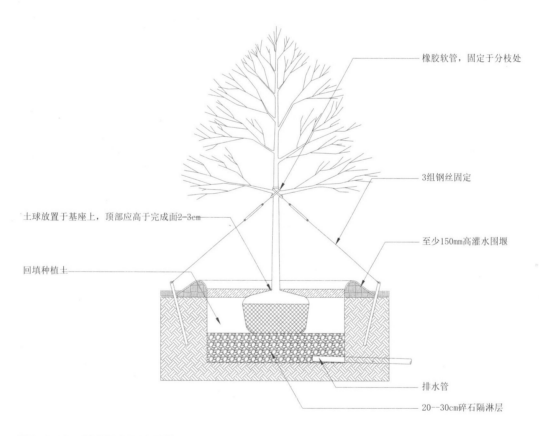

图 3-1-13　盐碱地区种植穴挖掘

3.挖掘方法

（1）人工挖掘

种植槽应从栽植外缘线垂直向下挖掘，种植槽上口与底部尺寸一致，随地形变化，槽深保持一致。

种植穴是以定点标记为圆心，按规定的尺寸先画一个圆圈，然后沿边线外侧垂直向下挖掘，边挖边修直，至穴底，使树穴上口沿垂直于底边。

如果种植穴底为不透水层，应尽可能挖透不透水层。如不透水层太厚，则应采用盲管等排水措施。回填栽植土至施工要求的深度，踩实。

在未经自然沉降的新填平土上挖穴，应先在穴点附近适当夯实，挖好后穴底也适当踩实，以防种植后灌水时土塌树斜。

在斜坡上挖穴，深度以坡的下沿为准，或局部铲成平台后再挖穴。

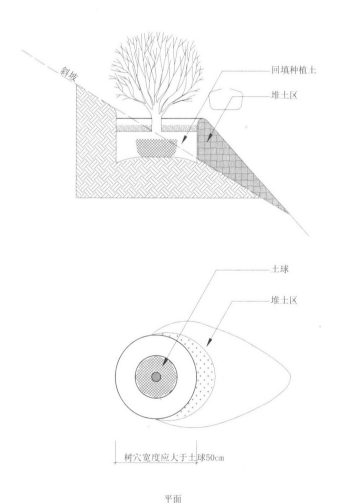

图 3-1-14 斜坡种植穴挖掘

（2）挖掘机挖掘

一般栽植面积比较集中的规则式栽植，或工期过紧时，多采用挖掘机挖掘种植穴。

挖掘前必须用白灰标出种植穴的范围，挖掘时种植穴的深度、直径必须达到标准要求。挖掘机挖掘后，需要对其进行人工修整。

机械施工易造成栽植层过于紧实，不适合苗木生长，所以必须将种植穴按设计要求向下、向外再挖 20 cm，或挖至透水层，并保证底部回填土疏松通透。

4. 土壤堆放

在挖掘种植槽、穴时，肥沃的表土与贫瘠的底土应分开放置，除去所有石块、瓦砾和妨碍生长的杂物，表层土壤栽植时要填在底部，与树根直接接触。

土壤贫瘠的应换上肥沃的表土或掺入适量的腐熟的有机肥，同时，土壤的堆放要有利于栽植操作，便于换土运土和人员通行。

5. 地下障碍物的处理

在挖掘种植槽、穴之前应先做探沟，如发现有地下电缆、管道，应立即停止作业，与相关部门联系，商量解决办法。

自然式树木栽植时，在挖掘种植槽、穴的过程中，如发现有严重影响操作的地下障碍物，应与设计人员协商，适当改动种植位置。

6. 施底肥

种植槽、穴挖好后应施入底肥，肥料应与种植土掺拌均匀，其上覆 10 cm 种植土。

六、植物的栽植

（一）散苗

散苗是把树苗按规定（设计图或定点木桩）散放于定植坑边。散苗时，应注意以下几点：

- ◆ 爱护苗木轻拿轻放，不得损伤土球、树皮和枝干；
- ◆ 散苗的速度与栽苗速度相适应，散毕栽完；
- ◆ 行道树、绿篱在散苗时应事先量好高度，保证临近苗木大体一致；
- ◆ 常绿树最佳观赏面应朝向主要的观赏点；
- ◆ 对有特殊要求的苗木应按规定对号入座；
- ◆ 散苗后要及时用设计图纸详细核对，发现错误立即纠正，以保证植树位置正确。

（二）栽前修剪

公路用绿化植物栽植前修剪就是在保持自然树形的前提下，把苗木的劈裂根、病虫根、过长根、衰弱枝、下垂枝、枯死枝、过长枝、过密的轮生枝剪除，并对树冠进行再次修整，保持地上地下平衡和树形美观。（修剪方法详见养护篇整形管理部分）

栽植前修剪的主要目的是为了提高成活率和培养树形，同时减少自然伤害。当然，在栽植前适当修剪，还可以降低施工难度、加快施工进度。

苗木修剪的质量应符合下列规定：

◆ 剪口应平滑，不得劈裂；

◆ 枝条短截时应留外芽，剪口应距留芽的位置1 cm；

◆ 修剪直径2 cm以上的大枝及粗根时，截口必须削平并涂防腐剂；大枝可用保护膜覆盖，以减少树体水分蒸腾；

◆ 修剪后保留枝叶量较多的常绿植物或生长季内栽植的苗木，可喷蒸腾抑制剂。

（三）定植

定植是指按照种植设计规定的位置和施工要求，把植物栽植到永久性绿化地点。

栽植公路绿化植物，应根据种植图要求和现场环境条件，合理安排种植计划，和苗木起运紧密衔接，确定具体栽植时间、栽植顺序，做好苗木检验、散苗、垫土、放苗、填土、围堰、浇水、裹树干、支撑等工作。

栽植时间应根据植物的生态习性和绿化所在地的气候条件进行选择。北方地区以春季栽植为好，南方地区则适合在秋末初冬季节栽植；落叶树的栽植适合在秋冬季以树木落叶后至土壤冻结前和春季以土壤解冻后至树木萌芽前为宜。这两个时期树木没有叶片及细嫩的茎，对水分和养分的需求量不大；温度不高，地上部分蒸腾作用较弱；有适合于保湿和树木愈合生根的温度和水分条件；树木具有较强的发根和吸水能力，有利于维持树体水分代谢的相对平衡。一些不耐寒的常绿阔叶树，如香樟、广玉兰、桂花等，可以在晚春进行栽植。灌木、藤本植物、花卉、地被植物等的栽植季节和乔木类似，但是由于植物体量较小，相对容易成活，可以适当延长种植时间。同时，栽植最好选择在无风的阴天，如果是晴天，应在上午和下午阳光较弱时进行。

不同类型的植物具有不同的栽植要点，在后面的章节将进行分别叙述。

第二章　各类植物的种植技术

乔木、灌木、花卉、地被等以其不同的形状、色彩和姿态，在公路生态环境建设中发挥着不同的作用，根据车辆的不同速度和视觉角度，形成静态和动态的不同景观效果。公路绿地立地条件一般比较恶劣，不利于植物的生长，因此，有必要了解各类公路绿化植物的生态习性和种植技术。

表3-2-1　各类植物的种植技术

植物种类	绿化施工方法
乔木植物	土壤的准备，苗木的准备，栽植前准备，正常季节的栽植，非种植季节的栽植，大树移植
灌木植物	土壤的准备，苗木的准备，栽植前准备，苗木的栽植
藤本植物	土壤的准备，苗木的准备，栽植前准备，苗木的栽植
竹类植物	土壤的准备，栽植前准备，苗木的栽植
花卉	土壤的准备，花卉的准备，花卉的栽植，花坛的施工，花境的施工
草坪、地被植物及观赏草	草坪坪床的准备、草坪草的准备、草坪的建植 地被植物土壤的处理、地被植物的准备、地被植物的栽植 观赏草种植前准备、观赏草的栽植
水生植物	土壤的准备、栽植前准备、苗木的栽植

一、乔木的种植技术

乔木，指树体高大的树木，由根部发生独立的主干，树干和树冠有明显区分。根据一年中落叶全部一次集中与否可分为常绿乔木和落叶乔木；根据大小又可分为2类，树高10 m以上的称为大乔木；树高5～10 m的称为小乔木。

各种乔木由于形态特征、生物学特性等不同，适宜的绿化地区、地段、种植方法也有所不同，但有关各种苗木的挖掘要求、装运、种植前的准备、栽植等技术则大致相同。

乔木种植工序：

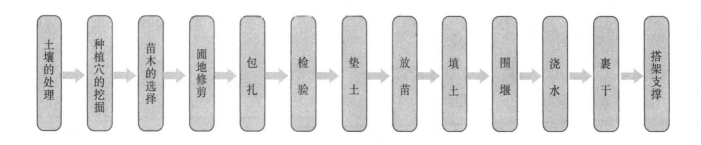

土壤的处理 → 种植穴的挖掘 → 苗木的选择 → 围地修剪 → 包扎 → 检验 → 垫土 → 放苗 → 填土 → 围堰 → 浇水 → 裹干 → 搭架支撑

（一）土壤的准备

不同的公路用绿化植物生长，其需要不同的最低种植土层厚度，土层厚度达不到要求的，要采取相应措施以满足要求。一般情况下，浅根乔木需要的最低土层厚度为 90 cm，深根乔木为 150 cm。土壤含有建筑垃圾或土质不好的应过筛或全部换客土。种植前对种植地土壤进行理化分析，需要改良的土壤，应采取相应的措施。如果种植土太贫瘠，就先在穴底垫一层基肥。基肥一定要用经过充分腐熟的有机肥，基肥层以上还应当铺一层厚度为 5 cm 的壤土。绿地按照要求构筑地形后，对种植区域翻耕耙细 25～30 cm，并施足基肥、去除杂物，平整度和坡度应符合设计要求。

（二）苗木的准备

1. 苗木的选择

在选择好适宜的树种后，能否达到预期的绿化效果，苗木的质量极为重要。首先要选择生长健壮，根系发达，姿态优美无病虫害的苗木，规格标准见表 3-1-3 和表 3-1-4。

2. 苗木的处理

苗木的修剪和装运必须严格和细致。公路绿化乔木一般都比较大，起挖时都要带土球，土球直径要求为苗木干径的 8～10 倍。对名贵的乔木和非种植季节栽种的苗木起挖的土球要比原规定提高一个档次。

（1）圃地修剪

◆ 树冠应保持原有自然姿态的树形，大乔木茎秆的高度要大于 3 m，其下侧枝全部除去，对保留的主侧枝应在健壮芽上短截，剪去 1/5～1/3 枝条。

◆ 常绿针叶树不宜修剪，只剪除病虫枯枝、生长衰弱和过密枝条。

◆ 常绿阔叶树，除樟树等萌芽力极强的树种可以只留主干外，其他树种在正常季节种植时一般疏剪树冠总量的 1/3 左右，保留主骨架，截去外围枝条，疏稀树冠内膛枝，多留强壮的萌生枝，非正常季节种植则疏去树冠总量的 3/5 左右，并摘除大部分树叶。

◆ 挖掘苗木的根系如过长，有劈裂和病虫害的应剪短或除去。

◆ 根或枝条的剪口如大于 2 cm 的应涂抹防腐剂，避免病菌滋生腐烂。

（2）包扎

为防止土球松散，起挖时需用草绳包扎。一般采用井字形包扎和五角星包扎。

（3）装运

苗木装运要很小心，必须做到轻抬、轻卸、轻放，整齐排放，不在地上拖拉苗木搞散土球，也不要折损树枝碰伤树干。

（4）卸装苗木

卸装苗木时，应托住土球底部，顺次取出，轻缓地将苗木运下车，注意不要拖着主干往下抛。

（5）苗木处理

树冠展开较大的树木应用绳子轻绑缚略收拢。雪松、龙柏等需保持顶端直立生长的树种，还应用小竹竿绑扎保护主梢。

（6）装放程序

按大小要求顺车厢整齐叠放，先放大土球的苗木在底层，树梢朝后，叠放层数和苗木多少以不损伤树干、树冠和不超重、超宽、超高为宜。在树身和后车板接触处最好用软性衬垫保护和固定，以免开车后擦伤。

(7) 苗木运输

长途运输时还要做好遮盖、保湿、防雨、防晒、防风、防盗等工作，保持车速平稳，符合交通规定，同时还需携带当地植物检疫证书，符合法定要求。

(8) 苗木假植

运达种植地点后，最好及时定植，如当天无法栽完，就应进行假植培土，喷洒水分，覆草保湿等工作。

(三) 栽植前的准备

苗木栽植前，应按绿化设计图纸要求乔木树种间的株距大小，在其中心点用石灰定位放样；标明该路段种植乔木树种名称，防止混乱。

以点石灰处为中心挖穴，穴的大小深浅按定植树木的大小来确定，对于裸根苗，种植穴的直径应该比苗木的根幅大 1/2，种植穴的深度为种植穴的直径的 3/4。对于带土球的树苗，种植穴的直径应该比土球大 40～50 cm，种植穴的深度为种植穴的直径的 3/4。对于箱装苗，种植穴应挖成正方形，长度比木箱宽 60～80 cm，深 15～20 cm。对于筐装苗、大型营养钵苗的种植穴应挖成圆形，种植穴的直径应大于钵体直径 40～60 cm。种植槽应挖成正方形或长方形。树穴规格标准如表 3-2-2 和 3-2-3。土质不良的穴要加大，并更换回填土。

表 3-2-2 常绿乔木类种植穴规格（cm）

树高	土球直径	种植穴深度	种植穴直径
150	40～50	50～60	80～90
150～250	70～80	80～90	100～110
250～400	80～100	90～110	120～130
400 以上	140 以上	120 以上	180 以上

表 3-2-3 落叶乔木类种植穴规格（cm）

胸径	种植穴深度	种植穴直径	胸径	种植穴深度	种植穴直径
2～3	30～40	40～60	5～6	60～70	80～90
3～4	40～50	60～70	6～8	70～80	90～100
4～5	50～60	70～80	8～10	80～90	100～110

穴的上下直径应相同，尽量不挖成"锅底形"即上大下小的形状，以保证根系发育有宽松的环境。正确的树穴应如图 3-2-1（a）所示，根系在树穴中可自由地舒展，图 3-2-1（b）中树木根系则卷曲、交错、断裂、甚至反翘露出土面，严重阻碍了根系的健康生长。

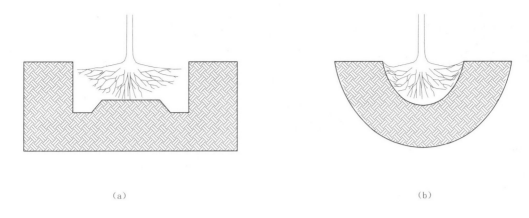

（a）　　　　　　　　　　　　　　　（b）

图 3-2-1　树木种植穴挖掘

挖时先将表土（0～20cm）挖起放在一侧，然后将下面的底土挖出放在另一侧。回填时，上层表土因含有较多有机质，应填于下层作肥土用，而底层土，主要用于开堰。如果土质不好，有砖块、瓦块等应将其捡出并分别堆置，不能填于坑内。

遇土壤黏重板结和建筑垃圾土的地段，种植穴的尺寸按规定再扩大，并将穴底土挖松或用水浸穴。为便于排水，也可在种植穴之间挖沟连通或就近挖盲沟。

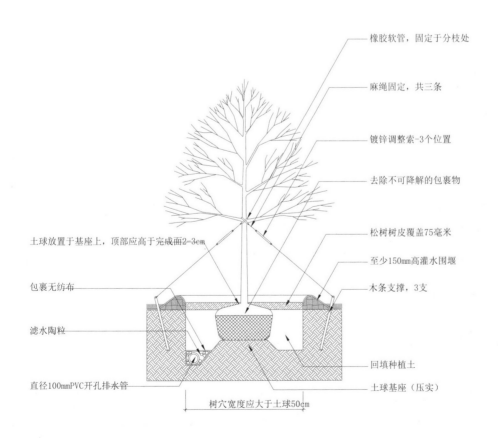

图 3-2-2　树木种植穴的排水

（四）苗木的栽植

在树木即将进入休眠期至发芽前，即10月下旬～3月下旬种植。为了保证成活率和栽后较快恢复生长，尽量要求做到随挖、随种、随养护，雨天和土壤湿度过大时不宜种植，特别在土壤十分黏重的地段。根据种植时间、苗木种类和规格的不同，可以采用土球苗或裸根苗种植。

行列式栽植乔木，应每隔10～20株先栽好对齐用的"标杆树"，其他树应与"标杆树"对齐，以保持整齐美观。

1. 土球苗的种植

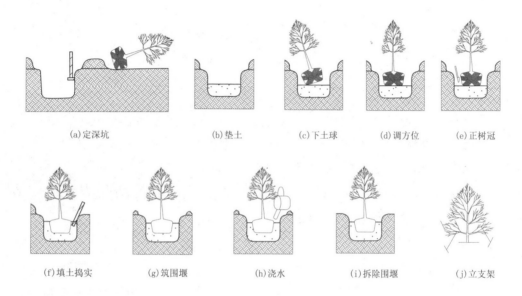

图3-2-3 土球苗的种植方法

（1）检验

栽植土球苗，应先检验待植树坑的深度、宽度是否达到规格标准，绝不可盲目入坑，造成来回搬动土球。

（2）散苗

把苗木按照种植图指示散放于种植穴旁边。

（3）栽前修剪

苗木栽植前，需对苗木再次进行修剪整理，保持相对理想的树形。

（4）垫土

垫入一部分熟土，如该地段土壤贫瘠，则需施入部分有机肥与土混合。每穴施腐熟饼肥0.5～1 kg或土杂肥10～15 kg。

（5）放苗

放苗时应将土球沿穴壁缓慢移动至穴内，并将树冠最丰满的面朝向公路面，除特殊要求外，树木应直立，位于穴的中央，调整方位，与相邻苗木对齐、位置协调美观。放苗后，需根据苗木种类和环境条件确定栽植深度，完成后地面一般比原土球表面略低2～3 cm，经自然沉降后可达到理想的入土深度。

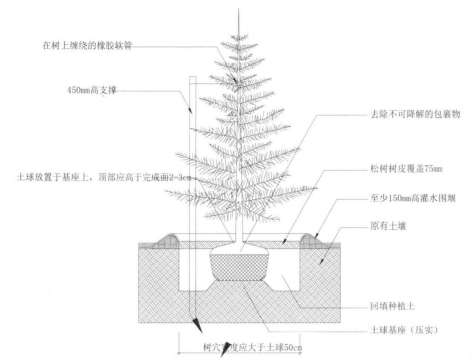

图 3-2-4 土球苗的栽植

土球包扎物为草绳的可不必拆除；为稻草和草绳精包装，将土球全部包裹严实的，则需用剪子剪断绳子，将草绳或稻草平铺在穴底；为塑料薄膜、无纺布等的，则应拆开去除。

（6）填土

在土球四周填入熟土，其上垫底土，待填至约与地面等平时，用木棍将土球四周砸实，其上再加土直至完全覆盖土球，并略高于地面，保证土壤下沉后根颈和地面等高，略加敲打、耙平。

（7）围堰

在种植穴的外缘用细土筑起 15～20 cm 高的土埂，筑围堰，以便浇水。

（8）浇水

栽后需立即浇水，俗称"定根水"，水量要充足，使根系能与穴周围土壤接触，以便很快吸水恢复生长，此项措施极为重要，是栽后能否成活的关键之一。如土球体积较大，则在填土高达土球深度 2/3 时，先浇足第一次水，水分渗透后继续填土至与地面持平时再浇第二次水，以不再下渗为止。如土层下沉，应在 3 天内补填土壤，然后再浇一次水并整平土面。

由于公路车辆多，车速快，两侧风力大，土壤极易干燥，因此在树木栽好充分浇水后应在围堰内覆盖稻草或碎树皮树枝，以保持土壤水分，有利于成活。

（9）裹干

新栽植的乔木，为了减少树干的水分蒸发，可用浸湿的草绳沿树干基部向上缠绕包裹至树干顶部。之后，可以定期对树干进行喷雾保湿。

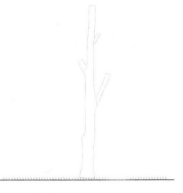

图 3-2-5 裹干

（10）搭架支撑

在风口、迎风面种植的乔木，种植后还需搭架支撑，主要为牵索式支架和桩杆式支架。

牵索式支架：用金属丝或绳索等软材料作支撑丝拉住加固。支撑丝1～4根，从树体高度近1/2处拉向地面，与地面夹角约为45°，支撑丝上端用防护套、废胶皮套及其他软垫绕树干一周连接起来，下端固定在木桩上，木桩向外倾斜。

各支撑丝长短一致，松紧适度。牵索式支架适合于丛植、群植或林植等栽植数量较大时使用，不宜在人口密度较大的绿地，因其具有潜在的安全危险。

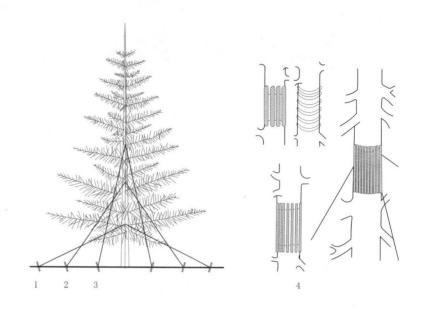

1、3-不正确； 2-正确； 4-牵引式及部位的保护

图 3-2-6　牵索式支架的位置

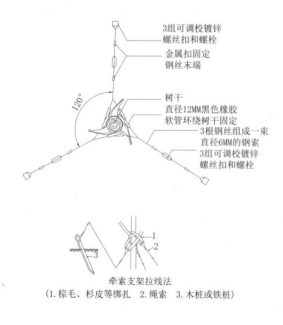

图 3-2-7　牵索式支架

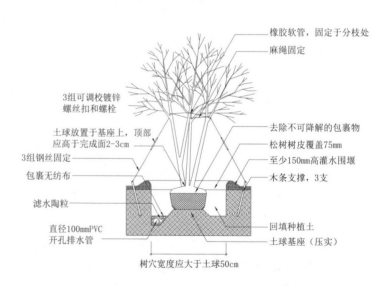

图 3-2-8　多分枝树木的种植

桩杆式支架：桩杆支架分单杆斜撑式、单杆直立式、门字形支架、三角形支架、四杆支架（图3-2-9）。采用何种方式视树种、树木规格、立地条件而定，支撑高度一般为树高的1/2，支撑物与树木的扎绑位置要用软质物衬垫，扎绑后，树干必须保持垂直。

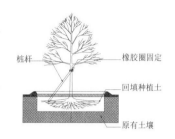

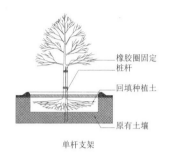

单杆支架

单杆直立式支架过程

单杆直立支架与树干的各种连接方法

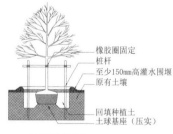

门字形桩杆支架

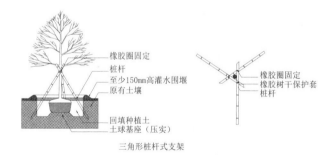

三角形桩杆式支架

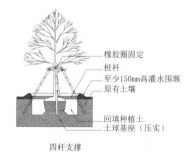

四杆支撑

图3-2-9　桩杆式支架

2. 裸根苗的栽植

（1）修根

即修剪折断、撕裂的根，以及较粗的根的断面。

（2）垫土

经过一个冬季的风化，于定植前将穴内挖出的土块打碎，同时与厩肥拌和，堆成小丘状，准备栽植。

（3）放苗

将裸根苗放入种植穴中，检查裸根苗的根幅与穴的大小和深浅是否合适，并进行适当修理。

（4）填土

放苗后，一人扶苗另一人徐徐加入湿润的细土，边加土边轻提苗木，使土粒均匀接触根系，加土到与地面平时，用脚踩实穴中的土，再加土到墩高于地面约 10 cm，苗木根颈与墩子平时为止。

（5）围堰

（6）浇水

（7）搭架支撑

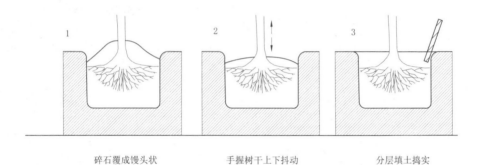

碎石覆成馒头状　　　　手握树干上下抖动　　　　分层填土捣实

图 3-2-10　裸根苗的栽植

3. 非种植季节植树

在生长季节即 4 月中旬～10 月中旬种植。由于有些地方公路绿化往往不在春秋正常季节种植，那么就需采取非种植季节植树的措施。非种植季节种植乔木依然要遵行正常种植季节植树的工序，但需注意以下几个方面。

◆ 常绿树和落叶树都必须带有完好的土球，规格应大于正常季节的苗木土球。大于 50 cm 的大树，挖运前应做好起吊机具和装运车辆的准备。

◆ 尽量采用容器苗、移栽苗和假植苗种植。

◆ 强度修剪，只保留原有树冠骨架。修剪后栽植完毕立即对树干和二、三级枝缠以稻草绳或塑料薄膜，以防失水。

◆ 夏季栽植时间最好在上午 11 时之前或下午 16 时之后，每天至少 3 次对树冠喷雾保湿，对比较名贵的树种还应搭遮阴棚防晒。

◆ 冬季栽植后注意防寒。

◆ 第一次定根水中可加入 ABT 生根水或萘乙酸生长素，刺激新根生长。

（五）大树移植

大树移植是指移植胸径在 20 cm 以上的落叶乔木或胸径在 15 cm 以上的常绿乔木。大树移栽方式因树种及规格、生长习性、生态环境及移栽的时期不同而异，有以下施工要点：

◆ 首先制订出完善的移植方案，确定移植时间、具体的栽植技术和安全措施；

◆ 对待移植大树进行修剪、摘叶、摘心处理，根据树木特性、移植季节确定枝叶的修剪量；

◆ 移植成活困难的大树，要提前 2～3 年进行分期断根并用生根素处理，每次能断根刺激新根回缩在树蔸部位生长，可大大提高成活率，这种方法也称为"断根缩坨"；

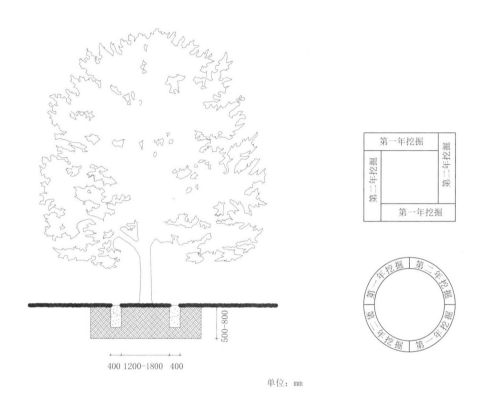

图 3-2-11　提前分期断根移植大树

◆ 大树移植一般采用带土球移植，带土球移栽又可分为木箱包装移栽和绳索包装移栽；

◆ 移植过程中要确保施工人员和市政设施（如架空线、运输道路、桥涵及其他构筑物等）的安全。

绳索包装与乔木相似，是目前主要采用的方法，这里主要叙述木箱包装移栽。直径大于 1 m 的土球，尤其是充满建筑垃圾土、沙质土的土球，用草绳或麻绳包扎难以保证不松散的就要采用木箱包装。

1. 起挖准备

准备好包装土球用的板材，即箱板、底板与上板等。

箱板 4 张，厚 5 cm，倒梯形，其规格根据树木胸径和土球的大小而定，常用规格有 150 cm×60 cm、180 cm×70 cm、200 cm×70 cm、220 cm×80 cm 等。箱板下边较上边短 10～15 cm，箱板（两侧和中央分别用宽度不小于 10 cm 的带状板固定）。底板与上板厚 5 cm，宽 20 cm 左右，另准备若干铁皮、铁钉等。

2. 起挖与包装

（1）挖沟

以树干为中心，比规定土球大 10 cm 画一个正方形，作为包装土球的初形，向外掘出一个深沟，宽为 60~80 cm。大部分根系挖出后，将土球四壁修平整，使土球每边较箱板长约 5 cm，并使土球壁中部微凸，以便箱板能夹紧土球。

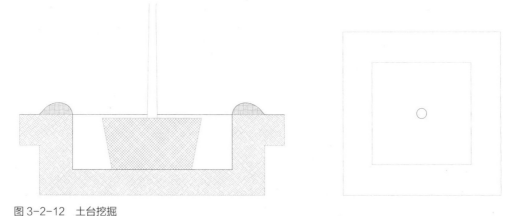

图 3-2-12　土台挖掘

（2）装箱板

安装箱板时，先将箱板沿土球四壁放好，每块板正对树干，箱板上边略低于土球。箱板之间务必保留一定距离，露出的土球四个棱角用蒲包或麻袋片包好，两边压在箱板下，然后用棍棒将箱板撑住。在箱板上下部分别套以带有紧线器的钢丝绳套。在各箱板中间带板位置设一块圆木块，把钢丝绳支起。两个紧线器的位置相对，同时收紧绳套，注意随时用铁锤敲打钢丝绳，直至发出嘣嘣的弦音，表示已经收紧，立即在四角用多道铁皮钉紧固定。

（3）支撑

箱板夹紧土球后，用铁皮将木箱四角钉牢，用三根撑木做成锥形撑架，将树木支撑稳定。使用小板镐或小平锹，在相对的两侧同时掏挖底土。

（4）掏底

当掏挖宽度与底板宽相等时装上底板。底板两头先钉上铁皮，并将其中一头钉在箱板上，垫好木墩。另一头用千斤顶顶起，使底板贴紧土球底部，随后钉好铁皮，支以木墩。若土壤松软，应在木墩下垫以木板，防止木墩下陷。

（5）装底板

相对两边底板钉好后，继续掏挖底土，达到一定宽度（底板宽加底板间隔 10~15 cm）再照上述方法安两块底板。若有底土脱落，则须用蒲包、草袋等物填塞。依此法将底板全部钉好。

（6）装上板

安装完底板，即钉装上板。上板与土壤之间垫一层蒲包片。上板为两块或四块，方向与底板相垂直。钉完上板，大树土球木箱包装工作即告完成。

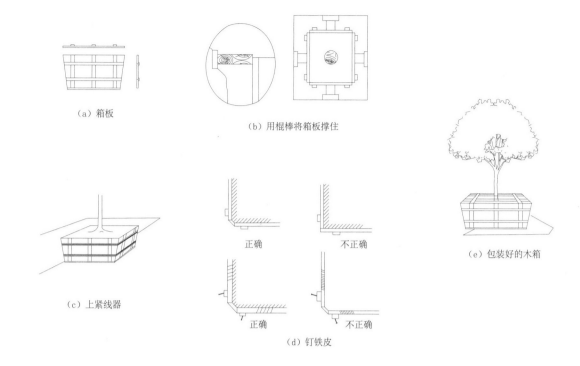

图 3-2-13 木箱包装

3. 吊运

（1）起吊

用木箱包装的大树需用吊车起吊。先用一根较粗的钢丝绳，捆绕木箱的四壁，接头要扣牢，吊钩钩住钢丝绳，撤去支撑木，然后缓缓吊起木箱，使树身慢慢躺倒，再用蒲包、草袋裹住树干，捆上粗绳索，绳索另一端套住吊钩，使树干保持合适的倾斜姿态，同时在分枝处拴一根较长的绳子，以使吊装时能控制和调整方向。

（2）装运

起吊装载过程中，必须遵循慢吊、慢移、慢放的原则，既要使土球和木箱不受损坏，又要保证施工人员安全。土球放置车厢前部，树梢朝后，用木棍做一交叉支撑住树干，在支撑处垫以软物，并用绳索将树木和土箱固定于车厢内，防止因路途颠簸而左右摇晃和移动。运输时派专人押车，随时注意和处理途中发生的各种情况。

（3）卸车

大树运至栽植地点卸车时，捆钢丝绳的位置应位于箱板上部，树干上的粗绳索也相对短一些，以便重新吊起时树木相对直立。木箱落地处，横放一根或几根大方木，其高度约35～40 cm，木箱下落时，上口搁在方木上，当木箱底边落地时，用两根 10 cm×10 cm×200 cm 的方木平垫于箱底，这时可稍稍平移吊臂使树木徐徐站立。

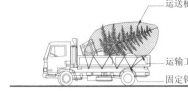
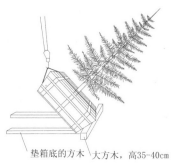

图 3-2-14 木箱苗吊运

4. 定植

（1）挖掘树穴

预先挖好的树穴底部，填上适当厚（20～30 cm）的方形土墩，中间稍微凸起。

（2）放苗

用两根等长的钢丝绳兜住木箱底部，绳的两端扣住吊钩。用蒲包将与吊钩接触的树干部包裹好，以免起吊落塘时擦伤树皮。徐徐吊起大树，放入穴中填好的土墩上。

（3）填土

此时校正树木朝向，并打好锥形撑架，拆除底板（中间底板可留在穴中），抽出钢丝绳，回填部分土壤，将土球底部填满并捣实。拆除上板和四周箱板，继续回土，边填边捣实。回填土壤要求疏松肥沃，切忌用瘠薄土块回填。必要时需换土，也可施以基肥。

（4）围堰

填满后筑好浇水围堰，并略大于土球。

（5）浇水

围堰完成后应及时浇定根水，并根据需要保证水分充足。浇水时要注意保持堰内土面疏松。

移植完成后应加强养护管理。

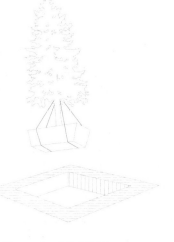
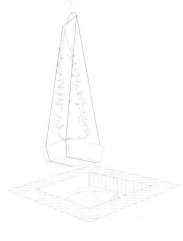

图 3-2-15 木箱苗定植

二、灌木的种植技术

灌木指树体矮小，没有明显主干，近地面处生出许多枝条或为丛生的状态的树木。

灌木种植工序：

土壤处理 → 种植穴挖掘 → 苗木检验 → 苗木栽植 → 苗木修剪定型

（一）土壤的准备

灌木种植前，对土壤进行一定的处理，与乔木种植相似。如果定植区的土需要改良，可选择两种方法，其一是换土，从别处运来肥土填入穴内；二是施入大量（25～50 kg，视定植穴的大小而定）厩肥与土混合一起经冬腐熟。

一般情况下，小灌木需要的最低土层厚度为 45 cm，大灌木为 60 cm。

（二）苗木的准备

1. 苗木的选择

在确定树种之后，要把好苗木质量关，以确保成活率和培育生长健壮的植株。

苗木的质量要求因树种而定，大灌木 100 cm 以上，小灌木 50 cm 以上；植株枝叶繁茂，冠形完整，色泽正常，枝条分布均匀；根系完整、发育良好；无病虫害、无冻害。规格参数见表 3-1-3、3-1-4。

2. 苗木的处理

（1）土球苗的处理

公路绿化使用灌木时，可选择带土球苗，土球的大小依树冠的大小而定。树冠越大，土球就要越大，土球直径一般为 30 cm 左右。

栽植前对苗木的处理与乔木类似。苗木挖起后用草绳或草袋包装。苗木包装好后，应尽快运至栽植地点。

装卸苗木时要注意轻装轻放，防止枝条折断和土球松散。在运输途中，苗木应覆盖，避免风吹日晒而失水，并经常检查温度。如果温度过高，应洒水或者更换湿的铺垫物进行降温。到达目的地后，苗木要立即在阴凉避风处假植，并尽快栽完。

（2）裸根苗的处理

公路绿化使用灌木时，也可以选择裸根苗。裸根起苗适合处于休眠期的灌木。

首先应清除苗木行间两侧的表土，再在距苗木茎秆大于根长的位置，用利锹向下切断根系，再向内掏底，铲断底根，轻轻放倒苗木。

然后，打掉土坨，尽量保留护心土。如果遇粗大树根，应用锯锯断，保护大根不劈不裂，并尽量多保留须根。裸根苗的根系幅度一般为苗木高度的 1/3 左右。

苗木掘出后应立即装车运走，若一时不能运走，可在原坑假植；若假植时间过长，还要适量灌水，保持土壤湿度。

苗木在包装前要将根系沾上泥浆，包装时根部要衬以湿草或湿的麻袋。

必要时，应先用草绳将树冠做适度捆拢（常与"号苗"结合进行），以免折断枝条和便于运输。运输裸根灌木时，方法与乔木类似，小型灌木可多层排放。

3. 圃地修剪

◆ 带土球或湿润地区带宿土裸根苗以及上年花芽分化的开花灌木不宜作强度修剪，当有枯枝、病虫枝时则应予以剪除；

◆ 枝条茂密的大灌木，可适当疏枝；

◆ 对于嫁接灌木，应将接口以下砧木萌发的枝条剪除；

◆ 分枝明显、新枝着生花芽的小灌木，应顺其树势，适当强剪，促生新枝，更新老枝。

（三）栽植前的准备

根据土壤情况，于头年秋冬挖好定植穴，以便使土壤风化变疏松。花灌木类与绿篱类种植穴的规格以下表 3-2-4，3-2-5 和 3-2-6 作为标准。

表 3-2-4　灌木种植穴的规格（cm）

胸（地）径	树穴直径	树穴深度	土球大小
≥5	60	45	≥35
3～5	55	40	30～35
≤3	50	35	20

表 3-2-5　绿篱高度与相对应的种植穴的规格（cm）

绿篱高度	50～80	100～120	120～150
单行（槽：宽×深）	40×40	50×50	60×60
双行（槽：宽×深）	40×60	50×70	60×80

表 3-2-6　花灌木类种植穴的规格（cm）

冠径	种植穴深度	种植穴直径
200	70～90	90～110
100	60～70	70～90

（四）苗木的栽植

灌木单株栽植的方法与乔木相同。

栽植灌木的要领是"高墩浅栽"，因为栽植时土壤疏松，日后逐渐沉降，高墩正好与地面相平，不致因为凹陷而积水；在土壤沉降过程中，苗木随之向下沉，浅栽可避免将苗木的根颈部埋入土中。

绿篱或片植灌木种植，应先按照种植图在地面上放出绿篱挖掘线或片植植物轮廓线，在种植沟内拉上侧绳，沿着侧绳按株距把苗木排放在沟两侧，呈双行交错定植。若用丛生性很强的花灌木作绿篱，则呈单行栽植，要注意保持深浅一致，线条流畅。

栽植完成后，在根部覆盖细土，捣实，做成片围堰，浇透定根水，修剪定型。用作绿篱的乔灌木，可在种植后按设计要求整形修剪，尽量把苗木的高矮和蓬径的大小调整一致。

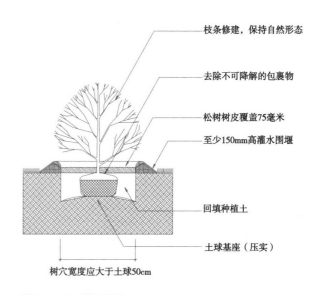

图 3-2-16 灌木种植

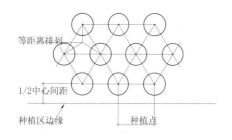

品字形种植

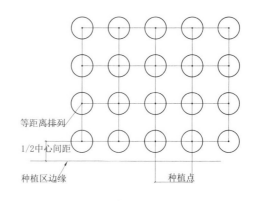

行列式种植

图 3-2-17 灌木的种植方式

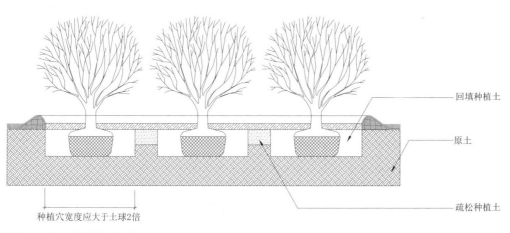

图 3-2-18 成片灌木的种植

三、藤本植物的种植技术

藤本植物是一切具有长而细弱、不能直立、只能匍匐地面或依赖其他物支持向上攀升的植物的统称，如爬山虎、凌霄、常春藤等。也有人把藤本植物称为攀缘植物。

藤本植物中具木质茎的称木质藤本植物，如紫藤、葡萄。具草本茎的称草质藤本植物，如牵牛花、葫芦。用卷须、小根、吸盘或其他特有的卷附器官攀登于他物上的，如丝瓜（具卷须）、爬山虎（具吸盘）、凌霄花（具气生根）等，称为攀缘藤本；以茎本身缠绕于他物上的，如葎草、牵牛花、紫藤等，称为缠绕藤本。

藤本植物种植工序：

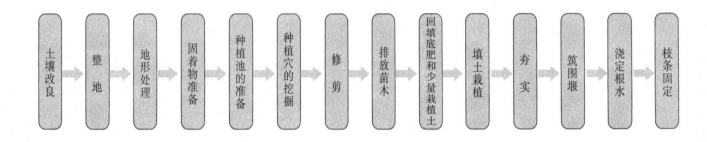

土壤改良 → 整地 → 地形处理 → 固着物准备 → 种植池的准备 → 种植穴的挖掘 → 修剪 → 排放苗木 → 回填底肥和少量栽植土 → 填土栽植 → 夯实 → 筑围堰 → 浇定根水 → 枝条固定

藤本植物苗木的选择，要求冠幅完整、匀称，合乎规格；土球完整，无破裂或松散；无病虫害；应用于墙面贴植的植物应选择有 3～4 根主分枝，枝叶丰满，可塑性强的植株；选择特殊形态苗木时要符合设计要求。

藤本植物种植与乔灌木的方法类似，主要的不同点表现在栽植前准备和苗木栽植方面。

（一）栽植前的准备

1. 固着物的准备

根据坡面条件和各类藤本植物的特点设置绳索等固着物：

◆ 对具有吸盘、气生根，能贴附墙面的藤本植物，可于定植后用细竹竿斜倚于墙面，引导其枝蔓伸向墙面，也可用胶布把枝蔓粘贴与墙面，帮助依附。

◆ 对具有卷须或缠绕茎的藤本植物，可以在墙面横向排列一些铁钉，伸出墙面 30 cm，拉紧钢丝，让藤本植物的卷须与缠绕茎攀缘于钢丝上。

◆ 对具钩刺或很多蔓条的藤本植物如木香、蔓性蔷薇等，可在墙上钉上"U"字形的槽钉，把其枝蔓固定于墙面。

◆ 对于依附物表面光滑，植物不能爬附墙面，应在墙面上均匀地钉上水泥钉或膨胀螺钉，用钢丝贴着墙面拉成网或设牵引镀锌钢丝，供植物攀附。

2. 种植池的准备

藤本植物也可以使用砖砌种植池种植，种植池的高度不得低于 45 cm，内沿宽度应大于 40 cm，并大于根径 10～20 cm。池底每隔 2～2.5 m 应留一个排水孔。种植池内土壤应是疏松肥沃的栽植土。

3. 种植穴的挖掘

藤本植物宜开沟栽植。沟槽大小依土球规格及根系情况而定。应按照栽植设计所确定的位置，定点挖沟，栽植沟的四壁应垂直。沟底应垫一层基肥并覆盖一层壤土，然后才栽植植物。

（二）苗木的栽植

大部分藤本植物，选在春季解冻后、发芽前或在秋季落叶后、冰冻前进行栽植。藤本植物的栽植间距应根据苗木品种、大小及要求见效的时间长短而定，宜为 40～50 cm。墙面贴植，栽植间距宜为 80～100 cm。种植前应对苗木进行修剪，修剪程度应视栽植时间的早晚来确定。栽植早宜留蔓长，栽植晚宜留蔓短。藤本植物的栽植和乔灌木相似，但要注意以下内容：

1. 排放苗木

将苗木排放到沟内，土球较好的苗木应拆除包装材料再放入沟内；土球较大的苗木，宜先排放沟内，把生长姿势好的一面朝外，竖直看齐后，垫土固定土球，再剪除包装材料。苗木摆放立面应将较多的分枝均匀地与墙面平行放置。苗木根部应距墙体 15 cm 左右，株距 50～70 cm。

2. 枝条固定

藤本植物栽植后应根据植物生长的需要进行枝条固定、绑扎或牵引。特别要注意栽植初期的牵引，使植株本身能独立沿支撑物攀缘生长。牵引的目的是使藤本植物的枝条沿支撑物不断伸长生长。由于公路绿化环境条件较差，养护管理困难，应充分考虑支撑物可以提供的支撑强度和支撑物的耐久性等因素，把枝条放置在固定的支撑物上，然后用细绳索呈"8"字形绑扎。

四、花卉的种植技术

狭义的花卉是指有观赏价值的草本植物，如菊花、芍药、香石竹等。

广义的花卉除指有观赏价值的草本植物外，还包括草本或木本的地被植物、花灌木、开花乔木以及盆景等，如景天类、丛生福禄考等。

根据花卉生长期的长短及根部形态可分为：一年生花卉、二年生花卉、宿根花卉、球根花卉 4 类。花卉的栽植施工，因需要和条件等因素不同，也相当丰富多样、有简有繁。

花卉种植工序：

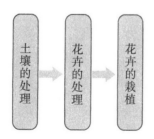

（一）土壤的准备

在进行栽植床的整理时，应清除土中杂物，新床需要把床内土壤过筛。花卉栽植土层厚度应不少于 30 cm，必须采用疏松、肥沃、富含有机质的培养土。若土质太差应换土，或加入适量腐叶土、泥炭土改良土质，有条件时最好进行土壤消毒，并施基肥。

移栽前土壤的耕翻和整地是一项重要的基础工作，关系到花卉的成活、生长发育和景观效果。翻土深度内的土壤中必须清除杂草根、碎砖、石块等杂物，严禁含有有害物质和大于 1 cm 以上的石子等杂物。

耕翻的深度为：一年生草花深度要求 20 ~ 30 cm 左右；球根花卉深度要求 30 ~ 40 cm；宿根花卉的根系强大，深度要求达到 40 ~ 50 cm。深翻同时施入有机基肥，每公顷 37.5 ~ 75 t/次。

一、二年生花卉每次定植前再翻一次地，这一次翻地的目的主要是打碎土块，清除土中残留的砖石和残根杂草。如果第一次耕翻时没有施肥，则这一次必须补施基肥。但这一次使用的有机肥，必须经过腐熟，以防烧根。

花卉种植土壤必须提前将土壤样品送到指定的土壤测试中心进行测试，并在栽植花卉前取得符合要求的测试结果。花坛、花境土壤的理化性质应符合相关要求。

表 3-2-7 花坛、花境土壤的主要理化性状要求

—	一级花坛	二级花坛	一级花境	二三级花境	备注
土壤的 pH 值	6.0 ~ 7.0	6.6 ~ 7.5	6.5 ~ 7.5	7.1 ~ 7.5	酸性土壤 5 ~ 7
土壤的密度 /g^{-1} cm	≤ 1.0	≤ 1.2	≤ 1.25	≤ 1.30	
有机质含量 / %	≥ 3.0	≥ 2.5	≥ 2.5	≥ 2.0	
通气孔隙度 / %	≥ 15	≥ 10	≥ 10	≥ 5	

（二）花卉的准备

1. 花卉的选择

花坛栽植的花卉应符合下列质量要求：

◆ 花卉的主干矮，具有粗壮的茎秆；基部分枝强健，分蘖者必须有 3 ~ 4 个分叉；花蕾露色。
◆ 花卉根系完好，生长旺盛，无根部病虫害。
◆ 开花及时，用于绿地时能体现最佳效果。
◆ 花卉植株的类型标准化，如花色、株高、花期等的一致性好。
◆ 植株应无病虫害和机械损伤。
◆ 观赏期长，在绿地中有效观赏期应保持 45 天以上。
◆ 花卉苗木的运输过程中及运到栽植地后必须有有效措施保证其湿润状态。

花境栽植的花卉应符合下列质量要求：

◆ 花境花卉应采用宿根花卉，部分球根花卉，配以一、二年生花卉和其他温室育苗草本花卉类。
◆ 宿根花卉，根系发育良好，并有 3 ~ 4 个芽；绿叶期长；无病虫害和机械损伤。
◆ 具根茎或球根性多年生草本花卉宜采用休眠期不需挖掘地下部分养护的种类；苗木要健壮，生

长点多。

◆ 观叶植物必须是移植或盆栽苗，叶色鲜艳，观赏期长。
◆ 一、二年生花卉应符合花坛栽植花卉的质量要求。

2. 花卉的处理

草本花卉幼苗根系小而脆，苗圃起苗时土壤湿度对移栽苗的质量关系重大：过于干燥时苗圃地的土壤便会板结，起苗时容易扯断根系；土壤过湿，则挖苗时因为土壤失去团粒结构，成黏糊状，不仅操作困难，而且挖出后土与根系黏成一团，定植后根系发育不良，影响植株正常生长发育；适宜的土壤湿度是田间持水量的60%～80%，也即土壤既有一定湿度，又较疏松，有团粒结构。

（1）裸根苗起苗

应随栽随起，尽量保持根系完整。

裸根苗是在起苗时，用小铲切断根系，带土起掘，然后将苗从土中轻轻提起，在土壤湿度良好的情况下，根群附着了一些土可不必抖落，迅速将苗置于容器中。

栽植前可将须根切断一些，以促进新根速生。

（2）带土球苗起苗

起苗时，要保持土球完整，根系丰满；如果土壤过于松散，可用手轻轻捏实。

起苗后，最好于阴凉处囤放一两天，再运苗栽植。这样可以保证土壤不松散，又可以缓苗，有利于成活。

依照运输距离长短，采取不同的保护措施，如搭遮阴网避开中午的阳光照射等。

（3）盆育花苗

盆栽花苗一般提前浇水，运到现场后再抠出。栽时最好将盆退去，但应保证盆土不散，也可以连盆栽植。

（三）花卉的栽植

1. 播种花卉的栽植

一年生花卉宜在4月上中旬播种，二年生花卉则在9月上旬至中旬进行秋播，秋播后即在休眠时越冬，经冬春低温完成春化阶段，第二年春暖后生长开花。

播种前，应先准备好播种床，排水设置良好，将细培养土铺在床内，用细喷壶喷湿。

播种采用撒播方法把种子撒在土上，播种应均匀，然后用细土覆盖，厚度为种子直径的1～2.5倍，能盖上种子即可，并应立即浇水，再用塑料薄膜盖在播种床上，以保温保湿，促进种子发芽。

经5～7天种子发芽后，白天可去掉塑料薄膜，以使幼苗通风透光促进生长。待幼苗长至5 cm左右时，即可间苗，即拔除病苗、弱苗、徒长苗，同时清除杂草和其他苗。

当幼苗长出3～4片真叶时即可移栽。移植幼苗，可裸根进行，也可带土进行。

经1～2次移植后，幼苗已得到充分生长并含蕾待放，这时便可在花坛、花带中定植，进行日常管理。

2. 移植花苗

宿根花卉和球根花卉采用移植方法进行栽植。有些一、二年生花卉可直播，覆土浇水，不用移植，但长势不如移植苗,故一般也选用移植的方法进行花卉的栽植。

各类花卉栽植,在晴朗天气、春秋季节、最高气温25℃以下时可全天栽植;当气温高于25℃时,应避开中午高温时间,于早晨、傍晚或阴天进行。

栽植花苗的株行距,应按植株高低、分蘖多少、冠丛大小决定,以成苗后不露出地面为宜。按照株行距挖种植穴。

栽植花苗,应保证苗根舒展,花苗栽植深度宜为原栽植深度,栽植时不得揉搓和折曲花苗根部及茎叶,并保持根系完整。球茎花卉栽植深度宜为球茎的1~2倍。块根、块茎、根茎类可覆土3 cm。

栽植后应充分压实,覆土平整,并及时灌水。

在花苗栽植后的4~5天,应每天早晨或傍晚在根际浇水,土壤不得玷污植株。在第二、三次浇水后,应盖以厚2~3 cm的过筛腐殖细土。

高矮不同的花卉品种混植时,应按先矮后高的顺序种植;宿根花卉与一、二年生花卉混植时,应先种植宿根花卉,后种植一、二年生花卉。

(四)花坛的施工

花坛施工工序:

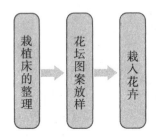

1. 平面花坛的施工

(1)栽植床的整理

花坛栽植床应处理成一定的坡度,为便于观赏和有利排水,可根据花坛所在位置,决定坡的形状,坡度为5%~10%。

在花坛的边缘地带,土面高度应填至边缘石顶面以下2~3 cm;以后经自然沉降,土面即降到比边缘石顶面低7~10 cm处。

填土达到要求后,要把土面的土粒整细、耙平,以备栽种花卉。

(2)花坛图案放样

按照设计图,将花坛图案放大到花坛土面上,在地面上准确地划出花坛位置和范围的轮廓线。

轮廓线可用较粗的镀锌钢丝,按照设计的图样,编好轮廓模型,检查无误后,在花坛地面上轻轻压出线条痕迹。也可以在线条处留一定宽度的撒灰线。

遇到互相连续和重复布置的图案,可以用较厚的纸张,按设计图剪好模型,在地面上依模型描画。

拉线或画线后,用干砂或白灰、木屑等做标记,最好钉好木桩或划出痕迹,撒灰踩实,以防突如其来的雨水将线冲刷掉。

（3）花苗栽入花坛的基本方式

如果花卉幼苗就具有一定的观赏价值，可以将其直接定植，但应保持合理的株行距；甚至还可以直接在花坛内撒花籽，出苗后及时间苗管理。

针对重点花坛，一般事先在花圃内育苗，待花苗基本长成后，于适当时期，选择符合要求的花苗，栽入花坛内。宿根花卉和一部分盆花，可以按上述方法处理。

独立花坛，应由中心向外顺序种植。坡式花坛，由上向下种植。

2. 立体花坛的施工

立体花坛施工工序：

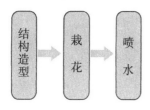

（1）结构造型

根据花坛设计图，先用砖堆砌出大体相似的外形，外边包泥，并用蒲包或棕皮将泥土固定。

也可将要制作的形象，用木棍作中柱，固定在地上，再用竹条或镀锌钢丝编制外形，外面用蒲包垫好，中心填土夯实。所用土壤中最好加一些碎稻草，为减少土方对四周的压力，可在中柱四周砌砖，并间隔放置木板。

外形做好后，一定要用蒲包等材料包严，防止漏土。

（2）栽花

用铁钎在蒲包或棕皮上钻出小孔，把花苗插入孔中，插入时注意苗根舒展。然后用土填严，并用手压实。栽植密度稍大一些，为克服植株的向上弯曲生长现象，应及时修剪。

（3）喷水

立体花坛布置好后，每天都应喷水，一般一天喷两次；天气炎热、干旱时，应多喷几次。所喷之水，要求呈水雾状，避免冲刷。

（五）花境的施工

花境施工工序：

1. 整床

花境施工后要多年应用，因此需有良好的土壤。对土质差的应换土，但应注意表层肥土及生土要分别放置，然后依次恢复原状。通常混合式花境土壤需深翻60 cm左右，筛出石块，距床面40 cm处混入腐熟的堆肥，再把表土填回，然后整平床面，稍加填压。

2. 放线

按平面图纸，用白粉或沙在植床内放线，对土壤有特殊要求的植物，可在其栽植区采用局部换土措施。要求排水好的植物可在栽植区土壤下层添加砾石。对某些根蘖性过强，易侵扰其他花卉的植物，可在栽植区边界挖沟，埋入砖、瓦、石块或金属条等进行隔离。

3. 栽植

按照设计方案进行育苗，然后栽入花境。栽植密度以植株覆盖床面为限。

栽后保持土壤湿度，直至成活。

五、草坪、地被植物及观赏草的种植技术

（一）草坪的种植技术

草坪是由草坪草及其赖以生存的基质共同组成的一个有机体，是由密植（生）于坪床上的多年生矮草，经修剪、滚压或反复践踏之后而形成的平整的草地。草坪既包括草坪草，亦包括草坪草赖以生存的基质。其中，草坪草是草坪的核心。

草坪种植工序：

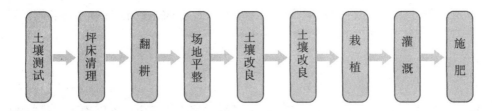

根据草坪草生长对温度的要求，可将其分为暖季型草坪草和冷季型草坪草：暖季型草坪草的最适生长温度为26～32℃。这种类型草坪一般从春季开始生长，夏季生长达峰值，秋季生长速度减慢，冬季休眠或生长速度有较明显的下降；冷季型草坪草的最适生长温度为16～24℃。这种草坪一般在春、秋两季有两个生长高峰，夏季和冬季处于休眠或半休眠状态，或者生长速度明显降低；暖季型草坪草根系较深，抗旱性、耐热性及耐践踏性都优于冷季型草坪草，但耐低温性差，在低温下植物常会失去色彩。

根据建植草坪所用的草坪草的种类，一般可分为纯合草坪、混合草坪以及缀花草坪。纯合草坪指由同一草种的不同品种或单一品种所建植的草坪，通常这类草坪纯度很高，但稳定性较差。混合草坪通常指两个或两个以上的草种混合建植的草坪，混合草坪建植以保证草坪均一性为前提，出于以下几个方面考虑：提高成坪速度，提高草坪稳定性，延长草坪绿期。缀花草坪是点缀了少量矮小多年生草花的草坪，改变了单一性，提高了观赏价值。

1. 土壤的准备

（1）土壤测试

建坪前，应对欲建草坪的场地进行必要的调查和测定，制订切实可行的实施方案。土壤测试包括测试分析土壤结构、土壤酸碱度和土壤肥力状况，这不仅是为了草坪的成功建植，更重要的是为日后长期的草坪养护管理提供必要的基础资料储备。

土壤结构：壤土和沙壤土是草坪建植最理想的土壤类型，土壤结构的分析为土壤改良等做出依据。

土壤酸碱度：通常草坪草能适应较大范围的 pH 值水平，然而最适宜的 pH 值是中性到弱酸性（6.0～7.0），测试需根据具体草坪草种的种性要求进行。

土壤营养：土壤颗粒，尤其是黏性土壤能有效地提供植物生长所需要的矿物营养。可通过土壤分析了解土壤中钙、磷、钾、镁以及其他矿物元素的含量水平，据此制订合理的施肥计划。

（2）坪床的准备

坪床的准备工作大体包括坪址调查、坪床的清理、翻耕、平整、土壤改良、排灌系统的设置及施肥工作等。

（3）坪址调查

坪址调查是对欲建坪场地的气候、土壤、水文及植被等与建坪密切相关的因素进行一个比较全面系统的调查，再根据公路绿化需要，为草坪的建植提供一个切实可行的建坪方案。

（4）坪床清理

坪床清理是指清除场地内障碍物和不利于操作及影响草坪草生长的石头、瓦砾，消除和杀灭杂草，进行必要的挖方和填方等。通常在坪床面以下不少于 20 cm 内的石头、瓦砾、杂草根应用耙子耙除，对不利于草坪草生长的白灰、水泥含量高的回填土应彻底清除。

根据需要，对场地树木加以迁移。需注意的是，树根树桩务必清除干净彻底，以免伞菌、马勃等发生。树桩及树根则用人工或机械挖除干净，回填土夯实，以避免雨后形成洼地，破坏草坪的一致性。

在建植草坪场地，对蔓延性多年生草类，尤其应注意的是具根茎或匍匐茎的多年生杂草的清除。要人工将地下蔓生杂草的根茎清除，也可使用非选择性的内吸除草剂，常用有效的除草剂有茅草枯、磷酸甘氨酸、草甘膦（0.2～0.4 mL/m^2）等，除草剂应在杂草长到 10 cm 高，并在坪床翻耕前的 3～7 天使用。

（5）翻耕

翻耕改善了土壤结构，使土壤的理化性质发生了一系列变化促使深层土壤的熟化，恢复和创造土壤团粒结构。翻耕加强了土壤的透水性，提高蓄水保墒和抗旱能力，加强土壤的透气性，减少根系扎入土壤的阻力，促进草坪根系的有氧呼吸，增进养分吸收。同时翻埋杂草种子以及作物残茬，混拌有机肥料或矿质肥料，并在一定程度上消灭病虫害。

在翻耕过的地段或疏松的地段进行翻耕，目的是破碎土块、草垡，促进表土的一致性。

（6）场地平整

在建植草坪之前，首先要根据设计的要求对于建植草坪场地进行平整。

自然式草坪，则可保持原有的大致起伏状态，仅把突出的沟坎平掉。对于规则式的草坪则需全面平整，平整是平滑地表，为坪床提供理想的作业环境。

在具体操作中，尽可能保留表层土壤，以保证坪床基本的土壤结构和肥力水平。

（7）土壤改良

过黏或过沙的土壤对草种生长不是非常适宜。根据前面的测试结果，若土壤过黏，需加沙；土壤过沙，需添加黏土以进行改造，具体根据草种来定。然后再根据酸碱度的测试结果，根据应用草种的需求，对土壤的酸碱度进行调节。

(8) 灌溉和排水

无论灌溉还是排水，都是调整草坪水分因子的重要技术，而水分是草坪正常生长发育不可或缺的重要因素。因此，灌溉和排水系统的建设是各类草坪建植和养护必须加以考虑的。

灌溉要注意确定水源，水源主要指江河、湖泊、塘、池以及自来水等。选择原则是经济和安全。生活污水、工业废水等一般需经过处理，符合草坪草生长发育需要后才可使用。盐的总浓度特别是钠离子浓度是决定水质的重要因子。

排水不良的土壤会产生很多严重的问题。非常潮湿的土壤温度一般比较干燥的土壤低 3～8℃，潮湿的土壤也降低了有机质的分解速度，很多养分不能转化为草坪可以吸收的养料。而且，若草坪长期潮湿，病害尤其是真菌病害易于发生。因此，排除掉土壤多余水分是保证草坪健康生长和正常使用的必要措施。

排水可以分为地面排水和暗沟排水：地面排水是利用坪床自身坡度来加以排水的方法，要求坪床既要平整，又要有一定坡度；暗沟排水主要用于排除多余的地下水，以避免渍害、返盐（碱）等的发生。

(9) 施肥

天然存在土壤中的营养满足不了植物生长的需要，施肥是给植物生长提供营养的措施。播种前结合平整土地在土壤深 15～20 cm 处施基肥，以有机肥料为主，如厩肥、堆肥、绿肥及各种禽类肥料等，均为充分腐熟后筛过施用。

根据土壤测试结果，适量施肥，每公顷（667 m²）可施 4500～6000 kg，以创造疏松肥沃的土壤，供草坪苗迅速生长。

2. 草坪草的准备

公路绿化草坪草一般会根据实际用途和经济因素，选择适应公路绿化气候和土壤条件的比较粗放、种子产量高、成坪速度快的种类，如狗牙根、结缕草和假俭草等。但在种植前也必须进行检验，满足品种正、纯度高和发芽率高的质量要求，有些草种还需要进行适当处理。

(1) 播种量

种子播种草坪，建植种子量计算公式如下，再根据播种土壤条件、平整度等因素增加 20%～30% 损耗。

$$播种量（g/m^2）= \frac{计划播种面积（m^2）\times 千粒重（g）\times 10}{100 \times 种子纯度 \times 发芽率}$$

(2) 种子处理

大部分草坪草种子色泽正常新鲜，直接播种发芽率高，不需要进行处理。但对一些发芽困难的，则必须在播种前进行种子处理。打破种子休眠的方法主要采用温度处理方法：

◆ 低温处理能克服种皮不透性，促进种子解除休眠，低温处理可有效提高种子的发芽率；

◆ 高温处理也可解除种皮造成的休眠，提高种子的发芽率；

◆ 变温处理可使种皮因热胀冷缩作用而产生机械损伤，种皮开裂，增强种子内外气体交换，使其解除休眠，加速萌发。

3.草坪的建植

建植草坪常用方法有3种——播种建植、营养体建植、满铺法。几乎所有的冷季型禾草和大部分的暖季型禾草都可用种子繁殖。播种是建立草坪最廉价的方法，但不能立即建成草坪。

（1）播种建植法

播种时期：在建植中，必须抓住播种时期，以利种子萌发，提高成苗率且令幼苗有足够的生育时间，以保证越冬或越夏。此外，迅速萌发、成苗，也有利于预防苗期杂草为害。

对于暖季型草来说，春季日均温度稳定在12℃以上，保证率80%以上，为适宜播种时期，在此期间，早播较迟播为好。

而对于冷季型草来说，春季日均温度稳定达到6～10℃，至夏季日均温度稳定达到20℃之前，或夏末日均温度稳定降到24℃以后，秋季日均温度稳定降到15℃之前，均为播种适宜时期，不论春、秋播种，都是早播比迟播为佳。对于冷季型草坪草而言，在温带、寒温带以春播为好；暖温带及亚热带以秋播为佳。

播种方法：播种前，最好将坪床全面浸灌一遍，让杂草种子发芽，长出幼苗，除掉杂草苗后再播种，以减少今后清除杂草的工作量。

播种要求将种子均匀撒播在坪床上，用六齿耙或扫帚扰动表土，使种子掺和到0.5～1.5 cm的土层中，或加盖0.5～1.0 cm厚的盖土。轻压可加震动，以保证种子与土壤密切接触。

盖土深度一般可以所播种子长径的3倍为准。播种过深或盖土太厚会影响出芽率，而过浅或不盖土可能导致种子流失。

大面积的草坪可采用机械播种。

播种后浇水：播种后，保持播种床1～1.5 cm表层土壤湿润，是成坪前管理的关键。因为幼苗根系浅，需要经常供给水分，如果土壤表面干燥，就会脱水死亡。应该避免大水漫灌，以防发生侵蚀。

如果采用高压水车浇水，在种子未出土前一定要在地表覆盖草帘、稻草等覆盖物，草坪植物出土前期的管理中，也应注意高压水车浇水时的安全性。

播种后修剪：草坪盖度达到85%以上时，必须进行剪草，剪草机的刀片应经过正确的调节，使其锐利，否则会严重伤害柔嫩的幼苗。剪前应该减少浇水，使土壤坚实。在建成草坪以前，应严禁人们进入草坪，设置提示标牌或者用栅栏围起草坪等方法均可达到应有的效果。

（2）营养体建植法

这种方法充分利用了断茎再生优势，而栽植断茎的数量与形成草坪的时间成正相关，一般用量的比例为1:(5～25)。

直播种茎：将健壮无病的草皮铲起，除去泥土，撕散匍匐茎，将整条匍匐茎或根茎剪切成3～5 cm（1～3节）的断茎，均匀撒播在坪床上，盖上一层薄沙（0.5～0.7 cm）。

使用50～70 kg重的圆磙镇压场地，浇透水。

草株分栽法：这种方法的最佳季节是在早春草坪植物返青之时。

先将草皮铲起来，撕开匍匐茎及营养枝，分成一棵棵的小植株，然后在种植区域按10 cm的距离挖浅沟，沟宽5～10 cm，深4～6 cm。再将草棵按10 cm的株距整齐地栽入浅沟中。

栽好后将浅沟的土壤填满压实，浇灌一次透水。

建植后的管理：以后要经常喷水，保持表土层湿润，促使茎节侧芽萌发新枝或新的匍匐茎、根茎。

（3）满铺法

将绿色的草皮整齐地满铺在坪床上。暖季型草皮铺植的时间以初夏为好，尤以梅雨季节为佳。冷季型草以春季或秋季为好，而以秋季为佳。

将一块块草皮铺种在草坪土面上，草皮之间，草皮距人行道的边缘，最好留 1 cm 左右的间隙，缝中垫满细土，细土略高于草皮表面。

待草坪地全部铺满后，浇水 1 次，经 1～2 天土壤晾干后，视草坪草品种、场地大小，分别使用 200、500、1000 kg 重的圆磙镇压场地，使草皮与场地土壤及草皮之间结合紧实，场地平坦。

再经 5-10 天草坪草萌发新根，就可以适当追肥，然后转入正常的养护管理。待新草坪根系深扎土壤，草坪结实紧密才能使用，这个过程一般需要 20～40 天。

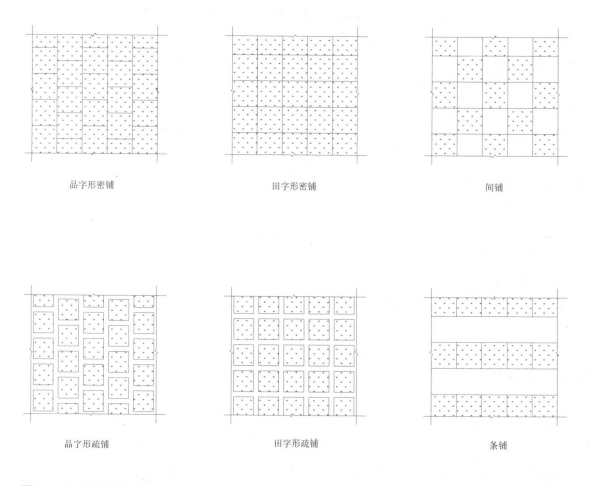

品字形密铺　　　　　田字形密铺　　　　　间铺

品字形疏铺　　　　　田字形疏铺　　　　　条铺

图 3-2-19　草皮铺植的方式

（4）草坪建植新技术

植生带建坪法：所谓植生带，就是将精选过的种子和肥料浸渍于黏附剂中（如甲基纤维素＋阿拉伯胶＋蔗糖的混合物等），然后均匀地铺黏于带状基质（如无纺布、纱布等）上。

在利用植生带建立草坪时，将植生带卷成圆筒，吸湿并保湿于适温条件下，促使种子萌发至大多数种子露白，或直接将植生带平铺在高度平整的地面上。精细覆土或覆 0.25～1mm 粒径的沙子，喷水、保湿，很快而且整齐、均匀地出苗，形成幼草坪。植生带的纸或布，在其腐烂之前有利于保湿和延迟杂草的发生。

植生带建坪法比种子直播法有较明显的优势，但成本较高。

草毯法：草毯法，就是要求草皮在需要的时候能像地毯一样卷起来，在种的时候，能把它像地毯一样铺回去，又被称为草皮卷或草毯。

用这种方法建植草坪目标纯度高，草坪草生长好，厚度均匀整齐，日后除杂草工作量少；带土少，工作轻便；对根系破坏小；可较大规模地在草圃生产，投资少，成本低；生产周期短。

这种方法的最大特点是利用尼龙网，获得了根系完整的草毯，铺植后只要保湿 7～10 天即可成活，再管理近一个月，即成草坪。

液压喷播法：液压喷播法是将混有草坪草籽、黏着剂、保湿剂、特殊的肥料以及黏土、水等搅拌混合均匀，通过高压水泵喷射植草的方法。

这种方法具有先进的种植和保湿条件，草籽萌发生长和成坪均快，是防止土壤侵蚀的好方法，适宜边坡绿化。

盖播：盖播是在成熟草坪上加播其他草种，以达到增加绿期，改良景观的目的，一般指的是气候过渡带的冬枯草坪上加盖冷季型草坪草，如黑麦草属和早熟禾属的部分草种。

在气温下降后的秋季，在早霜前 1～2 个月，在暖季型草坪草场地上追播冷季型草坪草草籽，播种量一般等于或小于单播种量。这种方法在亚热带的暖地草坪上确有较好效果。其成功关键是春季过渡期的精细养护。

（二）地被植物的种植技术

地被植物指低矮、覆盖地面的植物群体。组成地被的植物种类称地被植物，有草本、灌木，在阴湿的地方还有苔藓和蕨类植物。

地被植物的种植工序：

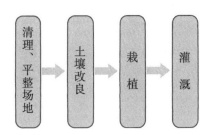

清理、平整场地 → 土壤改良 → 栽植 → 灌溉

1. 土壤的准备

（1）清理、平整场地

栽植地被的种植地土层厚度依种类不同，至少应在 40 cm 以上。整地要求精细、疏松、平整度高，清除杂质、垃圾、三合土和老草根，并粉碎土块。同时，整地与有机质的施入应结合进行。

（2）土壤改良

公路绿化中的土壤常在质地、酸碱度和肥力等某一方面或几方面不适应地被植物生长。因此，在地被种植之前对土壤先进行改良，尤其是对碱性土壤必须进行改良。

改良的方法有几种：在深翻过的土壤铺撒腐熟的有机肥或种植土；根据土壤 pH 值和种植的地被种类适当施用硫酸亚铁降低土壤 pH 值，一般 pH 值可达 6.5；种植后经常不断地补充磷酸二氢钾、硫酸亚铁等酸性化肥和有机质，继续调节和保持一定的肥力。

2. 植物的准备

地被植物在公路绿化中的功能决定了地被植物的选择标准。一般说来，地被植物的筛选应符合以下标准：

- ◆ 多年生，植株低矮、高度不超过 100 cm；
- ◆ 全部生育期在露地栽培；
- ◆ 繁殖容易，生长迅速，覆盖力强，耐修剪；
- ◆ 花色丰富，持续时间长或枝叶观赏性好；
- ◆ 具有一定的稳定性；
- ◆ 抗性强、无毒、无异味；
- ◆ 易管理，不会泛滥成灾。

3. 植物的栽植

（1）多年生草本地被栽植

分株栽植：多年生草本地被多用分株法。栽植时按照 15～30 cm 行距开沟，深 15 cm 左右。苗木一株分为几株，分成大小基本相等的新个体。如果想成景的速度快，可以少分几株，剪掉叶片长度的 1/3～1/2。按与行距同样的株距放苗，使种植点呈正方形分布。最后以原来生长的土印，与地面平为度，将苗木根系填埋、拍实，填埋时注意：

- ◆ 密度均匀，一般采用正方形分布，种植点应分布规整，排列有序。
- ◆ 保证根系舒展，栽苗时不能圈根或窝根，过长的根系可以适当剪短。
- ◆ 栽植后地面应平整，避免有的地方堆土成丘，有的地方凹陷明显，不利于排水。

自播栽植：如二月兰、紫茉莉等为自播繁衍，从栽培的角度讲也可算是宿根花卉，因为播种一次以后，可年年自播成一片，而且繁殖力很强。自播地被种植时应注意：

- ◆ 对于自播繁殖的地被，要注意对过分密集的幼苗进行疏苗，疏苗次数一般为 2～3 次，随幼苗长大逐步进行，以防植株拥挤、瘦弱、开花小甚至不开花。
- ◆ 如果出苗不均匀可以移苗，也可任其自然疏密，需要扩大种植时可以移植幼苗或在种子成熟期撒播。

直接播种：种子直播的品种可在平整过的土地上撒播，密植可迅速覆盖地面。

将种子均匀撒播在坪床上，用六齿耙或扫帚扰动表土，使种子掺和到土层中，或覆土。轻压可加震动，以保证种子与土壤密切接触。

不管采用哪种方法进行栽植，栽后都应立即全面浇水，保证成活。

（2）木本地被栽植

藤本地被：如扶芳藤、常春藤等木质藤本地被，常用30 cm左右株行距挖穴或开沟，方法同藤本植物栽植。

藤本地被主要依靠它分枝的藤蔓来覆盖地面；它们的枝蔓可以互相交叉重叠，形成厚厚的富有弹性的地被层；藤本植物的枝蔓可长达数米，其分枝的密度随着植株的生长而加大；常春藤、山葡萄、五叶地锦等枝条柔软细长的植物，其种苗可以成丛种植，每丛可由三五株到十数株，以加速地面覆盖。

灌木地被：如铺地柏、绣线菊等小灌木地被，常用60～100 cm的株行距挖穴栽植，种植时间可根据植树季节在春秋进行，方法同灌木裸根栽植。

对于植株体量较大的灌木，它们的种植一般根据景观布置的需要可三五成丛、成群的种植；对于株丛较小的灌木可将几株合并种植在一个种植穴内，扩大冠群；如大面积成片种植可根据植株大小决定株行距，为近期达到覆盖地面，可先密植，几年后长大拥挤可抽稀移栽扩大种植。

栽植后进行现场清理，并立即全面浇水，必要时进行培土。

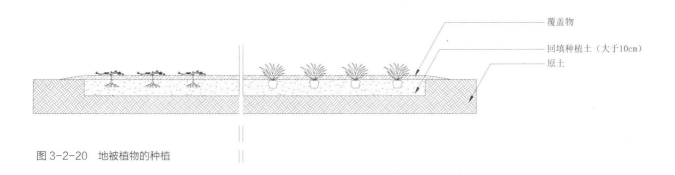

图3-2-20　地被植物的种植

（三）观赏草的种植技术

观赏草的种植工序：

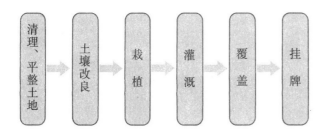

随着人们回归自然意识的深化，愈来愈意识到观赏草的景观价值。它的自然优雅和朴实刚强是回归自然的最好象征。目前，观赏草已成为欧美发达国家环境美化和绿化的新宠，预计不久的将来，观赏草必将在我国观赏植物中占有一席之地。

观赏草的形态自然，叶片色泽丰富，花序多姿多彩，繁殖能力强，养护水平低，非常适应公路恶劣的环境条件，形成的绿化景观也很容易和周围环境相融合，是公路绿化中一个很有价值的类群。以禾本科为主，其次是莎草科，还有灯芯草科、花蔺科等。

1. 土壤准备

（1）清理垃圾、杂草、平整场地

在种植前，首先要治理种植区，除去砖头、石块、垃圾与杂草。最好在播前先灌一次透水，使一些未发芽的杂草种子发芽出苗，以便彻底清除。

观赏草适应性非常广，对土壤要求不是很高。但是如果想提高观赏效果，延长观赏期，最好能够按照不同观赏草种类对土壤的需求特性来种植。最基本的方法是在土壤中添加一定量的有机质，加堆肥、饼肥、粪肥等有机肥。

除了水生观赏草外，大部分的观赏草，需要排水条件良好的壤土，如果土壤太黏重，最好改良土壤后再种植。大面积改良有困难时，可以用苗床方式，在苗床上层添加疏松透气、富含有机质的土壤后再种植。沙地的透水透气性很好，但保水性差，土壤常常处在干旱状态。最好每年向沙地中添加一定量的有机质。例如，将观赏草修剪后的茎叶以及杂草、落叶和其他有机物等，混合到土壤中，使其逐渐分解，可大大提高土壤的营养成分，改善土壤结构。

大部分观赏草对土壤的酸碱性要求不高。一些原产地在海岸边的种类，对土壤盐碱性忍受力较强，称为耐盐植物，这些观赏草适宜种植在碱性或弱碱性土壤中。一个地块的土壤一般具有比较一致的pH值，但许多情况下，公路绿地的土壤是由建筑渣土或其他地方的土壤回填组成的，与周边土壤相比，其pH值可能发生明显的变化。对于这些土壤建议进行pH值的测定。

观赏草对土壤的要求不完全是越肥沃越好。特殊情况下，可选择土壤黏重、贫瘠的条件，以便控制其蔓延生长，避免对周边环境造成危害。

（2）施肥

绝大多数观赏草都具有耐贫瘠的特点，实际上，只要在种植初期精心整地，施足底肥，就可以不再施用其他肥料。整地时在土壤中添加一定量的堆肥或其他有机肥，基本上可保证观赏草在整个种植期对肥料的需求，并产生良好的景观效果。也可以将一些有机材料如树叶、杂草、秸秆等覆盖在地表，使其在整个生长季节慢慢分解，转化成肥料。该方法省工、省事，对改善土壤、提高肥力以及防除杂草都有很好的作用。

缓释肥料有省时、省力、效果持久的特点，做底肥施用，可以在整个生长期缓慢释放，随时满足植物生长的需求，是目前比较受欢迎的肥料。

需要注意的是大多数观赏草都具有耐贫瘠的特点，如果施肥量过大，特别是施用大量化肥时，将导致植物生长过旺，株形分散，甚至倒伏，而降低观赏性。另外，土壤肥力过高时，将导致观赏草叶片绿色加深，而降低了其他颜色的观赏效果。

2. 植物的准备

（1）选种

首先要了解当地气候变化的周期和极端气候条件，如极端高温与极端低温等。其次，要了解草种的起源及产地，以及草种的生态适应性、草种所能忍受的极端温度；一些耐热或抗寒的草种或品种，在一个地区所能忍受的最高或最低温度，在另一些地区不一定能忍受。所以选择草种时一定要综合考虑当地的气候条件与草种的生态适应性等因素。

（2）购买草种

购买草种一定要注意成熟度方能保证发芽率。对于无性繁殖的种源，若需大量购买时，常常要将植物根部的土去掉，这样可减轻运输的费用，但若长途运输，为避免植物枯萎，需要立即种植，或以苔藓保湿，以利成活。

3. 植物栽植

（1）播种

多年生观赏草通常首先将种子种在一块准备场地，待其长成幼苗后再移栽到绿地当中。一般在秋冬或早春播种，长到一定高度在霜期过后移栽。

最理想的种植深度约为种子的2倍，太深会烂根，太浅会因干燥而死亡。

大片种植时，可直接用种子播种，可以不用移栽，但要注意防止杂草发生。

（2）栽植

种植前先将紧紧卷在一起的根系松开，以利于新根的生长。

观赏草种植的株行距，视种类和目的而定。小型观赏草种植间距小，而大型观赏草种植间距大。一般情况下，间距是其成株株高的一半。当然也要根据达到预期效果的时间来定，如果想短期内达到观赏效果，间距可以小一些，待植株长大后，再根据情况间株，增大间距。

埋土的深度根据植株大小而定，植株幼小时，可浅埋土，植株大时，可深埋土。埋土时一定要将土壤压实，使根系与土壤紧密结合。

埋土后应立即灌溉，第一次灌溉一定要浇透；也可以分两次，第一次先浇一遍，稍等片刻待水全面渗透后，再浇第二次。

待表层的水都渗透后，可根据条件在观赏草根部覆盖一些覆盖物，如草炭、松针、秸秆、落叶、树皮或木片等有机物，也可以覆盖砾石、陶粒等无机物。材料的选择应因地制宜，就地取材。

裸露地表覆盖有机物，不仅可以阻止土壤中杂草种子萌发，减轻草害的发生，还可以大大提高土壤的保水能力，减少水分蒸发。同时随着有机物的腐烂分解，为土壤增加营养，改善土壤结构，一举多得。

观赏草种植初期植株小，很容易与其他杂草混淆。为了容易辨认、方便管护，可在根部插上标牌，或在茎秆上挂上标牌。

小苗基本覆盖地面时，若有成片的缺苗现象，应及时补苗。

六、竹类植物的种植技术

竹类属于禾本科的常绿乔木或灌木，竿木质浑圆、中空而有节，皮翠绿色；但也有呈方形、实心和其他形状和颜色的（如方竹、罗汉竹、紫竹等）。竹子的生长发育与一般乔、灌木树种有明显不同，竹类的寿命较短，开花结实的周期很长。竹类植物繁殖主要通过营养体（地下茎）的分生来实现。地下茎，俗称竹鞭，它既是养分储存和疏导的主要器官，同时也具有分生繁殖的能力。

根据竹类地下茎的形态，可将其分为散生竹、丛生竹和混生竹3类。散生竹的地下茎在土壤中横向生长，茎上有节，节上有芽，芽发育成笋或鞭，常用的有毛竹、刚竹等；丛生竹没有横走的地下茎，其地下茎由竿基和竿柄两个部分组成，合称为竹蔸，竿基两侧生芽，称为芽目或笋目，常用的有孝顺竹；

混生竹兼有散生竹和丛生竹地下茎的特征，常用的有苦竹、方竹、茶竿竹等。

竹类植物的种植方法有很多种，如移竹法、移鞭法、诱鞭法、埋节法、扦插法和种苗法。公路绿化中竹类植物的栽植一般采用移竹法。移竹法是一种成活率高、发笋量大而最保险的方法。移竹法和乔灌木栽植类似，具体步骤参见相关章节内容。

（一）土壤准备

竹子生长要求土层深度50～100 cm，肥沃、湿润、排水和透气性能良好的沙质土壤，微酸性或中性，pH值为4.5～7.0为宜，地下水位根据竹子的种类不同控制在50～100 cm以下。

1. 平整场地

整地是竹子栽植前的重要环节，整地的好坏直接影响到竹林质量的高低和成林速度的快慢。

整地方法应采用全面整地为好，即对栽植地进行全面耕翻，深度为40 cm，清除土壤中的石块、杂草、树根等杂物。

2. 土壤改良

如土壤过于黏重，盐碱土或建筑垃圾过多，则应采用增施有机肥、换土或填客土等方法对土壤进行改良。

（二）苗木准备

1. 母竹的选择

母竹质量的好坏对栽植成活影响很大，优质母竹栽植容易成活和成林，劣质母竹不易栽活或难以成林。母竹的质量主要反映在年龄、粗度、长势及土球大小等方面。散生竹母竹选择标准：1～2年生，中等大小，生长健壮，无病虫害，分枝低，枝叶繁茂；鞭色鲜黄、鞭芽饱满、鞭根健全。丛生竹母竹选择标准：除上述散生竹的一些要求外，要注意其竿基芽眼肥大充实，须根发达。大小适中，发枝较底。一、二年生的健壮母竹一般都着生在竹丛的边缘，竿基入土较深，芽眼和根系发育较好，便于挖掘，应尽量从这些竹株中选取。

以毛竹为例，在毛竹移栽造林中，应选2～4年生的枝繁叶茂、胸径为3～6 cm根系较浅的竹株为母竹，而且在挖掘母竹时，应特别注意观察竹鞭的现状。若发现土黄色的主鞭上颜色鲜艳，说明鞭龄正处在3～5年的壮龄阶段，可选择为母竹。

母竹规格见图3-2-21。

2. 母竹的挖掘与运输

观赏竹，通常生长较密，可将几支一同挖起作为一株母竹。具体要求为：散生竹1～2枝/株，采用多株移植法移竹时，可以挖成5～10株/丛的竹丛；混生竹2～4枝/株，丛生竹可挖后分成5～10枝/株。

母竹挖掘前首先确定竹鞭走向，一般来说，竹鞭走向与竹子的最下一盘枝的朝向大致相同。

图 3-2-21 母竹的规格

图 3-2-22 母竹的包扎

挖掘母竹时，工具必须锋利，以免损伤竹株和鞭根。散生竹母竹的规格一般要求来鞭长 30 ~ 40 cm，去鞭长 50 ~ 70 cm，竹竿留枝 3 ~ 5 盘，截去顶梢。且要求截口平滑，鞭蔸多留宿土，丛生竹母竹可从竿柄处用利器切开，特别要注意防止损伤竿基芽眼，竹蔸的支根、须根应尽量保留，切勿劈伤切口。

母竹所带土球以草或其他材料包裹，以防土球破碎。包扎方法是在鞭的近圆柱形的土柱上下各垫一根竹竿，用草绳一圈一圈横向绕紧，边绕边锤，使绳土密接，并在鞭竹连接处，即"螺丝钉"的着生处，侧向交叉捆几道，完成土球包扎（图 3-2-22）。

母竹搬运期间轻提轻放，在装车和卸车时，于靠近土球一侧的车厢侧面设置躺板，并以特制的构杆牵引土球顺板提上车厢或滑至地面，以免土球破碎或竹鞭断裂。

如果需要长距离运输，可将土球装入容器中。在容器底部钻 4 ~ 6 个直径 2 cm 的洞眼，在容器内放一些瓦砾稍盖洞眼，以稍通气漏水即可。然后填一层 10 cm 厚的肥沃细土，将母竹置入容器中，尽量将鞭根贴近泥土，然后再填细土，压实，浇水。

母竹挖起后，一般应砍去竹梢，保留4～5盘分枝，修剪过密枝叶，以减少水分蒸发。修枝整形后的母竹呈塔形。修枝整形的强度以不影响全竹外形美观为标准。

（三）栽植前的准备

整地后，即可开挖种植穴。种植穴的密度和规格，根据不同的竹种、竹苗规格和工程要求具体而定。常用的散生竹，如桂竹、哺鸡竹等中等规格的竹苗，每平方米4～6株，株行距40～60 cm，栽植穴的规格为长60 cm、宽40 cm、深40 cm。母竹一旦入穴，土球与穴周边距离不少于6 cm，以利培土及掏实。

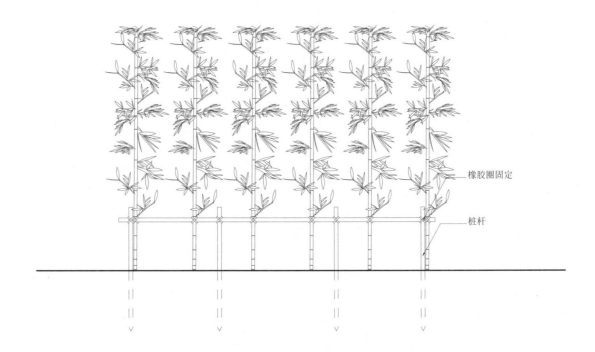

图3-2-23　竹子支架

（四）苗木的栽植

1. 移竹法

"种竹无时，雨后便移"，只要保证母竹的质量，精心管理，保持水分平衡，一年中除炎热的三伏天和严寒的三九天外，其余时间均可栽种；如果采用容器竹苗，则南北地区均可四季栽竹，保证成活。但只宜近距离移栽，最好是采用"随挖、随运、随栽"的方法，且根盘带宿土方可保证有很高的成活率。

散生竹理想的栽种时节应该是10月至翌年2月，尤以10月份的"小阳春"为最好。在长江中下游地区，可在梅雨季节的正常年份采用新竹栽植。

丛生竹一般于春季2～3月份竹子"休眠"期进行，此时笋芽尚未萌发，竹液还未流动，栽植成活率最高。当年即可出笋，3～4年即可成林。

母竹运到栽植地后，应立即种植。栽竹的原则是深挖穴，浅栽竹，下紧围，高培蔸，宽松盖，稳立柱，鞭平竿可斜。可将竹子集中成群，每群株数 4～5 株，株与株之间栽植紧密，群与群之间距离较宽，这样可以增加群的密度，提前达到郁闭，减少林内杂草，增加空气和土壤温度，便于竹子生长茂盛。

竹子的栽植一般有以下几个步骤：

(1) 垫土

将表土拌匀后回填种植穴内，一般为 10 cm。

(2) 放苗

解除母竹根盘中的包扎物，将母竹放入穴内，根盘面与地表面保持平行，使鞭根舒展，下部与土壤密接，或土球底部与穴底泥土紧密衔接，不留空隙。丛生竹的母竹放置方法可正面斜放、反面斜放或直立放置，但总要使竿基两侧的芽眼都倾向水平位置，并使顶端马耳形切口向上，以便盛接雨水，防止梢头干枯。

(3) 填土

先填表土，后填心土，自下而上分层分批进行，捡去石块、树根等杂物，并以木制捣棒，将填土拨向土球底部，使土球与穴周边衔接密实，防止上实底松，培土与地面齐平或略高于地面。竹子宜浅栽，覆土深度比母竹原土部分深 3～5 cm，上面培成馒头状，周围开好排水沟。在斜坡上栽竹时，培土表面与坡面保持平整。过程中，注意勿伤鞭芽。在气候干燥或土壤干燥的地方，还要先行适当浇水，再行覆土。

(4) 浇水

浇足"定根水"，进一步使根与土密接。待水全部渗入土中，再覆盖一层松土，在竹竿基部堆成馒头状。有条件的可在土堆上加盖一层稻草或杂草，防止水分蒸发。

(5) 支撑

如果母竹高大或在风大的地方需加支撑，以防风吹竹竿摇晃，使根土不能密接和损坏"螺丝钉"。竹林密度大时可采用方格支柱；密度小时用棚架支柱（图 3-2-23）。

2. 其他方法

在条件许可的情况下，竹类的栽植还可以采用以下几种方法：

(1) 移鞭法

散生竹和一些混生竹的繁殖主要依赖鞭芽生长成竹，因此在母竹不足时可采用移鞭造林。移鞭造林的优点是不需母竹，运输方便，但竹鞭上长出的新竹细小，成材时间长，同时若当年不发新竹，母鞭就会因得不到光合作用制造的养分供应，从而失去生活能力，第二年亦不会再发笋长竹。

若移鞭时带上母竹，但仅留下 15～30 cm 长的竿，则称为"截干移蔸法"或"带蔸移鞭法"。栽植时还可采用"倒栽竹蔸"。

(2) 诱鞭法

清除已栽有竹类植物场地的杂草灌木；将土地翻耕并将青草、树叶、嫩枝埋入其中；有时还可在松土的同时将健壮竹鞭向周围牵引，覆以肥土。

(3) 埋节法

埋节繁殖是丛生竹繁殖的重要方法之一。即先利用单节竿段在圃地中育苗，而后移植造林。凡是竹竿或竹枝具有隐芽（休眠芽）的丛生竹类都可采用此法繁殖。

(4) 扦插法

大多数丛生竹每节具1主枝，其基部次生枝成簇状生长，而主枝和侧枝均有隐芽，可生根抽芽。利用这一特性，可进行枝条扦插育苗。

(5) 种苗法

无论丛生竹类还是散生竹类，只要能收集到种子，均可采用种子育苗。挖取2～3年生的实生苗，3～5株一丛，带有竹鞭，多留宿土，剪去顶梢及枝叶1/3，即可栽植。

七、水生植物的绿化施工技术

根据水生植物在水中的生长状态及生态习性，水生植物分为以下4个类型。

沉水植物：指在大部分生活周期中植株沉水生活，根生于底质中的植物生活型，主要为单子叶植物，是完全的水生植物，如眼子菜、苦草、金鱼藻、狐尾藻等。

挺水植物：指根生于底质中，茎直立，光合作用组织气生的植物生活型，主要为单子叶植物，如荷花、水葱、香蒲、芦苇等。

浮叶植物：茎叶浮水，一面叶气生，根固着或自由漂浮的植物生活型，如王莲、睡莲、芡实、荇菜。

漂浮植物：茎叶浮水，一面叶气生，根自由漂浮的植物生活型，如满江红、水鳖等。

广义的水生植物也包括湿生植物，这类植物根茎既可以水生，也可以生于含水量饱和的土壤之中，如黄花鸢尾、菖蒲、芦苇、美人蕉等。

（一）土壤准备

水生植物的土壤条件对水生植物的种植极为重要，土壤的作用不仅是固定植株，使水生花卉有所依附，还为植株供给水分、养分和空气。总的来说，栽培水生植物要求土壤疏松肥沃、保水力强、透气性好。

公路绿化水生植物离开了原产地土壤条件，因此在种植时必须考虑以下因素：

◆ 土壤的物理性质　主要指土壤的黏重和疏松程度。一般以选择通气性好，含有大量腐殖质，疏松、肥沃的土壤为原则。

◆ 土壤的化学性状　主要指土壤的酸碱度，通常用pH值表示。大致上，北方栽种水生植物的土壤pH值为7.5～8；南方栽种水生植物的土壤pH值为5～7。

◆ 栽培水生植物的水质　沉水观赏植物在水下生长发育，需要一定的光照，否则就不能完成整个生育过程。要求水无污染物，清澈见底，除特殊情况外，一般pH值为5～7。

◆ 无设计要求时，种植土层或栽培基质厚度不小于50 cm。

（二）苗木准备

水生植物苗木要求生长健壮，根系发达，保持形态特征，无病虫害、无枯叶、无杂物。

（三）苗木的栽植

1. 栽植季节

生长期栽植：大部分水生植物可在4～10月的生长期栽植，但移植前要摘除一定量的叶片，不要失水时间过长。水生植物多为草本植物，在生长期新梢萌发速度快，根系活动旺盛，此时种植水生植物，一般经过 10~30 天，植株形态基本可以完全恢复。

生长期中的水生植物如需长途运输，则宜存放在装有水的容器中。

休眠期栽植：耐寒性强的水生植物可在休眠期种植。

2. 栽植方法

水生植物的栽植方法常见的有直接撒播、容器栽植和地栽。

（1）直接播撒

此法适用于不着泥的漂浮植物。

选择背风向阳的水面，清除水面上的杂草后，用竹片或浮漂围合好投放区域。按照设计要求，将幼苗或种子投放其中。

（2）容器栽植

适用于多种水生植物。

在无栽植土壤的池或水溪中栽植的水生植物，将植物栽植于槽、缸盆或浮床内等，按照图纸的位置摆放或架设在水中，栽植基质中不得含有污染水质的成分。

选择适合容器，在容器底部先铺一层粗砂或碎石，然后加入基肥，再加入培养土，并于其中栽植植株。具体要求因物种而异。

水生植物栽植设施：

盆池　一种比较传统的种植水生植物的方式，可以是木质、陶瓷或玻璃等质地。高度一般不低于 30 cm，可用来种植小型水生植物。

预制式水池　主要材料是玻璃纤维或硬质塑料，可制成多种形状。施工中，只需要埋入地下即可，可根据不同类型水生植物的要求制成台阶状，以利植物生长。这种水池便于移动，养护管理方便，寿命长，但尺寸规格较小，常用于小尺度水景建造。

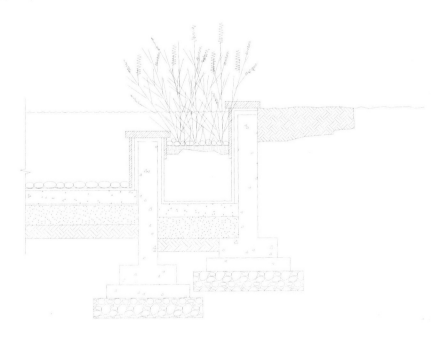

图 3-2-24　水生植物栽植池

衬池式水池：以柔软耐用且具伸缩性的塑料膜作为池衬用于防渗的小型水池。挖池时要考虑不同植物的水深需求，做出台阶。铺设后再在池底铺种植基质，注意不要划破池底，以免导致池水不断渗漏。这种做法方便设计形状多变的水池，但对工程技术和施工质量要求较高。

栽植池：适用于大面积栽植。可用耐水湿的建筑材料如混凝土做水生植物栽植池，把种植地点围起来，填土栽种。可以结合驳岸类型在池底、池边进行构筑。

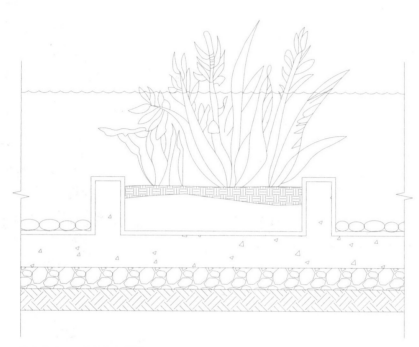

图 3-2-25　水生植物栽植池

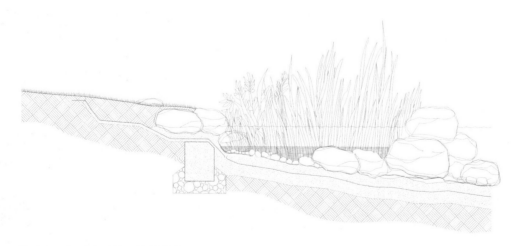

图 3-2-26　水生植物自然式栽植池

栽植台：规则式水面、规则式种植时，常用混凝土栽植台。按照水生植物对水的不同深度要求及排列形式分层设置，组合安排后放置盆栽植物。水浅时，可直接将盆栽或缸栽植物放置在水中。

水下支墩：适用于小水面、水生植物数量较少的情况。水深时，在池底用砖、石或混凝土做支墩，然后把盆栽的水生植物放置在墩上，满足植物对水深的要求（图3-2-27）。

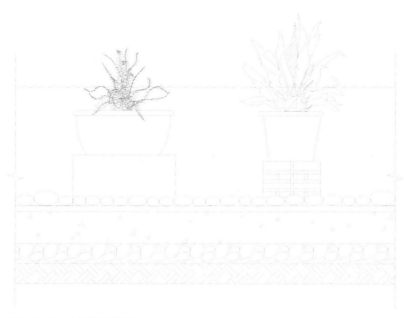

图3-2-27　水生植物栽植台

（3）地栽

本方法适于多种水生植物和湿生植物。

在湖、池中栽植水生植物，应先将水放净，当土壤略干时进行。翻耕土壤，施入厩肥、绿肥、饼肥等作基肥，同时撒入少量土壤消毒剂，以杀灭病虫。然后按种植图放线，并植入植株或种子。覆土后灌入池水。

具体物种的种植要求稍有不同，需按照植物生长要求施工。

3. 种植要点

（1）掌握种植密度

水生植物种植密度需根据水生植物种类及景观要求来决定。在水体中种植水生植物时，不宜满栽，一般根据设计要求和植物种类确定种植密度。

◆ 对于个体较大的水生植物种植密度不宜过大，若种植过密，不仅浪费植株，而且由于营养面积小、通风条件差、光照差，易导致植株长势不良、病虫害多，影响景观效果。

◆ 对于个体较小的水生植物种植密度不宜过小，种植太稀，其群体种间竞争将处于不利地位，易被杂草侵占，难以养护管理。

◆ 水生植物种植密度还应考虑植株的分蘖性，对于不分蘖的水生植物或每年只分蘖一次的水生植物则应种密些；不断分蘖的水生植物应适当种稀些。

（2）控制种植深度

水生植物种植深度，即水深适应性，是指水生植物在一定水深范围内能够正常生长发育和繁衍的生态学特性。水生植物根据其类型不同，其种植深度亦有差异。

◆ 挺水植物的种植深度与植株本身高度有较大关系，植株高大的水生植物比植株矮小的水生植物适应深水的能力要强。

◆ 浮叶植物的根部由于其根系不固定在泥土里，叶片浮于水面，其对种植深度的适应性比较强，有的甚至可达数米。

◆ 漂浮植物，植物体随水面漂流，因而不存在所谓种植深度问题。

◆ 沉水植物整个植株都在水面以下，其种植深度主要由其本身生态学特性决定，同时还受光照所能达到的深度和水的能见度影响，水的能见度越大，光照所能达到的深度也越大，沉水植物种植的深度也越深，有些沉水植物的种植深度是能见度的 2 倍以上。

◆ 栽植后至生长出新株期间应控制水位，防止新栽苗木因浸泡窒息死亡。

（3）了解水生植物的生态习性

大部分水生植物喜阳光（沉水植物除外），要避免这类植物种植于大树下或荫蔽处。

（4）了解池塘水位及各个位置的水深情况

水生植物的适宜水深不能超过 1.5 m，大部分在 0.5～1.0 m 的深度范围内生长良好。在浅水和池塘的边缘处，可适当地布置水烛、千屈菜、黄花鸢尾、菖蒲、茭白、慈姑等。

（5）了解水生植物的生长特性

选择水生植物时要充分了解水生植物的生长特性，注意株型大小、色彩搭配与植株的观赏风格等协调一致，以及与周围环境相互融合。

（6）湿生植物栽植要点

◆ 湿生植物种植穴的底部高度一定要在水位线之上。

◆ 种植穴要比一般情况下挖的深一些，穴底可垫一层厚度 5 cm 以上的透水材料，如炭渣、粗砂砾等；透水层之上再填一层壤土，厚度可为 8～20 cm；其上再按一般栽植方法栽种树木。

◆ 树木可以栽得高一些，使其根颈部位高出地面。高出地面的部位进行壅土，把根颈旁的土壤堆起来，使种植点整个都抬高。

第三章　公路各区域绿化的施工技术

公路绿化工程主要由中央分隔带、边坡、路侧绿化带、互通立交区以及服务区与收费站等几个部分组成。由于不同区域的环境条件和功能要求不同，种植时也有不同的技术要求。

一、中央分隔带绿化种植技术

中央分隔带的绿化，以营造舒适、安全的行车环境为主要目的。从中央分隔带特殊的位置和功能要求等方面来看，公路中央分隔带具有遮光防眩、引导行车视线、埋设交通设施、缓解视觉疲劳和美化环境等作用，其中，遮光防眩的功能是最重要的。并且中央分隔带离公路使用者最近，对驾乘人员的景观感受影响很大。

（一）中央分隔带绿化种植的环境特点

公路中央分隔带受其所处位置的影响，土壤和小气候条件较差，极其不利于植物的生长，主要表现在以下几个方面：

◆ 土质较差　中央分隔带位于硬质铺装之上，土层很浅，土壤有机质含量低，还会有公路施工过程中产生的石灰、沥青、水泥等建筑垃圾。易板结，透水、透气性差，肥力不足。

◆ 小气候条件恶劣　中央分隔带位于路基中间，由于受到路面辐射和高速行驶车辆的影响，温度、湿度变化剧烈，易出现高温、严寒和强风，造成植物干旱、发生冻害或倒伏。

◆ 污染严重　在行车过程中，产生的污染（如固体悬浮颗粒、氮氧化物、铅、二氧化硫等）和丢弃的垃圾使中央分隔带进一步恶化。

◆ 养护困难　中央分隔带位于机动车道中间，养护管理难度大。

（二）中央隔离带绿化种植技术要点

中央分隔带的施工工序：

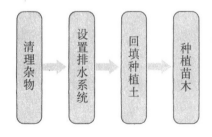

根据中央分隔带的功能要求和立地条件，在种植阶段要考虑以下几个方面：

1. 苗木质量

苗木高度、冠幅、枝下高等规格全面达到高标准要求，以期尽快达到防眩和景观效果。绿化用防眩树种应四季常青，要求单株高度达到 1.8 m，修剪后高度控制在 1.6 m；灌木高度应控制在 1.8 m，高篱应控制在 1.2 m；树冠直径应控制在 0.5～1.5 m。植物宜修剪成比较规则的形状。

2. 土壤改良

土壤最好全部替换为保水性好、疏松透气、富含有机质的优质种植土。如受到工期和施工成本限制，大规模更换土方不可行时，可采用改良种植槽内土壤的方式，可以最大限度地改善土壤质量，减少水分损失，提高成活率。

3. 排水措施

尽可能在中央分隔带下设置排水管线，如果埋设排水管，管上应铺设一层或数层反滤土工布，防止细土颗粒淤积堵塞排水通道。无排水管线的路段，应设置沙石滤水层，然后回填种植土。

4. 回填种植土

按照设计文件的规定，须事先从回填土中取出土壤样品，经监理验收，符合要求后，方可进行回填。为填补回填土自然密实产生的沉降差，松铺回填时要预留适当的预拱度。苗木放入树穴前，穴底应充分踩实，以防止浇水后树木倾斜或倒伏。

5. 种植苗木

防眩树应采取行列栽植，要求树干或树冠中心保持在规则的直线或曲线上，花灌木应使树形好的一面朝向公路，树干上、下保持垂直，树弯曲时应顺向路的行驶方向，与路平行栽植。

防眩树栽植后应适当修剪枝叶，以达到合适的高度；花灌木树种栽种后，应整形修剪，保证花灌木栽植后高矮一致、整齐美观。用专用绿篱剪进行整形修剪，剪口要锋利，不造成枝条劈、裂现象，修剪后平滑、美观。修剪后伤口水分损失比较严重的，在修剪后要及时对较粗的伤口进行处理，可有效减少水分损耗。

栽植高篱时，要使株距分布均匀。树形丰满的一面应向外，按苗木高度，树干大小搭配均匀。在苗圃修剪成形的绿篱，种植时应按造型拼栽，深浅一致，保证拼栽后的轮廓景观。

二、边坡绿化的种植技术

修筑公路的路基时，在地形起伏较大的地段，高出设计标高的地方要挖方，低于设计标高的地方会填方。路基边挖方形成的坡面叫路堑边坡，填方形成的坡面称路堤边坡。路基填方和挖方段对地面的挖填都形成了面积巨大的裸露边坡，对原有植被破坏严重，极易发生水土流失，甚至会导致落石、滑坡或崩塌。同时，道路开挖破坏了原有动植物群落，对自然风景区、特别是山区的生态环境造成的破坏尤为显著。另外，路堑边坡在驾乘人员的视阈中占较大比重，景观影响相对也比较大。

掌握边坡绿化技术有利于通过在边坡上营造稳定的植物群落，形成安全、美观、可持续的边坡生态系统，有效改善公路景观和生态环境。

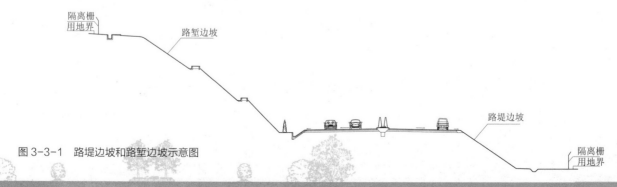

图 3-3-1　路堤边坡和路堑边坡示意图

（一）边坡绿化种植的环境特点

边坡绿化在公路边坡的安全稳定、生态环境和景观环境等方面都起到至关重要的作用。然而边坡绿化的立地条件往往比较恶劣，对绿化造成非常不利的影响，主要表现在如下几个方面：

◆ 开挖造成的裸露边坡使风速加大，从而导致风蚀严重，同时，由于坡度大、土壤渗透性差，造成边坡对降水截留，易造成水土流失；

◆ 热辐射量较大，土壤昼夜温差大，干湿交替剧烈而频繁；

◆ 水分蒸发快，湿度低；

◆ 土层薄、土壤的有机质含量较低；

◆ 岩土特性复杂，土质、石质、土石混合的边坡对种植有不同的要求。

（二）边坡绿化种植的技术要点

1. 保护原有植被

在公路施工阶段，做好路堑边坡附近原有植被的保护，对最终绿化效果的形成具有显著效果。

2. 选择种植方法

边坡绿化应根据坡面自然条件、岩土条件、土层厚度、坡度情况选择相应的种植方法。

◆ 根据自然条件选择施工方式。人工种植可以人为调整施工措施，因此适用于大多数区域，而机械建植受自然条件影响较大。在气候湿润的地区，雨水充沛，喷播材料很快形成覆盖度高的植被层，种植容易成功；而在半湿润和干旱气候区，应合理安排种植时间、种植保墒技术和相应的灌溉才能达到比较满意的效果；干旱地区的边坡更易被侵蚀，保水保肥能力更差，宜采用植生袋技术进行边坡绿化种植。

◆ 根据边坡地质条件选择施工方式。土质边坡宜采用铺草皮、播种、挖穴种植、喷播、植生带技术进行种植；石质边坡宜采用厚层基材喷射技术（TBS技术）、框格式绿化技术、草棒技术、藤本覆被护坡技术进行种植；土石混合边坡宜采用三维植被网、TBS技术、植生袋、框格式绿化进行种植。

◆ 根据边坡坡度选择施工技术。铺草皮、播种、挖穴种植、液压喷播技术适用于坡度小于30°的边坡；三维植被网、植生袋技术适用于坡度小于45°的边坡；TBS技术、框格式绿化技术适用于坡度小于60°的边坡；坡度大于60°的边坡可采用藤本覆被护坡技术进行种植。

3. 选用乡土植物

通过乡土植物的调查、收集、筛选，获得适合坡面绿化的植物组合、植物播种量和种子配比。

(1) 资料调查分析

通过搜集调查地区有关植物资源和有关植被、土壤、气候等自然环境条件的文字资料和各种图纸资料，包括植被的分布图，土壤分布图等，并分析了解调查地区植物资源生产的社会经济和技术条件，充分了解调查地区植物资源种类、分布及利用现状。

(2) 实地调查

实地调查分为现场调查和路线调查。其中，现场调查要经过踏查和详查两个步骤。而路线调查分为路线间隔法和区域控制法。实地调查取样分为无样地取样方法和有样地取样方法，有样地取样可采用样方法或样线法。

(3) 乡土植物资源筛选

根据资料和实地调查结果，进行室内和室外试验，通过存活率等指标进行筛选，选出适应性广泛、耐干旱、耐瘠薄、耐污染，萌芽力强，根系发达，适合各种公路绿化区域的乡土植物种类。

（三）边坡绿化施工方法

边坡绿化种植可分为人工种植、机械建植、人工加机械建植3类技术。其中人工种植包括铺草皮、植草、挖穴种植等；机械建植主要采用喷播技术；人工加机械建植包括框格种植、三维植被网、TBS技术、植生袋技术、植生带技术等。

表 3-3-1　边坡绿化施工方法

编号	施工类型	施工方法	适用情况
1	草种播种法	通过人工方式将植物种子播撒在坡面上，种子直接与边坡表层的土壤相接触，使种子可以在土壤中发芽生根并生长发育，最终在坡面形成植被群落	土质边坡，坡度小于30°
2	草块铺植法	将培育的生长优良健壮的草坪，用平板铲或起草机铲起，运至需要绿化的坡面，按照一定的大小规格重新铺植，使坡面迅速形成草坪的护坡绿化技术	土质边坡或石质边坡，坡度小于30°
3	草花混播	人为筛选一、二年生，多年生野生花卉或栽培花卉，经人工调和配植并通过混合播种建立的一种模拟自然又富于景观效果的一种形式	土质边坡，坡度小于30°
4	挖穴种植	包括地被覆盖护坡、草灌结合护坡、灌木片植护坡和乔灌木种植护坡。在坡面开挖出一定规格的种植穴，在其中播种或栽植合适的绿化植物，以达到绿化的目的	土质边坡，坡度小于30°
5	藤本覆被护坡	在护坡的构筑物下挖种植穴或种植槽，于其中放置肥力较高的土壤和基肥，然后再进行藤本植物的种植	土质边坡，石质边坡，结构物边坡
6	草棒技术	在坡顶和坡底进行锚固，形成牢固的着力层，固定草棒和铁丝，再进行覆土植草	石质边坡
7	框格式绿化	将坡面用混凝土材料分隔成框格状，在框格内添置营养土，种植合适的草本植物或栽植抗逆性强的以灌木为主的苗木	土石混合边坡，石质边坡，坡度大于45°
8	液压喷播技术	以水为载体，通过专门的喷播机械将调配好的水、草种、肥料、土壤稳定剂、覆盖料等，由喷射泵通过管路和喷枪，以足够高的压力喷敷在土壤表面	土质边坡，坡度小于35°
9	三维植被网	综合了三维植被网和植草护坡的特点产生的，是工程加固和植物防护相结合的产物	土质边坡，坡度小于45°
10	TBS技术	利用客土掺混黏结剂和锚杆固网技术，使客土物料紧贴石坡面，通过成孔物质的合理配置，使种植基土壤固体、气体、液体三相物质处于平衡状态，创造草类与灌木生存的良好环境，以恢复石质坡面生态复合功能	不具备生长条件（岩石、土石混合地质等）及45°以上边坡
11	植生袋技术	选用降解薄膜做成有网眼的植生袋，袋底放置腐熟的有机基肥，种子拌入沙质营养土，装入袋中，固定在边坡上的绿化方法	土质边坡，石质边坡，坡度大于45°
12	植生带技术	将植物种子按一定比例，均匀地播撒在两层布质或纸质无纺布中间，将尼龙防护网、植物纤维、绿化物料、无纺布密植在一起，将其覆盖在边坡表面，只需适量喷水，就能长出茂密的草坪	土质边坡，坡度小于30°

1. 草种播种法

草种播种法是边坡植物防护的一种传统方法，即通过人工方式将植物种子播撒在坡面上，种子直接与边坡表层的土壤相接触，当土壤的温度和水分条件适宜时，种子就可以在土壤中发芽生根并生长发育，最终在坡面形成植被群落，达到恢复植被、保护坡面的目的。

该技术应用广泛，施工简单方便，投资少，不需要更多的机械设备或辅助材料。根据播种方式的不同，可分为撒播、条播和穴播3种。播种时可选用单播或混播。单播可获得一致性很好的草坪，混播由于具有广泛的遗传背景，因而草坪对外界适应性也就更强。以华东地区为例，适用于边坡绿化的播种草种主要有狗牙根、结缕草、高羊茅及多年生黑麦草等，其中多年生黑麦草多作为混播时的先锋草种。

草种播种种植工序：

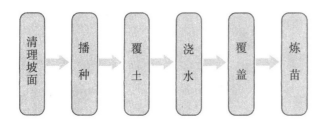

在边坡播种时应注意以下步骤和种植要点：

◆ 清理坡面所有石块及一切杂物，灌足底水，以利于保墒。

◆ 直接将种子播在坡面上。

◆ 在坡面上覆盖过筛细土，并拍实。

◆ 播种后即可浇水，最好采用喷淋方式进行，避免水柱直冲，水量以保持地表湿润为宜。

◆ 人工播种方法对降雨产生的坡面侵蚀抵抗力很小，如果施工后遇到较大的降雨，很容易发生种子流失，因此施工后应及时采取防护措施，例如覆盖草帘、无纺布、遮阳网等。这些覆盖物既可以防止降雨带来的水土流失，又可以减少土壤蒸发，起到防蚀保墒的双重效果。

◆ 待种子发芽幼苗生长到5~6cm高，或2~3个叶片时，再揭开覆盖物。在揭开覆盖物之前应适当露苗锻炼，然后逐步揭开，不能在晴天猛然揭开，以防止高温对幼苗的危害。

2. 草块铺植法

草块铺植法是较常用的一种护坡绿化技术，是将培育的生长优良健壮的草坪，用平板铲或起草机铲起，运至需要绿化的坡面，按照一定的大小规格重新铺植，使坡面迅速形成草坪的护坡绿化技术。

草块铺植种植工序：

根据草块铺植的方式不同，主要有下述几种方法：

（1）密铺法　老边坡要整理坡面，夯填细沟坑洼；新边坡要经初验合格洒水润湿后再平铺草皮，稍有搭接，块块靠拢，不得留有空隙，根部要密贴坡面，每块拍紧，使接茬严密才能成活。边坡陡度大于1∶1.5 的都应加钉。切取的每块草皮约 25 cm×40 cm，厚 5 cm 左右。

（2）方格法　在边坡上按照 1 m ×45°的间隔，拉线并挖浅沟，铺上 20 cm 宽的草皮，用木槌拍紧并加钉。空方格内用肥料、种植土拌和的草籽进行播种。本方法较经济但效果不如密铺好，只用于草源缺乏地段。

（3）格栅法　用三维土工格栅铺在平地上，然后再铺上肥土和草籽，待发芽长草后卷起，再铺钉于边坡上。因有格栅保护，草块根系发达，空气流通，肥土不至流失，草皮生长茂盛。此法可用于陡坡、硬土或风化软岩上，与传统方法比较，具有种植方便、可用工厂生产的吊机铺设、省时省力等优点。

（4）叠铺法　将草皮平放叠铺，用于加固坡脚，填补冲沟，防止冲刷。

3. 草花混播

草花混播就是筛选出一、二年生、宿根、球根花卉种子，按一定比例和草坪草种子进行混播。草花混播种类丰富、花期持久，花色丰富。具有很强的自我维持和更新的能力，而且能够保护当地的野生物种，具有较高的生态效益等特点。还可以增添自然气息，使之更好地融入周围环境，形成地方特色公路绿化景观。

可以采用人工撒播和机械喷播的方式进行播种。

人工撒播是先播草种，2 天后播花种。撒播时用干净洁净的沙子与种子混合，沙子和种子的比例为（1～2）∶1。播种后，用耙轻轻耙一遍，覆土厚度不得超过种粒直径的 2～3 倍。撒播完毕后及时盖上无纺布或稻草。

机械喷播方式详见液压喷播。

4. 挖穴式种植护坡

挖穴式种植法　在坡面等距离开挖出一定规格的种植穴，在其中播种或栽植合适的绿化植物，以达到绿化的目的。这种绿化方式的特点是成本低，操作相对简单，很适合于坡面较低、坡度较缓和降水量较大的地区使用。

挖穴式边坡种植工序：

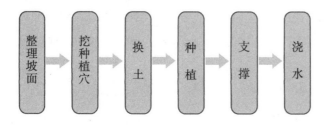

（1）地被覆盖护坡

此处所指的地被专指某些低矮型的草本地被植物，如沿阶草、阔叶麦冬、葱兰、红花醉浆草，竹类地被，如菲白竹、菲黄竹、鹅毛竹等。利用它们快速强健的分生能力迅速覆盖坡面，从而保证稳定的防护功能。

草本地被植物种植多以 3～5 株/丛或 3～5 球/丛，以 15～20 cm 的穴距成穴栽植；竹类地被多以 8～12 竿/丛，以 25～30 cm 的穴距成穴栽植。栽植时都呈品字形布局。

（2）草灌结合护坡

草灌结合护坡是通过采用灌木、草本混栽，进行护坡。

◆ 草本植物初期就能很好地拦蓄斜面地表径流，覆盖速度快，减免侵蚀作用好，但其持续能力较弱；灌木生长初期比草本植物生长缓慢，覆盖地表能力差，但其持久护坡能力好，且在后期灌木能为草本提供良好的生长环境，避免杂草的侵入。

◆ 由于边坡土壤条件差，可多选择一些豆科类植物，如紫穗槐、双荚槐、小冠花等，其地下部分的根瘤能利用空

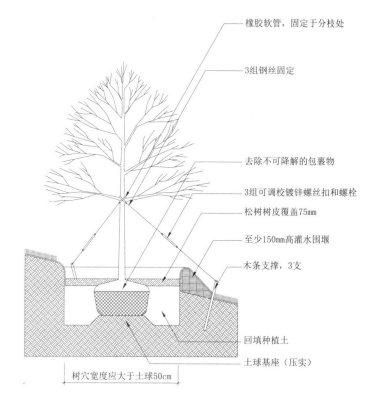

图 3-3-2　边坡乔木种植

气中的游离氮，增加土壤中的氮素，有利于非豆科类植物的生长，且此类豆科植物都具有发达的根系，固土能力强。

◆ 非豆科类植物主要可以选择：迎春、金钟、连翘、马棘、胡枝子等灌木及一些观赏草。

◆ 灌木栽植密度视土壤质地及坡度而定，可呈品字形栽植，也可横向开沟栽植；草本多为播种，也可横向开沟栽植。

（3）灌木片植护坡

灌木片植护坡是草灌结合护坡的一种演变形式。灌木林护坡无论在防护功能还是在景观功能方面都能持久地发挥作用。

◆ 种植初期的灌木由于不具备根系或根系脆弱，很难固定住土壤。故初期仍需生长迅速的草本植物存在，待灌木生长稳定后，繁茂的茎叶及密集的根系会抑制草本植物的生长，形成灌木林。

◆ 初期草本植物的生长若过于旺盛，应进行人为控制，以免与灌木争夺生长空间，影响灌木生长。

（4）乔灌木种植护坡

乔灌木的根系发达，体量大，形态、色彩变化丰富，长期的固土效果、景观效果、生态效果都很突出。但其在边坡绿化中移栽难度相对较大，成活需要的时间长，前期养护管理比较复杂，因此在种植时应注意以下几点：

◆ 适合在坡面较低、坡度较缓，土质较好，降雨量较大的路堑边坡采用；

◆ 与草坪、地被植物种植和绿化工程措施相结合，防止绿化初期的水土流失；

◆ 种植时间尽可能提前，有利于成活，可以尽快形成防护效果；

◆ 种植后要长期维护。

5. 藤本覆被护坡

藤本覆被护坡种植工序：

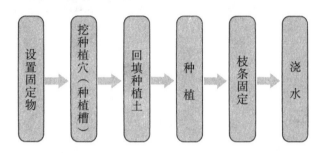

藤本植物适合种植于坡度较陡的边坡、石质边坡和工程结构物坡面。在坡脚挖种植穴或砌筑种植池，种植具有攀缘、吸附功能的藤本植物（如爬山虎、常春藤、凌霄等）。同时，在坡顶还可以做好土壤准备，然后种植具有悬垂能力的植物（如常春藤、油麻藤、葛藤等）。

种植时需注意以下几点：

◆ 栽植密度可根据工期和绿化效果的要求，调整疏密程度。

◆ 种植穴尽可能挖大，并换入营养土。

◆ 苗木栽植时间应避开烈日和暴雨天气。栽植前应检查土球或营养袋是否完好，如有损坏应尽量剔除。栽植完成后及时浇水养护。

◆ 种植后半月应注意保持土壤湿润。

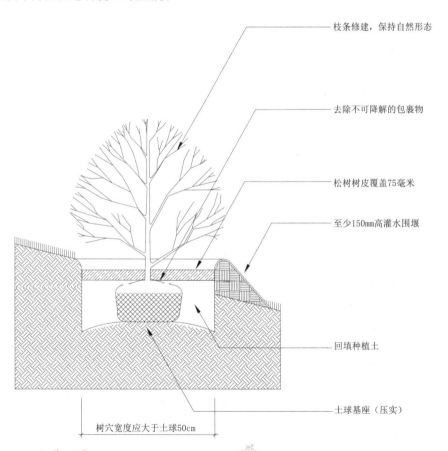

图 3-3-3　边坡灌木种植

6. 草棒技术

草棒技术施工工序：

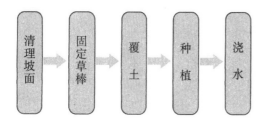

（1）清理坡面

首先设置安全防护区，配好施工设备。

然后清理坡面片石、碎石、杂草、淤泥、杂物及松动岩块，整平坡面。对坡面转角处及坡顶的棱角进行修整，使之呈弧状，对低洼处适当覆盖夯实或以草包土回填，使坡面平整。

（2）固定草棒

使用杀虫剂对稻草进行熏蒸消毒，然后用稻草缠绕竹竿成草棍，并用稀泥浸泡，竹竿长4～5 m。

使用20号、18号螺纹钢按1.5 m间距在坡顶和坡底进行锚固，形成牢固的着力层，用于固定草棒和铁丝。使用镀锌铁丝网格拉紧，按30 cm间距排列草棒，并用12号或14号钢钉固定草棒，钢钉之间距离为1.5 m，草棍与坡面平行，固定后覆土7～8 cm。注意镀锌铁丝与草棒打结处的钢钉一定要固定牢固。

（3）覆土

使用客土分两次，每次覆土厚度8～10 cm，并浇透水（雾水多次）。第一次覆土，用粗客土，覆土厚度要盖住草棒，使其不露土，浇水使客土充分沉降。第二次覆土，在浇水下陷部位重新覆土，使用细客土，覆土厚度4～5 cm，并立即浇一次透水（雾水多次）。

（4）种植

植草茎或播草种，播种后覆盖无纺布，撒透水（少量多次）；草发芽后栽种小灌木和藤本，定期进行病虫害防治。草棒技术在施工时应该避开暴雨集中的时段，此外还要避开高温炎热的夏季。

7. 框格式绿化

框格式绿化施工工序：

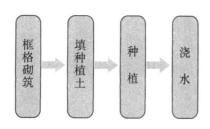

框格式绿化是将坡面用混凝土材料或石材砌筑，分隔成框格状，在框格内添置营养土，种植合适的草本植物或栽植抗逆性强的以灌木为主的苗木。

框格式植草绿化方式，即所谓"软硬结合"的绿化方式，其特点是安全性能高，造价亦高，但绿化施工效果比较容易得到保障。

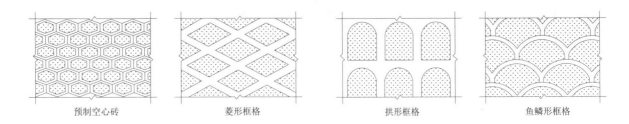

| 预制空心砖 | 菱形框格 | 拱形框格 | 鱼鳞形框格 |

图 3-3-4　框格式绿化

8. 液压喷播技术

液压喷播技术以水为载体,通过专门的喷播机械将调配搅拌好的水、草种、花种、灌木种子、肥料、土壤稳定剂、覆盖料等,由高压喷射泵通过管路和喷枪,以足够高的压力喷敷在土壤表面。

喷播后的混合物在土壤表面形成一层松软而稳定的生态覆盖层,能有效防止冲刷,并在较短时间能使种子萌发生长,植株迅速覆盖地面,达到稳固边坡和绿化美化路容的目的。

液压喷播植草护坡具有以下特点:机械化操作简单,施工效率高,每台设备每天可喷播上万平方米,可满足大面积快速绿化的需要,大大节省了人力,降低了成本;成坪速度快,草坪覆盖度大;草坪均匀度大,质量高。

液压喷播施工工序:

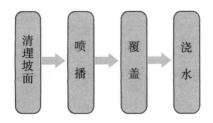

（1）清理坡面

清除坡面上的垃圾、碎石等。在坡面上挖水平沟,水平沟间距 5 cm,沟深 5 cm,以给植物生根定植、生长和发育提供条件;在方便的前提下,高、宽度尽量减小,以保证坡面的平整性。

（2）喷播

将喷播材料草种、纤维土壤稳定剂与水在喷播机内搅拌混合后喷播。

采用液压喷播施工时应注意:

◆ 为防止施工后种子裸露和流失,选用吸水性强、保水性好的植物纤维作为覆盖料,长度 2～3 cm,用量为 120～180g/ cm^2。

◆ 为防止坡面侵蚀和种子流失,采用稳定剂,用量为 15～25g/ cm^2。

◆ 为了指示喷播均匀程度,可选用绿色着色剂。

（3）覆盖

喷播完毕后及时盖上无纺布,并保证水分充足。

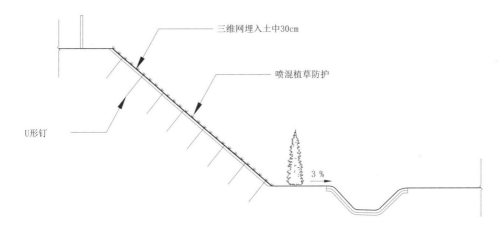

图 3-3-5　三维植被网护坡

（4）浇水

播种初期应注意土壤湿润，并经常检查出苗情况。

9. 三维植被网护坡技术

三维植被网又称防侵蚀网垫，能够形成草地植被，稳定边坡，目前该技术在公路路堤土质边坡绿化中使用较多。

三维植被网结构分为上、下两层，上层为具有一定弹性的、规则的、凹凸不平的网包；下层为一个经双向拉伸的高模量基础层，其强度较高，足以防止植被网的变形，并能有效地防止土壤流失。蓬松的网包能将土颗粒、草籽等填充物充分地固定在三维空间中，从而有效防止土壤流失；凹凸不平的表层能增大粗糙度，对雨水沿坡面的流动造成更大的阻力，从而减小其流速；三维植被网的诸多孔隙可提高表层土的通透性，有利于植草根部的生长发育，促进植草的快速生长；植草生长茂盛后，植草根系与三维植被网连接在一起，形成整体性很好的加筋草皮，从而起到复合防护的作用，提高坡面的抗冲蚀能力。

三维植被网护坡施工工序：

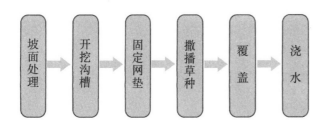

（1）坡面处理

清除边坡上的杂物，如树枝、石块、大土块等，对边坡进行仔细整平，以确保网平面与坡面紧密结合，未铺网部分则凿毛以利草种及肥料滞留。

（2）开挖沟槽

在坡顶和坡脚开挖沟槽，用于埋设和固定网垫，为保护路基并保证施工质量，开挖沟槽的进度应根据铺网进度适当安排。

（3）固定网垫

按照从坡顶至坡脚的顺序铺设网垫，应保持网垫端正且与坡面紧贴，不得悬空、歪斜或有褶皱，网垫边铺边自上而下用锚钉（U 型钉）固定，坡顶布置一行，锚钉横距为 50 cm，其余锚钉纵横向间距均为 100 cm 并呈梅花状固定。

相邻两幅网垫之间应有不少于 10 cm 的搭接，并用锚钉进行固定，上下沟槽内应使网垫有足够的回转长度，网垫铺设完毕应将上下沟槽回填土并夯实。

（4）撒播草籽

播种期应避开寒冷低温与多雨季节，最适宜的时间为 4、5 月份和 8、9 月份。

将草籽与细土及肥料（以草坪专用复合肥作底肥，用量 15～20 g/m^2）均匀混合后进行撒播，也可以喷播，边坡靠上部分应适当增加草籽用量。

对于无籽的植物可采用分株和营养繁殖，如香根草。

（5）覆盖

撒完草籽后，向网垫内均匀覆土，土层以稍盖住网垫为宜，这样草籽被安全保护在网包之内，避免了因风吹雨冲而散失，从而有效保证植被覆盖率。

覆盖无纺布保持水分。

（6）浇水

施工完毕后必须做好洒水养护工作，在草籽发芽且根系充分发育并完全固定于边坡土之前应保持土体湿润。

三维植被网植草护坡是综合了三维植被网和植草护坡的特点产生的，其实质是工程加固和植物防护相结合的产物。它不仅兼顾了两者的优点，而且还能互相补充和完善。三维植被网植草护坡是一种非常有效的边坡防护方法，它投资少，见效快，施工方便，经济效益和社会效益都很明显，有着广泛的应用前景。但在实际应用中应注意以下几点：

◆三维植被网护坡技术性强，施工程序繁琐，每个步骤之间有着因果联系。因此，此技术必须把好每道关口。尤其是三维网和客土的质量，网子内不能形成所谓的"空鼓"现象，一旦形成"空鼓"就会使植物群落无法形成；

◆ 包含着植草防护的成分，因此，对草种的选择、播种时机和播种方式的选定都很关键。如果选择不当将直接影响防护的实际效果；

◆ 三维植被网主要作用是防止降雨对坡面的冲刷，不能因为它的设置而取消或减少截水沟、拦水带等其他排水设施的设置。

10.TBS 植被护坡绿化

TBS(Thick-Layer Base Material Spraying) 全称为厚层基材喷射，在公路绿化工程上主要应用于岩石边坡植被护坡，TBS 植被护坡绿化技术以其技术先进性、工艺合理性等优点，现已越来越广泛地应用在护坡绿化中，尤其是对普通护坡绿化技术较难实现的岩石边坡。

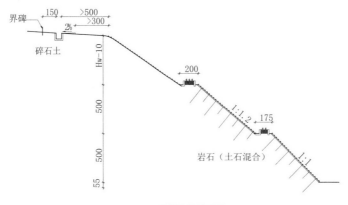

TBS植被护坡剖面图

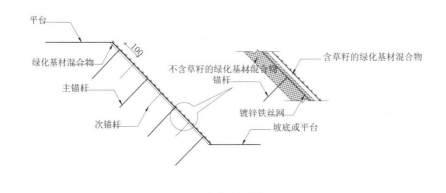

TBS植被护坡详图

图 3-3-6　TBS 植被护坡

TBS 植被护坡通过特殊工程手段使岩土边坡上附着一层 6～10 cm 厚的植物生长基材，使不具备生长条件（岩石、土石混合地质等）及 45°以上边坡得以绿化。

具体讲是利用客土掺混黏结剂和锚杆固网技术，使客土物料紧贴石坡面，通过成孔物质的合理配置，使种植基土壤固体、气体、液体三相物质处于平衡状态，创造草类与灌木生存的良好环境，以恢复石质坡面生态复合功能。

主要特点是经济适用、绿色环保、有效稳定边坡、施工简便，且可起到美化环境、降低噪声、改善局部气候的效果。

TBS 植被护坡技术的关键是厚层基材，厚层基材由绿化基材（简称 GBM）、纤维、植壤土 3 部分组成，厚层基材混合物的配比为绿化基材∶纤维∶植壤土 =1∶2∶2（体积比）。

绿化基材是植被种子生长发育、根系发展的基体，由有机质、生物菌肥、粗细纤维、pH 值调整剂、缓释肥、保水剂、消毒剂、植壤土和水组成，作用是保证植被长期生长所需的养分和水平衡。

TBS 植被护坡施工工序：

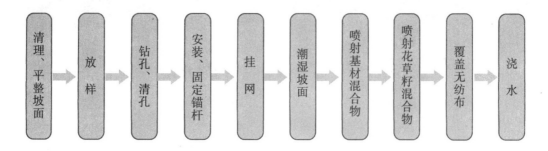

（1）清理、平整坡面

清除片石、碎石和杂物，要求坡面的不平整度小于 20 cm。对于稳定整块硬质岩凸起孤石可不清理。

（2）放样

根据设计要求放样出铁丝网和锚杆位置。

（3）钻孔、清孔

按设计孔位、孔径、长度采用风枪钻孔，孔眼应垂直坡面，孔径不小于 25 mm。成孔后用高压风清孔，将孔内残留的废渣清除干净。对于土石混合边坡和土质边坡，不需要钻孔，锚杆加长，直接将锚杆打入边坡内，周边锚杆需加密一倍布置。

（4）安装、固定锚杆

锚杆采用螺纹钢筋制作，根据设计长度加工，插入钻孔的锚杆要顺直，并做防锈处理，采用砂浆和速凝剂固定好锚杆。

（5）挂网

挂网应在锚杆可受力后进行，先用高压风将坡面清扫干净，再将预制好的铁丝网铺设在坡面上。铁丝网必须张拉紧，随坡面的起伏而铺设，并与锚杆焊接牢固，网间搭接宽度不小于 5 cm，并间隔 30 cm 用 18 号铁丝绑扎牢固。

（6）潮湿坡面

潮湿的坡面有助于基材混合物与岩石面的吸附作用。

（7）喷射基材混合物

基材混合物采用喷射机（配空压机）喷射，喷射厚度为 4～5 cm 且厚薄均匀。如果工程处理后的坡面有凹凸不平，不能满足喷播条件的还需用喷射机喷射掺有黏合剂的黏土，找平凹凸不平的部位，为后续喷播基材和草籽做准备。

（8）喷射花草籽混合物

选择适应当地气候条件的耐寒、耐热、耐旱、易成活、低维护型的草籽。按坡面面积及规定撒播量计算出草籽数量，将草籽和基材混合物按比例均匀混合，喷播在已喷射基材混合物的边坡上，其厚度为 3～4 cm。

常用的花草种有：狗牙根、白三叶、黑麦草、香根草、结缕草、小冠花、紫花苜蓿、伞房决明、蛇目菊等，用量按 15～20 g/m² 花草种配置。

（9）盖无纺布

覆盖无纺布有助于保温保湿，可使草种免受雨水冲失，促进草种的发芽生长。

（10）喷灌透水

采用喷灌措施浇水，水要浇透，但要确保无水土流失。

11. 植生袋技术

植生袋技术施工工序：

（1）制作植生袋

植生袋技术是选用降解薄膜做成有网眼的植生袋（也称生态袋），袋底放置腐熟的有机基肥，种子拌入沙质营养土，装入袋中，土壤含水量保持在 20% 左右。

（2）整理边坡

清除树枝、石块等杂物，将坡面修理平整，覆盖种植土 10-15 cm。

（3）固定

将植生袋自下沿坡向上方向铺设并固定。

（4）浇水

铺设固定完成后及时浇灌透水。

植生袋施工时应注意：

◆ 植生袋宜采用聚丙烯长丝无纺土工布制成，土工布规格不小于 120 g/m²，断裂强力不小于 7.5 N/m²。

◆ 植生袋在疝灯老化（500 h）后拉伸强度保留率应不小于 70%。

◆ 植生袋成品字形铺设，用连接扣连接，坡度大于 65° 时应采用锚杆固定。

◆ 坡面顶层和底层的植生袋长边方向应垂直于坡面，确保稳固。

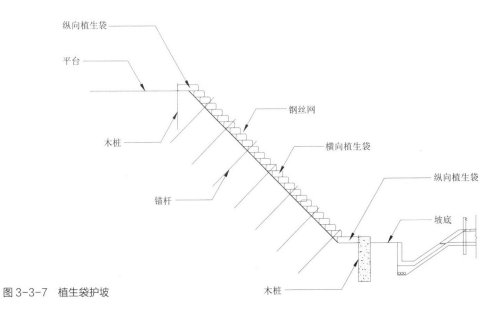

图 3-3-7 植生袋护坡

12. 植生带技术

植生带技术施工工序：

植生带技术是一种适于土质边坡快速恢复植被的方法。

通过生产线将植物种子按一定比例，均匀地播撒在两层布质或纸质无纺布中间，然后通过绗缝、针刺及胶黏等工艺，将尼龙防护网、植物纤维、绿化物料、无纺布密植在一起而形成一种特制产品，将其覆盖在边坡表面，只需适量喷水，就能长出茂密的草坪。

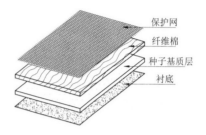

图 3-3-8　植生带构造

三、路侧绿化带的种植技术

绿化带施工工序：

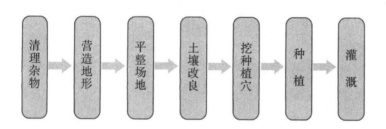

（一）路侧绿化带种植的环境特点

◆ 路侧绿化带连接公路与周边环境，种植既要考虑到满足公路使用者的需要，保障公路安全，形成公路景观，改善行车环境，又要考虑沿线居民和生态环境的需要，改善生活条件和动植物生境条件。

◆ 由于路侧绿化带与周边环境联系紧密，所以不同路段有不同的立地条件和种植要求。

◆ 公路两侧绿化带分为城镇段、乡村段和自然风景区段，应根据实际情况制定现状植物保护策略。城镇段施工要求较为严格，对现有植物保护多采用移栽的方法；乡村段相对要求低一些；自然保护区对本身自然环境的保护程度最高。

◆ 路侧绿化带施工场地线路长、面积大，施工及现场管理难度大。

◆ 路侧绿化带受到路基施工影响，土壤被机械压实，板结严重，部分路段土壤中掺有建筑垃圾等废弃物。

◆ 在公路建设的过程中需要大量开挖，在一定程度上破坏了当地原有地形、水系，造成很多地区排水不良。

◆ 路侧绿化带环境比一般绿地空旷，风力较强。

◆ 由于公路车流量较大，行车过程中产生的尾气污染了道路两侧的环境，对植物生长不利。

（二）路侧绿化种植的技术要点

1. 深翻土壤

路侧绿化带土壤板结，土质较差，阻碍了植物根部向下生长，植物出现虚根，植物很难吸收下层土壤水分，导致植物缺水现象严重，长势较差，甚至死亡。应对土壤质地较差的区域进行深翻处理。

深翻能给根系生长创造良好条件，促使根系向纵深发展有利于提高树木对干旱、高温、严寒等不良条件的抵抗能力，栽植后可避免土壤板结。深翻后土壤的水分和空气条件得到改善，不仅促使土壤团粒结构形成，而且使土壤微生物活动加强，相应提高土壤肥力。深翻土壤时应注意：

◆ 深翻过程中，注意清理土壤中掺有石灰土、沥青、水泥、建筑垃圾等废弃物，并按照需要进行土壤改良。

◆ 土壤深翻后，要予以耙平，并适度镇压。然后进行常规的植物栽植工作。

2. 保留表土

挖出的表土和底部生土分别堆放，土质不良或不适宜树木生长的土石清理拉出，换成优质种植土再进行植树。

3. 全线检查

苗木栽植前，为保证栽植质量，应沿路全线检查树穴的规格，保证全部满足栽植要求，然后浇灌底水，待水全部渗透后栽植苗木、设立支撑、浇定根水等。以上所述每一相关环节都应进行沿路全线检查。

4. 整齐一致

◆ 路侧绿化带常采用行列种植，要求树干或树冠中心保持一致，常绿树应使树形好的一面朝向公路的主要观赏面，群植、丛植时，植株间树干或树冠的形态要相互协调。

◆ 植树后应适当的修剪枝叶。灌木种植后应做好整形修剪；绿篱种植时，要使株距均匀分布，并进行平整和轮廓修剪。

5. 做好排水

在地形整理阶段要留出排水坡度。在地势低洼区域，乔灌木应注意高栽。乔灌木栽植完成后，对表层 30 cm 的土壤进行翻耕，搂平耙细、去除杂物，并保证地形符合排水要求，然后再进行地被植物的种植。

6. 强化支撑

◆ 种植应选择在无风的阴天或者多云的天气进行。

◆ 对于高于 1.5 m 以上的树木，栽植后要及时做好支撑措施来固定树木，以免强风引起树木倒伏。

四、互通立交区绿化的施工技术

互通立交区是高等级公路的重要组成部分，绿化时在满足诱导交通、保障交通安全的前提下，还需通过精心地设计施工，形成环境优美、具有公路和地方特色的景观节点。

互通立交区绿化施工工序：

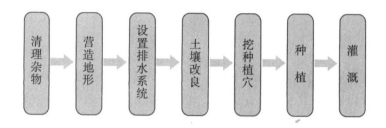

（一）互通立交区绿化种植的环境特点

从总体上看，互通区条件良好，地势平坦、水源丰富，有利于植物生长。但从其立地条件上看，也存在一些问题：

◆ 互通立交区多是施工的原料场，石灰、沥青、水泥等建筑废弃物的污染较为严重，同时土壤质地坚硬，不利于植物的正常生长和发育。

◆ 互通立交区绿地多为快速车道环绕，地势相对低洼、容易排水不畅，特别是降雨后积水较多。

◆ 互通立交区面积较大，植物栽植量多，如果植物的种植密度过大，容易爆发严重的病虫害。

（二）互通立交区绿化的种植技术要点

1. 做好排水

按照设计要求结合周边环境条件进行绿化场地平整，清除砾石、杂草、杂物的工作。地形平坦的区域应保证 2% 以上的坡度，并且形成良好的场地排水系统。

2. 改良土壤

互通立交区面积较大，全面换土造价太高，在种植前，应根据场地土壤条件和植物种类进行局部处理。在地形整理阶段即将场地内可用的表层种植土收集、保存，把质地不良的土壤、块石和建筑废弃物结合地形处理埋入水下或土壤深处，然后再将表土回填到种植区。场地内种植土不足时，再考虑外购优质种植土替换并施以基肥。换土后应压实，使密度达到 80% 以上，以免因沉降产生坑洼。

3. 留出养护通道

互通立交区绿化区域被机动车道分隔，养护难度大，应注意留出养护通道，便于施工期和后期日常植物养护管理工作。

五、服务区与收费站绿化的种植技术

服务区及收费站是公路绿化的重点部位。驾乘人员停留时间较长、绿化面积较大，建筑与铺装场地也较多，所以对景观的要求较高。

服务区及收费站绿化施工工序:

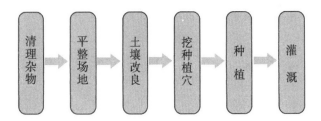

(一)服务区与收费站绿化种植的环境特点

◆ 相对于公路其他区域来说,服务区和收费站区的立地条件较为优良。

◆ 硬质铺装场地较多。

(二)服务区与收费站绿化种植的技术要点

服务区与收费站绿化相当于公路其他区域来说,立地条件较为优良,种植要求与普通园林绿地相似,但应注意以下几点:

◆ 植物种类多,大规格苗木比较多,景观要求高,因此种植应根据植物特性和场地环境条件进行重点处理,精细施工,突出其节点景观效果。

◆ 停车场、休闲区域等铺装场地的种植比较多,土壤易板结,种植前应采用盲沟、透水管或砾石透水层等进行处理,保证土壤有良好的透水性。

4 养护篇

- ⊙ 公路绿化的养护技术
- ⊙ 各类植物的养护技术
- ⊙ 公路各区域绿化的养护技术

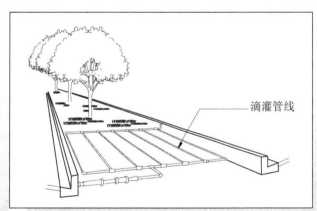

滴灌管线

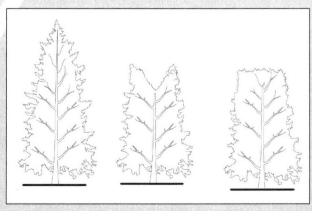

第一章　公路绿化的养护技术

养护和设计种植一样是公路绿化重要的组成部分。但设计和种植工作周期相对较短，养护管理属长期、周期性工程。养护管理是保证工程质量达到优良标准的关键措施。结合公路的管理特点，养护工作主要包括水分管理、土壤管理、养分管理、整形管理、病虫害防治、防火工作、越冬管理、安全工作等。各种养护措施根据不同的植物种类以及不同的区域也有不同。

公路绿化养护是一项系统性、日常性很强的工作，包括很多作业项目，但由于公路本身的特点，要保证行车安全，禁止穿行，养护频率较低。

表 4-1-1　公路绿化的养护技术

	养护技术	养护内容
1	水分管理	灌溉与排涝工作，保湿工作
2	土壤管理	中耕松土，清除杂草，地面覆盖
3	养分管理	肥料种类、施肥量、施肥时间、施肥方法
4	整形管理	修剪整形，补植工作，采伐工作
5	病虫害防治	病害防治，虫害防治
6	防火工作	清理，设置防火带，绿化巡查
7	越冬管理	
8	安全工作	

一、水分管理

（一）灌溉工作

在公路绿化养护过程中，所有植物在整个生命过程中都不能离开水分，各种植物对水分的需求也不相同。要使树木长得健壮，充分发挥绿化效果，首先就要满足它们对水分的需要。

灌溉应根据不同的植物种类及在一年中各个物候期的需水特点、气候特点和土壤的含水量等情况，采用适宜的水源适时适量灌溉。由于公路特殊的地理位置，线路长，水源不够充足，灌溉的难度较高。灌溉的主要内容包括：灌溉时期、灌溉量、灌溉方式以及灌溉用水。

1. 灌溉时期

灌溉时期是由植物在一年中各个物候期对水分的要求、气候特点和土壤水分变化规律决定的。除定植时要浇大量的定根水外，大体上可以分为休眠期灌溉和生长期灌溉。

（1）休眠期灌溉（又名冬水、冻水或封冻水）

休眠期浇水，在秋冬和早春进行，在我国北方干旱地区是非常必要的，而南方地区雨量充沛，很少采用。秋末或冬初的浇水，可放出潜热能提高植物越冬能力，而且较高地温可推迟根系休眠，使根系吸入充足的水分，供蒸腾消耗需要，防止早春季干旱。故在北方地区，此次灌溉是不可缺少的，树木进入休眠期到土地封冻前，一次灌足冻水，到了冬季封冻以后树根周围就会形成冻层，维持根部恒温，不受外界气温骤然变化的影响。

对于边缘树种、越冬困难的树种以及幼年树木等，"冻水"更为必要。

早春浇水，不但有利于新梢和叶片的生长，并且有利于开花与坐果，早春浇水促使树木健壮生长，可使之花繁果茂。

（2）生长期灌溉

植物的生长期主要集中在 4～10 月，若在雨量充沛的地区一般不需要浇水。当长时间无降雨或短期的高温干旱，树叶出现萎蔫时，应及时浇水。一般没有具体时间规定，生长期出现干旱症状就要采取灌溉措施。

一天内的灌溉时间最好在清晨进行。此时水温与地温相近，对根系生长活动影响小；风小光弱，蒸腾作用较低；若傍晚灌溉，湿叶过夜，则易引起病害。但夏季天气高温，需要灌溉时也可以在傍晚进行；冬季则因早晚气温较低，灌溉应在中午前后进行。

2．灌溉量

灌溉量受到多方面因素的影响，如不同树种、土质、气候条件、植株大小、生长状况等。有的植物喜欢湿润，耐水湿，怕干旱，如池杉、落羽杉、乌桕等；有的稍耐干旱，如槐、臭椿、刺槐等；有的耐干旱，如黑松、侧柏等。但即使耐干旱的树种也都需要一定的水分供应才能生长。所以，有条件灌溉时，应灌饱灌足，切忌表土打湿而底土仍然干燥。

土壤墒情可依据表 4-1-2 的方法来判断，一般需调整墒情在黑墒与黄墒之间。

表 4-1-2　土壤墒情检验表

类别	土色	潮湿程度 / %	土壤状态	作业措施
黑墒（饱墒）	深暗	湿，含水量大于 20	手攥成团，揉搓不散，手上有明显水迹；水稍多而空气相对不足，为适度上限，持续时间不宜过长	松土散墒。适于栽植和繁殖
褐墒（合墒）	黑黄偏黑	潮湿，含水量 15～20	手攥成团，一撮即散，手有湿印，水气适度	松土保墒，适于生长发育
黄墒	潮黄	潮，含水量 12～15	手攥成团，微有潮印，有凉感；适度下限	保墒、给水，适于蹲苗，花芽分化
灰墒	浅灰	半干燥，含水量 5～12	攥不成团，手指下才有潮迹，幼嫩植株出现萎蔫	及时浇水
旱墒	灰白	干燥，含水量小于 5	无潮湿，土壤含水量过低，草本植物脱水枯萎，木本植物干黄，仙人掌类植物停止生长	需灌透水
假墒	表面看似合墒色灰黄	表潮里干	高温期，或灌溉不彻底，或土壤表面因苔藓、杂物遮阴粗看潮润，实际内部干燥	仔细检查墒情，尤其是盆花；正常浇水

养护篇

此外，通常情况下植物浇水量的大小也可参照下列公式进行测算：$T = S \times H \times R \times (P-D)$，其中 T 为浇水量，S 为浇水面积，H 为土壤浸湿深度，R 为土壤容重，P 为田间持水量，D 为浇水前土壤湿度。

3. 灌溉方式

灌溉的方式一般根据植物的栽植方式来选择。选择正确的灌溉方式，可使水分均匀分布，减少土壤冲刷，保持良好的土壤结构，并充分发挥出水效。灌溉方式主要有单株灌溉、喷灌、滴灌、漫灌等几种方式。

（1）单株灌溉

单株灌溉是先在树冠的垂直投影下开堰，利用橡胶管、水泵、水车或其他工具，对每株树木进行灌溉，浇水应使水面与堰埂相齐，待水慢慢渗下后，及时进行封堰与松土。

公路绿化中多采用高压水车进行单株灌溉。高压水车多为专业绿化部门所具有的机械设备，高压水车喷灌技术多用于公共绿地管理之中。其特点是具有机动性和灵活性，射程达 20～30 m，但由于水压较大，在进行喷雾灌溉时要注意植物的安全性。

（2）滴灌

滴灌是一种先进的节水灌溉方法。滴灌的装置是一个系统。近年来随着使用的普及，材料和装置上不断改进，尤其支管和滴头的装置由固定式发展到可移动式，便于因地制宜进行灌溉。

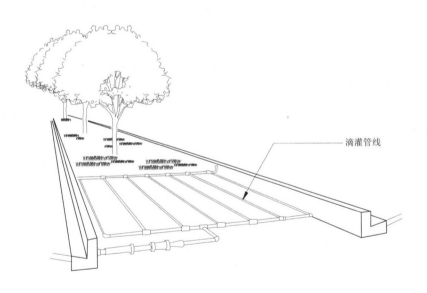

图 4-1-1　滴灌系统

（3）自动喷灌

喷灌是目前使用较普遍、装置较简便、成本较低、效果较好的一种方法。喷灌是在压力作用下，将灌溉水从喷头喷出时雾化成水滴，灌溉均匀，水滴滴落地面不易造成土壤板结，而且可以改善局部空气湿度，润湿叶、花、果的表面。喷灌喷头可以是固定式，也可以是移动式。

地埋式喷灌：地埋式喷灌就是种植前在绿地中合理设置地下管网系统。其特点是自动化程度高、省工、省时、减少水分的浪费。同时这种喷灌技术不仅能够达到喷灌浇水的目的，而且还有一定的景观效果。

可移动喷头喷灌：可移动喷头喷灌可以利用水泵在附近水系抽水或自来水水压进行喷灌，一般水压为 101～203 kPa，这种喷灌喷头可随塑料水管移动，因此其特点是使用方便灵活，可以减少人工浇水的劳动量，提高工作效率，而且与地埋式喷灌系统相比，成本较低。

（4）漫灌

漫灌是一种传统的灌溉方法，即用水泵将水从水源处送到总水渠，再由总水渠分流到各级水渠，直到种植地。以水面漫及地面为准。漫灌法不仅浪费水资源，而且在短时间内大水量从土表浸入，使土壤孔隙充满水分而导致根系缺氧，引发植株生理缺水。对于黏实土壤，漫灌使土壤板结，破坏团粒结构，严重影响植物的生长发育。在公路绿化建设中，由于公路特定的环境条件，一般不建议采用此方法。

4. 灌溉用水

灌溉用水的质量直接影响公路用绿化植物的生长发育。以软水为宜，避免使用硬水。自来水、不含碱质的井水、河水、湖水、池塘水、雨水都可用来浇灌植物，切忌使用工厂排出的废水、污水。在灌溉过程中，应注意灌溉用水的酸碱度是否对植物的生长适宜。

由于公路的特殊地理位置，多用周边水塘、边沟、水渠中的水源进行灌溉。

5. 灌溉质量要求

◆ 浇水堰不要开的太深，以免伤根。堰壁培土要结实，以免被水冲塌，堰底地面要平坦，保证渗水均匀。但对于树冠特别宽大或者过于窄小的树种，开堰规格应灵活掌握。

◆ 水量足，灌得匀是最基本的要求。若发现塌陷漏水应及时用土填严，再补灌一次。

◆ 待水全渗入，表面稍干，应及时封堰（盖细土）或中耕，防止水分蒸发，同时清除杂草。

（二）排涝工作

土壤水分过多，就会造成氧气不足，抑制根系呼吸，吸收能力减退；严重缺氧时，根系进行无氧呼吸，容易产生并积累酒精，引起根系死亡。不同树种，同种树种不同年龄，对水涝的抵抗能力不同。常用的几种排涝方法为地表径流法、明沟排水法和暗沟排水法。公路常用明沟排水法。

1. 地表径流法

在绿地建设时，考虑排水问题，将地面整成一定坡度，以保证雨水能从地面顺畅流到河、湖、排水沟渠或管网而排走。这是最常用的排涝方法，既节省费用又不留痕迹。地面坡度应不小于 0.2%，要求不留坑洼死角。

2. 明沟排水

在表面挖明沟，将低洼处的积水引至出水处。此法适用于雨后抢救性排除积水，或地势高低不平、实在不好实现地表径流的绿地。明沟的宽度视水情而定，沟底坡度一般以 0.2%～0.5% 为宜。

3. 暗沟排水

在地下埋设管道或用砖砌筑暗沟将低洼处的积水引出。此法既可保持地面原貌，又能方便交通，节约用地，但是造价较高。

二、土壤管理

土壤是树木生长的基础，是水分、养分供应的基质，也是许多微生物活动的场所。土壤的好坏直接关系到树木能否正常生长发育，各种功能效益能否正常发挥，能否抵抗各种不良环境的干扰。由于公路土壤多遗留建筑垃圾，易板结；且由于特殊的地理位置，容易发生水土流失。所以，公路绿化土壤管理的任务就是要为树木的生长提供良好的土壤条件，同时有利于涵养水源和保持水土。

（一）中耕除草

中耕松土的目的是切断表层土壤与下层土壤之间的毛细管，减少水分蒸发，使土壤透水透气，提高保水能力，降雨时水分能渗入土壤，减轻水土流失，同时促进微生物的活动，加速有机质的分解。

但是，不同地区中耕松土的主要目的不同，例如，在干旱半干旱地区，主要是为了保墒蓄水；在水分过剩地区或在多雨的季节松土，主要作用是排除过多的积水，增强土壤的透气性，提高地温。

除草的目的是抑制或排除杂草对水、肥、气、热和光的竞争，避免杂草对栽培植物生长的干扰，从而更好地发挥其在生态环境保护中的作用。此外，清除杂草还可以让公路景观显得更加干净、整齐、悦目。对于不同区域内的杂草，应采取相应的除草方式和频率，如乔灌木林内的除草以抑制杂草的竞争，不影响树木正常生长为度，并不需要将绿地上的杂草全部清除，待林分郁闭后，就可停止除草。

由于公路绿化线路长，除草难度大，应结合中耕松土连根锄掉杂草，并将杂草堆制后埋入土中，成为肥料。所以将中耕和除草这两项工作结合在一起，生产计划中作为一项工序安排。

1. 中耕除草的时间

中耕除草一般同时进行，也可根据实际情况单独进行。湿润地区或水分条件良好的幼林地，杂草生长繁茂，可只进行除草而不需要松土；或先除草再松土，并挖出草根、树蔸；干旱半干旱地区或土壤水分不足的林地，为了蓄水保墒，不管有无杂草，只进行松土。

中耕除草的年限要根据培养目标、立地条件和树体大小等综合确定。

用小苗栽植的片林，林分郁闭后就不需再进行中耕除草，这一过程速生树种一般为3~4年，慢生树种一般5~6年。用大苗栽植的孤立木、各种丛植、群植的树木或行道树，中耕除草要长期而经常地进行。一旦由于下雨或人为践踏而导致土壤板结，影响土壤通气透水，就要及时松土。

中耕除草的次数和季节要根据树木的生长规律确定，一般每年1~3次，栽后的第一年次数宜多，以后逐渐减少。每年1次的，在盛夏到来之前进行；每年2次的，第一次在盛夏前，第二次在立秋后；每年3次的，在盛夏和立秋之间再增加1次。

中耕应选在晴朗或初晴天气，土壤不过分潮湿的时候进行，土壤含水量在50%~60%时最好，以土色深暗发暗，手捏成团，抛之破碎，手上留有湿印为准。中耕深度以不影响根系生长为限。

2. 中耕除草的方式

中耕除草的方式要根据整地方式、立地条件和培养目标等确定。主要考虑以下几个方面：

◆ 对于采用局部整地的片林，宜用局部中耕除草方式，即在原整地带或整地穴上松土除草，但要在树木周围逐年扩大范围。

◆ 采用全面整地的，则用全面中耕除草。

◆ 对于用大苗栽植的城镇段绿地，则在栽植范围内中耕除草。

◆ 乡村段公路绿化中,可以将野生杂草用割草机修剪成整齐一致的高度,达到维护绿化景观的目的。

3. 中耕除草方法

（1）人力中耕除草

人力中耕除草是目前采用最多的,也是主要的方法。使用的工具有小锄、中锄、大锄,其中以小锄的使用最多,小锄中耕劳动强度大、工作效率低,急需改进,但目前尚无有效的办法,尤其是小苗中耕除草,主要依靠这种办法。

（2）机械中耕除草

机械中耕除草主要用于草地面积较大或树木行距大于 1 m 以上的区域,如互通立交区、路侧绿化带等。利用小型拖拉机、手扶拖拉机配带小型耕、耙、旋等农机具穿行行间进行翻土、松土作业。

4. 中耕松土的深度

中耕松土的深度要根据具体情况而定,一般为 5～10 cm,靠干基宜浅、远离干基宜深;树小宜浅、树大宜深;沙土宜浅、黏土宜深;松土要做到不伤树皮、不伤树梢、少伤根系。

5. 化学除草剂的应用

人工除草,劳力花费较多,因此化学除草剂的应用逐渐受到重视,可根据杂草的种类选择适宜的除草剂。杂草种类名目繁多,大体可分为两种:一是禾本科杂草;二是阔叶杂草,集中分布于莎草科、菊科、藜科、玄参科、唇形科、豆科、十字花科、萝藦科等。目前较常用的除草剂有除草醚、西马津、阿特拉津、茅草枯、灭草灵等（详见附录3）。

由于目前在农林上使用的化学除草剂都不同程度地存在污染环境和毒化土壤问题,因此,在高效无毒的除草剂未上市之前,公路绿地除草不宜过多使用。

（二）地面覆盖

利用有机物或活的植物体覆盖土面,可以防止或减少水分蒸发,减少地面径流,增加土壤有机质,提高土壤温度,减少杂草生长,为公路用绿化植物生长创造良好的环境条件。若在生长季进行覆盖,以后把覆盖的有机物翻入土中,还可增加土壤的有机质,改善土壤结构,提高土壤肥力。

覆盖的材料可以就地取材,如水草、谷草、豆秸、树叶、树皮、锯屑、马粪、泥炭等均可应用。覆盖的厚度通常以 3～6 cm 为宜,鲜草约 5～6 cm。

地面覆盖要求人工量较大,在公路绿化中,通常应用于绿化要求较高的区域,如服务区与收费站绿化。

（三）深翻熟化

公路绿化土壤容易出现板结的现象,所以要经常进行深翻,改善土壤的物理性质。同时,深翻结合施肥,可改善土壤的肥力,改善土壤结构和理化性质,促使土壤团粒结构的形成,增加孔隙度,因而深翻后土壤含水量大大增加。

深翻后,土壤的水分和空气条件得以改善,使土壤微生物活动加强,可加速土壤熟化,使难溶性营养物质转化为可溶性养分,相应地提高土壤肥力。

公路用绿化植物有很多是深根性植物,根系活动旺盛,因此适时深耕,以保证树木根系的良好生长条件，满足树木对肥、水、热的需要。

1. 深翻时期

深翻的时期一般以秋末冬初为宜，此时，地上部分生长基本停止或趋于缓慢，同化产物消耗减少，并已经开始回流积累，深翻后正值根部秋季生长高峰，伤口容易愈合，容易发出部分新根，吸收和合成营养物质。早春土壤化冻后也可以进行深翻。

2. 深翻深度

深翻在一定范围内，深度越大越好，一般为60～100 cm，最好距根系主要分布层稍深、稍远一些，以促进根系向纵深生长，扩大吸收范围，提高根系的抗逆性。深翻的深度与土质、树种等有关。黏重土壤宜深翻，沙质土壤可适当浅翻。下层为半风化的岩石时宜加深，以增厚土层；深层为砾石，也应翻得深些。

深翻后的作用可保持多年，因此，不需要每年都进行深翻。

三、养分管理

如果说水分是植物成活和生长发育的基本条件，那么土壤营养，也即肥力是植物健壮、绿化效果优良的重要因素。

（一）营养元素的种类

植物正常生长需要的营养元素中，有氮、磷、钾等大量元素，通称为肥料的"三要素"，硫、铁、钙、镁等中量元素和硼、锰、铜、锌、氯等微量元素。

氮元素是蛋白质、叶绿素、各种酶的组成成分。氮素供应充足时，植物枝繁叶茂，叶色浓绿，落叶迟。相反，氮素不足会造成植株矮小，植株下部叶片首先缺绿变黄，并向上扩展，叶片变薄而小，分枝少。

磷元素可以促进细胞分裂，促进根系发育，提早开花结实，增强植物的抗旱、抗寒能力。缺磷则叶片早期带紫红色，逐渐黄化易脱落。

钾元素可以促进叶绿素的形成和光合作用，使植株生长健壮，茎秆坚韧、不易倒伏，并能增强植株抗病力和耐寒性。钾虽不组成植物的有机化合物，但参与植物体内代谢过程。缺钾的植物叶片则表现为干枯而卷曲的形态。

（二）植物的营养诊断

植物的营养诊断是指导施肥的理论基础，根据树木营养诊断进行施肥，是实现树木养护管理科学化的一个重要标志。植物营养诊断的方法有很多，包括土壤分析、叶样分析、外观诊断等，其中外观诊断是行之有效的方法，它是通过植物在生长发育过程中，当缺少某种元素时，在植株的形态上呈现一定的症状来判断植物缺乏营养元素的种类和程度，此法具有简单易行、快速的优点，在养护实践中具有一定实用价值。表4-1-3为laurie A.及Poesch C.H.概括的缺乏营养元素的表现。

表 4-1-3　缺素症状

```
1. 病症通常发生于全株或下部较老的叶片上
   2. 病症通常出现于全株，但常先是老叶黄化而死亡
      3. 叶淡绿色，生长受阻；茎细弱并有破裂，叶小，下部叶比上部叶的黄色淡，叶黄化而干枯，呈淡褐色，少有落……缺氮
      3. 叶暗绿色，生长延缓；下部叶的叶脉间黄化，常带紫色，特别是在叶柄上，叶早落……………………………缺磷
   2. 病症通常发生于植株下部较老叶片上
      4. 下部叶有病斑、在叶尖及叶缘出现枯死部分。黄化部分从边缘向中部扩展，以后边缘部分变褐色而向下皱缩，最后下部和老叶脱落……………………………………………………………………………………………………缺钾
      4. 下部叶黄化，在晚期常出现枯斑，黄花出现于叶脉间，叶脉仍为绿色，叶缘向上或向下反曲，而形成皱缩……缺镁
1. 病斑发生于新叶
   5. 顶芽存活
      6. 叶脉间黄化，叶脉保持绿色
         7. 病斑不常出现，严重时叶缘及叶尖干枯，有时向内扩展，形成较大面积，仅有较大叶脉保持绿色…………缺镁
         7. 病斑通常出现，且分布于全叶面，极细叶脉仍保持为绿色，形成细网状，花小儿花色不良…………………缺锰
      6. 叶淡绿色，叶脉色泽浅于叶脉相邻部分，有时发生病斑，老叶少有干枯………………………………………缺硫
   5. 顶芽通常死亡
      8. 嫩叶的顶端和边缘腐败，幼叶的叶尖常形成钩状，根系在上述病症出现以前已经死亡…………………………缺钙
      8. 嫩叶基部腐败，茎与叶柄极脆，根系死亡，特别是生长部分………………………………………………………缺硼
```

（三）施肥原则

1. 明确施肥目的

施肥的目的不外乎两个，一是提供丰富的矿质养分，促进树木生长，以施用无机肥料为主，要分层集中施，使肥料靠近根系，有利吸收；二是改善土壤的理化性质，以施用有机肥料为主，全面施，量要多。多数情况下，这两个目的是同时存在的。

2. 掌握不同植物需肥的特点

不同的植物对肥料有不同的需求：

◆ 植物不同，对养分的要求也不一样。以观赏枝叶树形为主的植物，应以施氮肥为主，促其枝叶迅速增长，尽快形成优美树冠；春花植物，花前应增施基肥和适量追肥，4～5 月追施氮肥，7 月份左右控制氮肥，多施磷肥；夏花植物，春季前以施氮肥为主，花前多施磷肥，促使花芽分化；一年多次开花的植物，花后应立即施以氮、磷为主的肥料，既促枝叶生长又促进开花。

◆ 不同植物需肥的种类也不同。如果树和木本油料树种应增施磷肥；酸性花木，如杜鹃、山茶、八仙花等，应施酸性肥料，绝不能施石灰、草木灰等；幼龄针叶树不宜施用化肥。

3. 了解植物不同物候期内的需肥特性

在植物的年生育期内，不同的物候期都有其养分分配中心，随着物候期的进展，分配中心也随之转移。在每个物候期即将到来之前，适时施入生长所需要的营养元素，才能充分发挥肥效，使植物健壮生长。如果施肥不当，不仅肥效不大，而且会造成损失。应注意以下特性：

◆ 萌芽抽枝发叶期，需吸收较多的氮肥。

◆ 在充足的水分条件下，新梢从生长初期到生长盛期，其需氮量是逐渐提高的。

◆ 随着新梢生长的结束，植物的需氮量也随之降低。在植物缓慢生长期，除需要氮、磷外，还需要一定数量的钾肥。

◆ 在开花、坐果和果实发育时期，植物对各种营养元素的需要都特别迫切，而钾肥的作用更为重要，在结果的当年，钾肥能加强植物的生长和促进花芽分化。

◆ 植物生长的后期，对氮和水分的需要一般很少，但在此时，土壤的含氮量及土壤水分却很高，所以，此时应控制灌溉和施肥。

4. 考虑环境条件

树木吸肥的多少在很大程度上受环境条件的制约，气候适宜、雨水充沛、光照充足时，树木生长旺盛，吸肥多，反之吸肥少。应充分考虑以下几个方面：

◆ 土壤状况与施肥的关系十分密切，沙质土壤质地疏松，温度较高，湿度小，属"热土"，宜施猪粪、牛粪等冷性肥料，宜深施，同时沙质土壤的保肥性差，肥料易被雨水淋溶，每次施肥量应少，并增加施肥次数；黏质土壤紧密，温度较低，属于"冷土"，应施马粪、羊粪等热性肥料，宜浅施。同时黏土的缓冲作用强，养分元素易被固定，施肥的量要大，次数可减少。

◆ 土壤水分含量与肥效的发挥密切相关，土壤水分充足时，能稀释局部过高的养分浓度，避免造成肥害，且养分随水分进入树木体内，促进养分的吸收；若土壤干旱，则施肥有害无利，会因养分浓度过高，树木不能吸收利用，易产生毒害。

◆ 如果土壤结构不良，即使土壤中有充足的养分，树木也难以利用，大量施用有机肥可改善土壤的结构，常用的有厩肥、堆肥、绿肥等。

◆ 土壤的酸碱度不仅影响养分的有效性，而且影响微生物的活动，通常在酸性土壤上，硝态氮吸收多，在中性或碱性土壤上，铵态氮吸收多。

（四）肥料种类

1. 有机肥料

有机肥料是以含有机物为主的肥料，如堆肥、厩肥、绿肥、泥炭、腐殖酸类、人粪尿、家禽粪、饼肥等。有机肥料含多种元素，故称完全肥料。有机质要通过土壤微生物的分解，才能被植物利用，故有机肥的肥效慢，又叫迟效肥料。

有机肥具有改良土壤和提供养分的双重功能，有机肥施于熟土中可改善通气透水性；施于沙土上，可增加土壤有机质，提高保水保肥能力；有机肥还有利于微生物的活动，提高土壤养分的有效性。

但应注意施用有机肥前必须充分腐熟。

2. 无机肥料

无机肥料又叫矿物质肥料，包括化学加工的肥料和天然开采的矿物质肥料。特点是不含有机质，矿质元素含量高，易被植物吸收、肥效快，但养分较为单一，肥效期短，价格较高，主要有氮肥、磷肥、钾肥、复合肥、微量元素肥等。

氮肥是以含氮素为主的化学肥料，氮肥易溶于水，如尿素、碳酸氢铵、硫酸铵、氯化铵、硝酸铵等。

磷肥是以含磷素为主的化学肥料，如过磷酸钙等。

钾肥是以含钾元素为主的化学肥料，如氯化钾、草木灰等。

复合肥料是含有氮、磷、钾三要素中一种以上养分的肥料。它一般是在工厂通过化学反应生产或按一定比例混合配制的。目前生产上多用复合肥料，如硝酸钾、氯化过磷酸钙等。

微量元素肥料含有铁、硼、钼、铜、锌和锰等元素，需求量少，一般的土壤都能满足要求。植物如果出现微量元素缺少症，则要用微量元素施肥。

3. 微生物肥料

微生物肥料是一类含有大量活的微生物的生物肥料。它本身不含植物生长所需的营养元素，但可以帮助植物形成菌根，发达的菌根增加了根系的吸收面积、提高吸收能力。菌根还能分泌激素促进植物生长，分泌抗生素增强植物的抵抗力。

（五）肥料的配方和用量

施肥时使用含氮、磷、钾三要素的复合肥料，具体的比例则应根据树木和土壤的特性和物候期来确定，并无统一的模式。

配方中各成分的量一般按它所占的百分比表述，例如表 4-1-4 表示在该复合肥料中，氮 (N) 占 10%，磷 (P_2O_5) 占 8%，钾 (K_2O) 占 6%。生产中可人工配制复合肥料，一般以森林腐殖土、草炭、火土灰、垢泥等做原料，加入一定量的氮、磷、钾肥料，配制成复合腐殖酸肥料。

表 4-1-4　配制 1000 kg 复合腐殖酸肥料参考用量表（kg）

材料名称	需要量	氮含量	磷酸含量	钾含量
硝酸钠 16%N	300.0	48.0	—	—
硫酸铵 20.5%N	140.0	28.7	—	—
尿素 48%N	20.0	9.6	—	—
动物下脚料 2%P_2O_5	295.0	14.1	4.7	—
过磷酸钙 42% P_2O_5	280.0	—	75.6	—
氧化钾 48%K_2O	125.0	—	—	60
总量	1000.0	100.4	80.3	60
含量 / %	—	10	8	6

影响肥料用量的因素也很多，很难确定统一的施肥量，从理论上讲，肥料的施用量应按下列公式计算：

$$施肥量 = \frac{树木吸收肥料元素量 - 土壤可供应的元素量}{肥料元素的利用率}$$

但是，按照此公式计算施肥量要在实验室进行叶片和土壤的养分测定，除科学试验外，生产上难以推广。具体施肥量应考虑各种因素后综合确定。

（六）施肥技术

1. 基肥

基肥又称底肥，于栽植前结合整地施入，是为了满足植物整个生长发育期对养分的要求，一般以有机肥为主，要求施用均匀。每年落叶后需再深施一次。

2. 追肥

追肥是在植物生长期间施入肥料，目的是解决植物不同发育阶段对养分的要求，补充土壤对植物养分的供应不足部分，以速效性无机肥为主。

（七）施肥方法

根据施肥的部位不同，可分为土壤施肥和根外施肥两种方式。

1. 土壤施肥

土壤施肥是将肥料施入土壤中，通过根系吸收而运往各个器官。施肥时应注意：

◆ 土壤施肥要尽量靠近根系，利于根系吸收。

◆ 施用于冠投影轮廓线附近。如果把树冠投影看作一个圆盘，多数吸收根在圆盘半径的外 2/3 范围内，而内 1/3 部分几乎没有吸收根，所以生产中把肥料施入树干周围，是错误的。国外有一种估测树木多数吸收根分布区的经验办法，以离地面 30 cm 处的干径的 12 倍为圆盘，圆盘的外 2/3 为主要吸收根的分布区。例如一棵离地面 30 cm 处的干径为 20 cm 的树木，它的主要吸收根在离树干 0.8～2.4 m 的圆盘范围内。因此，树木施肥位置的确定有两种方法，即以树冠投影圆盘的外 2/3 为施肥区，或是以干径的 12 倍为半径的圆盘的外 2/3 为施肥区。

◆ 不同树种，根系分布的垂直深度差异也很大，但多数树种的密集根层在离地表 40～60 cm 土层内，因此，施肥的深度一般不超过 60 cm。

土壤施肥的方法有以下几种，公路绿化养护过程中，常采用地表施肥的方式。

（1）地表施肥

小树可采用地表施肥，可干施，也可以液施。干施，要远离树干 30 cm，施后立即浇水，使肥料溶解，随水渗透到根系；液施，是将肥料按一定的比例溶解到水中再施用。

（2）沟状施肥

沟状施肥有环状沟施和辐射沟施两种。

环状沟施是在树冠投影轮廓线附近挖宽 40～60 cm、深达根系密集区的施肥沟；施肥沟可以是连续的，也可以是间隔的。

辐射沟施是以树干为中心挖 4 ~ 8 条宽 30 ~ 60 cm 的辐射沟，沟长稍超出树冠投影外围轮廓线，辐射沟内浅外深。将肥料与土壤混合，再埋入沟内，可压入青草、嫩树叶或绿肥。

（3）穴状施肥

穴状施肥指在施肥区内打穴施肥。这种方法简便易行，灵活性大。

（4）打孔施肥

在施肥区内打孔施肥，可使肥料遍布整个根系分布区，这种方法尤其适合大树和在草坪上的树木施肥。一般每隔 60 ~ 80 cm 打一个 30 ~ 60 cm 深的孔，填入配好的肥料，肥料深度约达到孔深的 2/3 时，用有机肥或表土堵塞洞孔，并进行踩紧。

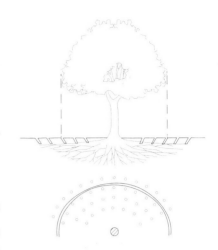

图 4-1-2　打孔施肥的位置与倾斜方向

打孔可用长钢钎或丁字形钢钻，用钢钎用力捅或手握木柄用力钻，打孔时要环绕孔口摇动，以扩大孔径，孔洞最好呈倾斜状，以扩大肥料的面积。土壤紧实或地面有硬质铺装时要用电钻打孔。

（5）微孔释放袋施肥

将配好的肥料装入双层塑料薄膜内封紧，双层塑料薄膜上均有微孔，微孔的大小和密度是经过精心设计的。可以在栽植时将肥料袋放在吸收根群的附近，也可以在已植树木的施肥区内挖 25 cm 深的穴植入肥袋。当肥料袋植入土壤后，土壤水气经微孔进入袋中，肥料受潮溶解，渗出肥液供根系吸收。

肥料袋的活性受季节变化的控制，当气温降低时，袋中的水气压变小，最终停止释放肥液，所以在植物休眠的寒冷季节，肥料袋也处于"休眠"状态。当春天到来时，气温变暖，肥袋中的水气压增大，肥料袋重新开始释放肥液。据试验，一次植入这种肥袋，肥效期可达 8 年。

（6）其他土壤施肥方法

除上述施肥方法外，还有营养钉、营养棒、营养球等方法。这些方法是将配好的肥料用某种专用的黏合剂胶结成钉、棒、球等形状，将其打入或埋入树木的吸收根附近，让树木吸收利用的方法。

2. 根外施肥

根外施肥是对树木的叶、干或枝进行喷、涂或注射，使养分元素直接进入植物的方法，其中，叶面施肥是根外施肥中用得最多的。利用叶片可以通过气孔和细胞间隙吸收养分元素进行养分补充。

叶面施肥的方法是将肥料溶液或悬浮液喷洒在植物叶子上，以喷洒叶背面为好。喷洒时间以早晚空气湿度大、有露水时为宜。肥料溶液浓度控制在 0.3% 左右。注意浓度不要过高，用量不宜过多，以免灼伤叶片和造成浪费。

叶面施肥的优点是简单易行，用肥量少。肥效发挥快，可及时满足树木的急需，并可避免养分元素被土壤固定，在缺水季节或缺水地区以及不便土壤施肥的地方，用此法尤其奏效。但是叶面施肥并不能完全代替土壤施肥。一方面，叶面施肥的肥效期短，效果有限。另一方面，叶面施肥仅能补充树木一定量的营养元素，而在土壤施用有机肥能改善理化性质，为树木持久地供应养分，因此，树木施肥应以土壤施肥为主，根外施肥为辅。

叶片的吸收能力受很多因素的影响，叶面施肥应综合考虑以下几点：

◆ 环境条件影响　在温度适宜、湿度大、光照充足的条件下，叶片吸肥多，反之吸肥少。

◆ 树木的生长状况　生长健壮的幼壮龄树和幼龄叶片的吸收力强，生长衰退的老年树和老龄叶，吸肥力弱。

◆ 树种和叶片的特征　不同树种、叶片的吸肥力不同，叶片上角质层的厚度、表皮毛的多少及光滑程度等都会影响肥料的吸收。

◆ 肥料的种类与性质　据观测，尿素中的氮是最易被叶片吸收的，因此在叶面施肥的配方中，尿素经常是必不可少的。

四、整形管理

考虑到公路行车安全对绿化植物的大小、形状有比较高的要求，如对中央分隔带、交通岛、互通立交区会车区、路肩处植物的高度、冠幅都有严格的规定，加上公路绿化植物生长和绿化景观效果的需要，所以应高度重视对公路绿化植物的整形管理工作。

（一）修剪整形

1. 修剪时期

植物的修剪时期，大体上可分为休眠期修剪和生长期修剪。

（1）休眠期修剪

休眠期修剪又叫冬剪。在休眠期，植物贮藏的养分充足，修剪后，有利于留存枝芽集中利用贮藏的营养，促进新梢的萌发。

休眠期修剪的具体时期因植物而异，早春树液流动前修剪，伤口愈合最快。故多数适合休眠期修剪的植物，以早春修剪为好。

（2）生长期修剪

习惯上又叫夏剪，但实际应包括春季萌芽至秋末植物停止生长的整个生长期的修剪。在生长期，枝叶生长旺盛，在修剪量相同时，夏剪对植物生长的抑制作用大于冬剪。生长期修剪应注意：

◆ 在一般情况下，生长期修剪宜轻不宜重，以去蘖，摘心，疏去病虫、密生和徒长枝为主；

◆ 多数植物，既要冬剪，又要夏剪。但有些树种，如槭树、桦木、枫杨、香槐、四照花等，休眠期或早春伤流严重，只宜在伤流轻且易停止的夏季修剪；

◆ 多数常绿植物，特别是常绿花果树，如桂花、山茶等，无真正的休眠期，根与枝叶终年活动，即使在冬季，叶内的营养也不完全用于贮藏。因此，常绿植物在全年的任何时候都含有较多的养分，在南方更是如此，故常绿植物的修剪要轻，修剪时期虽可不受人多限制，但以晚春发芽萌动之前为最好。

2. 修剪方法

(1) 短截

短截是剪去枝条的一段，保留一定长度和一定数量的芽，短截一般在休眠期进行。短截对于枝条的生长有局部刺激作用，促进剪口下侧芽的萌发，是调节枝条生长势的重要方法。

(2) 疏剪

从枝条基部将枝条剪除的方法称疏剪，又称疏删或疏枝。

(3) 缩剪和长放

缩剪，又称为回缩。缩剪的对象是 2 年生或 2 年以上的多年生枝条。一般在休眠期进行，方法上与短截相似，但一般修剪量较大，刺激较重，有更新复壮的作用，它可降低顶端优势的位置，改善光照条件。

长放又叫缓放。指对一年生枝条不作任何修剪，让其延伸。长放，由于没有剪口和修剪的局部刺激，缓和了枝条的生长势，故长放是一种缓势修剪。

（4）辅助修剪方法

辅助修剪一般在生长期进行，包括以下一些方法：

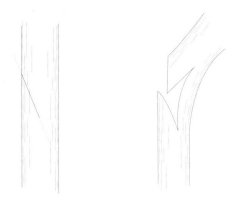

图 4-1-3　枝条折裂处理

◆ 折裂　为防止枝条生长过旺，或为了曲折枝条使形成各种苍劲的艺术造型时，常在早春的芽稍微萌动时，对枝条施行折裂处理。

较粗放的方法是用手将枝折裂，但对珍贵的树木进行艺术造型处理时，应先用刀斜向切入，深及枝条直径的 2/3 ~ 1/2，然后小心地将枝弯折，并利用木质部折裂处的斜面相互顶住（图 4-1-3）。精细管理者应于切口处涂泥以免蒸腾水分过多。

◆ 除芽（抹芽）　把多余的芽除掉称为除芽。此措施可改善其他留存芽的养分供应状况，增强生长势。其中亦有将主芽除去而使副芽或隐芽萌发的，这样可抑制过强的生长势或延迟发芽期。

◆ 摘心　将新梢顶端摘除的措施称为摘心。摘除部分长 2 ~ 5 cm。摘心可抑制新梢生长，使养分转移至芽、果或枝部，有利于花芽的分化、果实的肥大或枝条的充实。但摘心后，新梢上部的芽，容易萌发成二次梢，可待其生出数叶后再行摘心。

◆ 捻梢　将新梢屈曲而扭转但不使其断离母枝的措施称捻梢。此法多在新梢生长过长时应用。捻梢所产生的刺激作用较小，不易促发副梢，缺点是扭转处不易愈合，以后尚须再行一次剪平操作。此外，亦有用"折梢"法，即用折伤新梢而不使其断裂的方法代替捻梢的。

◆ 屈枝（弯枝、缚枝、盘扎）　将枝条或新梢施行屈曲、缚扎或扶立等诱引措施。由于芽、梢的生长有顶端优势，故屈枝法可以控制该枝梢或其上的芽的萌发。当直立诱引时可增强生长势；当水平诱引时则有中等的抑制作用；当向下方屈曲诱引时，则有较强的抑制作用。在一些绿地中，常用此法将树木盘扎成各种艺术性姿态。

◆ 摘蕾　为了获得肥硕的花朵，常可用摘除侧蕾的措施使主蕾充分生长，如牡丹、月季等。对一些观花树木，在花谢后常进行摘除枯花的工作，不但能提高观赏价值，而且可避免结实而消耗养分，对植物的生长非常有利。

◆ 摘果　为使枝条生长充实、避免养分过多消耗，常将幼果摘除。例如对月季等可及时摘除果实，促使其连续开花。至于以采收果实为目的果树，为使果实肥大、提高品质或避免出现"大小年"现象，也常适量摘除果实。

◆ 切刻　在芽或枝的附近施行刻伤的措施。深度以达木质部为度。当在芽或枝的上方切刻时，由于养分、水分受伤口的阻隔而集中在此芽或枝条，可使生长势加强；当在芽或枝的下方切刻时，则生长势减弱，但由于有机营养物质的积累，能使枝、芽充实，有利于加粗生长和花芽的形成。切刻越深越宽时，其作用就越强。

◆ 纵伤　在枝干上用刀纵切，深及本质部的措施。其作用是减少树皮的束缚力，有利于枝条的加粗生长。细枝可行一条纵伤，粗枝可行数条纵伤。

◆ 横伤　对树干或粗大主枝用刀横砍数处，深及木质部。其作用是阻滞有机养分下运，可使枝干充实，有利于花芽的分化，能达到促进开花结实和丰产的目的。

◆ 环剥（环状剥皮）　在主枝或新梢上，用刀或环剥器剥掉一圈皮层组织的措施。其功能与横伤类似，但作用要强大得多。环剥的宽度一般为2～10 cm，视枝干的粗细和树种的愈伤能力、生长速度而定。但切忌过宽，否则长期不能愈合会对植物生长不利。

应注意的是对伤流过旺或易流胶的树种，不宜应用此措施。

◆ 断根　将植株的根系在一定范围内全部切断或部分切断的措施。本法有抑制树冠生长过旺的特效。断根后可刺激根部发生新须根，所以有利于移植成活，因此，在珍贵苗木出圃前或进行大树移植前，均常应用断根措施。

此外，亦可利用对根系的上部或下部的断根，促使根部分别向土壤深层或浅层发展。

◆ 除蘖　除去植株基部附近的根蘖或砧木萌蘖的措施。它可使养分集中供应植株，改善生长发育状况。

综上所述，植物修剪的方法很多，其中短截、疏剪、缩剪和长放是用得最多的基本方法，但其他方法也不可忽视。必须从实际出发，综合运用各种方法，促、控结合，以达到整形修剪的目的。

3. 修剪注意事项

（1）剪口及剪口芽的处理

修剪时一般采用平剪的方法，即在侧芽的对面的上方做一个缓倾的斜面，剪口呈近似水平状态，其上端略高于芽5～10 mm。剪口位于侧芽顶尖上方，优点是剪口小，易愈合，是植物小枝修剪中较合理的方法。

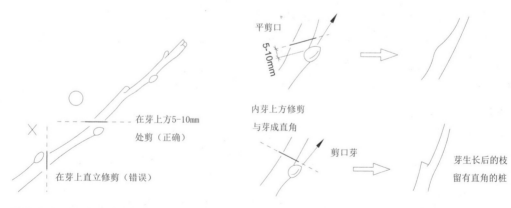

图4-1-4　剪口处芽的处理

常见的剪口有以下几种：

◆ 留桩平剪口　剪口在侧芽上方呈近似水平状态，剪口至侧芽的距离以5～10 mm为宜，距离过短，容易造成枯死芽；过长，易形成枯桩。留桩平剪口的优点是不影响剪口侧芽的萌发和伸展，问题是剪口较难愈合，第二年冬剪时应剪去残桩。

◆ 大斜剪口　当要抑制剪口芽的长势时，可采用大斜剪口，因为当剪口倾斜时，伤口增大，水分蒸发多，剪口芽的养分供应受阻，故能抑制剪口芽生长，促进下面一个芽的生长。

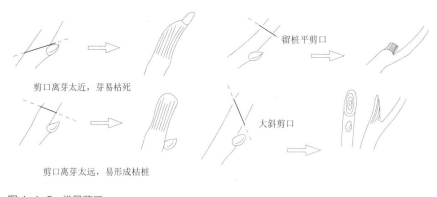

图 4-1-5 常见剪口

◆ 大侧枝剪口　大侧枝剪断后，伤口大，不易愈合，但如果使切口稍凸成馒头状，较利于愈合，平面剪口反而容易凹进树干，不利愈合。留芽的位置不同，未来新枝生长方向也各有不同，留上、下两枚芽时，会产生向上向下生长的新枝；留内外芽时，会产生向内向外生长的新枝。

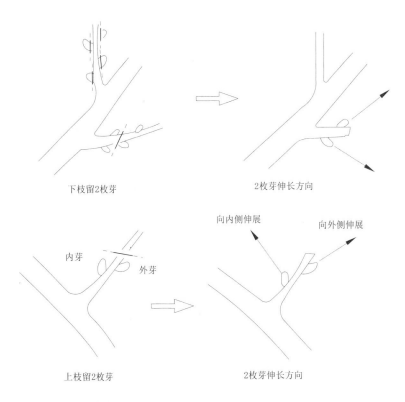

图 4-1-6 大侧枝剪口

（2）竞争枝的处理

如果冬剪时对顶芽或顶端侧芽处理不当，常在生长期形成竞争枝，如不及时修剪，往往扰乱树形，影响植物发挥各项功能作用，对于一年生竞争枝，可按如下方法处理。

◆ 如果下部的邻枝比较弱小，竞争枝并未超过延长枝的，可齐竞争枝的基部一次剪除见图4-1-7(a)；

◆ 如果竞争枝并未超过延长枝，但下部邻枝较强壮，可分两年剪除，第一年对竞争枝重短截，抑制竞争枝长势，第二年再齐基部剪除，见图4-1-7（b）；

◆ 如果竞争枝长势超过延长枝，且竞争枝的下邻枝较弱小，可一次剪去较弱的延长枝，称"换头"，见图4-1-7（c）；

◆ 如果竞争枝超过延长枝，竞争枝的下邻枝又很强，则应分两年剪除延长枝，使竞争枝逐步代替原延长枝，称"转头"，即第一年对原延长枝重短剪，第二年再疏剪它，见图4-1-7（d）。

对于多年生竞争枝，如果是花、果树木，附近有一定的空间时，可把竞争枝一次性回缩修剪到下部侧枝处，见图4-1-8（a），如果会破坏树形或会留下大空位，则可逐年回缩剪除，见图4-1-8（b）。

4. 整形技术

由于各种植物的自身特点以及对其预期达到的要求不同，整形的方式也不同。一般整形工作总是结合修剪进行的，所以除特殊情况外，整形的时期与修剪的时期是统一的。不同植物、不同区域的整形要求不同，具体整形技术会在后面的章节中分别叙述。

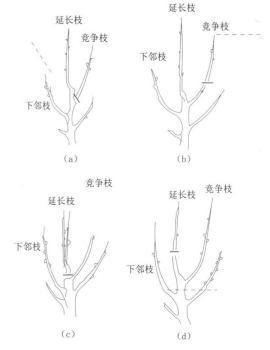

图4-1-7 一年生竞争枝的处理

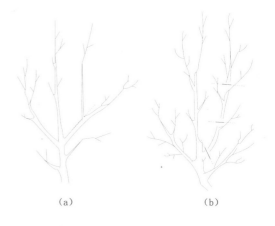

图4-1-8 多年生竞争枝的处理

（二）补植工作

为保证公路绿化的效果，应及时对死亡、缺失的树木进行补植，补植工作应注意：

◆ 要根据苗木生长特点选择合适的季节，最好选在春季或雨季，若因特殊情况需反季节栽植时，苗木在起苗时要带大土球，尽量不伤及苗木根系；

◆ 要把好选苗关，选择生长旺盛、无病虫害、规格比原苗木略大的同品种苗木进行补植，保证栽植后植物规格基本协调；

◆ 根据原有植物缺失原因做好补植前准备工作，如对病虫害致死的树木进行补植时，为防止潜伏土壤内的病虫影响苗木成活，需在挖好的树坑内洒少量生石灰、拌和，以达到杀死虫卵及病菌的目的；

◆ 对原树坑土质较差不利于植物生长的，要进行换土；

◆ 补植后加强后期管理，及时浇水并一次浇足、浇透，在干旱季节浇水有困难时可采取地膜覆盖方式进行保水，并对栽植苗木进行固定，防止因公路风大使植株摇摆不定，影响根系生长而死亡，必要时也可适量加保水剂，提高苗木成活率。

（三）采伐工作

公路树木过密会妨碍植物生长，影响绿化效果，衰老的树木甚至会倒伏，损伤行人车辆、影响交通。需要有计划地进行采伐，采伐时应注意以下工作：

◆ 风景林、路侧林带封闭度在0.9以上时，应进行透光抚育。伐除生长过密、生长不良树木，其原则是"密间留匀、伐劣留优、伐小留大和伐密留稀"，以促进树木生长。

◆ 公路改建或加宽时，要先经审批再采伐；工程完毕后要及时更新。成段的衰老树木的更新采伐，要按照批准的计划办理，未经批准，不得采伐。

五、病虫害防治

植物在生长发育过程中，常受到害虫和病原物等生物因素的影响，从而造成损失甚至是毁灭性的灾害，因此防治病虫害是公路绿化养护管理的重要内容之一。

由于公路绿化路线长，面积大，养护管理难度大，所以病虫害很难预防，而且若不及时防治就会迅速蔓延。需着重防治乔灌草的立枯病、叶斑病、霜霉病、根腐病及小令夜蛾、刺蛾、蚜虫、钻心虫、尺镬等多种病虫害。

病虫害防治是一项经常性的养护工作，首先应对当地多发病虫害以及对其的防治方法作详细了解；其次对所种的植物可能会发生的病虫害应熟知，以便尽快拿出解决方法；另外，在生长季节，要经常巡视，尤其对常绿植物更应特别注意，做好病情虫情测报工作。

防治病虫害的方法主要包括：植物检疫、栽培防治、生物防治、物理防治和化学防治。目前公路绿化日常养护中最常采用的是栽培防治、化学防治两种方法。

（一）病虫害基本知识

1. 植物病害

植物在生长过程中，遇到生物性或非生物性侵害，发育和正常生长受到妨碍，在形态上或生理上出现失常现象，称为植物病害。

引起植物病害的原因，叫病原。生物性病原所寄生的植物，叫寄主。寄主得病后所表现出的症状叫病状。

2. 病害的种类

根据病因的不同通常分为两类：生物性病害和非生物性病害。

（1）生物性病害：是受到有害生物侵染引起的又称侵染性病害或寄生性病害，侵染性病害由于病原生物的传播，可能进一步扩展到其他植株上，因此是传染性病害。植物病害的生物性病原有真菌、细菌、病毒、类菌质体、线虫、寄生性种子植物等。

（2）非生物性病害：是非生物因子引起的病害，又称为非侵染性病害或生理性病害，非侵染性病害主要由不适宜的环境因子造成，不会传染。非生物性病害的影响因子有很多，如温度、干旱与涝害、营养不当、有害物质、盐害等。除造成黄化、流胶、破腹外，还会造成植物生长异常，甚至造成大量死亡。

3. 病害类型

植物发生病害后，表现出的病状主要有变色、坏死、腐烂、畸形、萎蔫等。

4. 病害发生发展与防治

病害发生发展过程包括侵入期、潜育期和发病期3个阶段。

(1) 侵入期：指病原菌从接触植物到侵入植物体内开始营养生长的时期，该时期是病原菌生活中的薄弱环节，容易受环境条件的影响而死亡，是病害防治的最佳时期。

(2) 潜育期：指病原菌与寄主建立寄生关系到症状出现的时期，此期间可通过改变栽培技术、加强水肥管理，抑制病原菌发展等措施，减轻病害发生程度。

(3) 发病期：是病害症状出现到停止发展的时期，该时期已较难防治，应加大防治力度。

防治植物病害的目的是尽量减轻病害造成的经济损失，而不是消灭病原物。对于植物病害来说，防患于未然非常重要，植物病害一旦流行起来就很难采取有效措施加以控制。防治不同的植物病害一般从3个方面入手：

◆ 杜绝病原物。

◆ 保护植物。

◆ 切断传播途径。

5. 植物虫害

危害植物的害虫，目前已知的有3000多种，其中主要是昆虫。虫体可分为头、胸、腹3部分。害虫的发育可分为两种类型：（1）完全变态：经历卵→幼虫→蛹→成虫4个虫期。

（2）不完全变态：经历卵→幼虫→成虫3个虫期。

6. 害虫的种类

按其口器结构的不同，分为咀嚼式口器害虫和刺吸式口器害虫。

◆ 咀嚼式口器害虫往往造成植物产生缺刻、蛀孔、枯心、枝茎折断、植物各器官损伤或死亡。常见的有蛾类的幼虫、金龟子成虫等。

◆ 刺吸式口器害虫刺吸植物体内的汁液，受害部位常出现各种斑点或变色、皱缩、卷曲、畸形、虫瘿等症状。常见的有蚜虫、红蜘蛛、蚧壳虫等。

按其危害部位分为食叶害虫、刺吸害虫、蛀食害虫和地下害虫等。

◆ 食叶害虫具有咀嚼式口器，主要取食植物叶、花等器官。

◆ 刺吸式害虫口器为刺吸式，刺吸植物的汁液，如蚜虫、蚧壳虫等。

◆ 蛀食害虫指钻蛀花木枝条、茎秆危害，造成孔洞或隧道的害虫，如天牛、吉丁虫等。

◆ 地下害虫指在土中危害植物根部或近土表主茎的害虫，常见的有地老虎、蝼蛄、蟋蟀等。

7. 害虫的世代和生活史

一个世代是从卵开始到成虫为止的一个发育周期。代数的多少依昆虫种类和气候条件的不同而不同。昆虫在同一地区同时出现同一种昆虫的不同虫态的现象，称为世代重叠，给防治造成一定困难。

生活史，又称生活年史，指昆虫在一年中的生活发育史。了解害虫的生活史，掌握害虫的发生规律，可为防治害虫提供可靠依据。

8. 害虫的习性

害虫的习性主要有：

（1）食性

有些害虫只危害一种植物，称为单食性害虫；食取同科植物或亲缘关系较近的植物的害虫，称为寡食性害虫；取食不同科植物，食性很杂的害虫，称为多食性害虫。

（2）趋性

指害虫趋向或逃避某种刺激性因子的习性。如某些蛾类成虫具有趋光性，可以利用灯光诱杀；小地老虎对糖、醋有很强的趋性，可以用糖醋液诱杀。

（3）假死性

有些害虫受到刺激或惊吓，立即从植株上掉下来，暂时不动，仿佛死亡的现象。对这类害虫可采取震落捕杀的方式加以防治。

（4）群集性

指害虫群集生活共同危害植物的习性，一般害虫在幼虫时期具有群集性，在该时期进行防治能收到良好效果。

（5）休眠

指在不良环境下，虫体暂时停止发育的现象。害虫休眠有特定的场所，可集中力量在该时期加以消灭。

（二）病虫害防治方针

公路绿化存在着地域跨度较大、雨水分布不均的情况，且植物用量大，有的地方采用单一品种（如意杨）大量栽植，因此极易受病虫害的传染，有些地方采用各种不同品种乔、灌木混合栽植，不同树木病虫害各异，给日常病虫害防治带来非常大的困难。冬季，一些落叶植物或暖季型草坪草叶色变为枯黄，这恰好与一些病虫害症状颜色相似，很不易发觉。

必须认识到植物、病原（害虫）、天敌三者之间相互依存、相互制约的关系，了解绿化区域病虫害发生规律，坚持"预防为主，综合防治"的方针。应注意以下方面：

◆ 加强苗木检疫，防止危险性病虫害的侵入。

◆ 与当地植保部门取得联系，及时获取各种病虫害发病高峰的时间和周期，有针对性地喷药防治，防止大面积病虫害的发生。

◆ 根据不同树木易发病虫害时间和周期采取不同措施进行防治，如：针对一些病虫害易在树皮内越冬的现象，采取剥除树皮后统一烧毁或在春季发芽前涂刷波尔多液、喷洒杀菌药等措施，减少病虫害发生几率。

◆ 在树木生长过程中一旦发现病虫害，应立即采取措施，根据病情、虫情特点选择不同的化学药剂进行防治。

◆ 对部分已受病虫为害，且病虫寄居树体内的树木要及时清除、烧毁，防止进一步繁衍、传播。

◆ 从全局和生态平衡的整体观念出发，充分利用自然界抑制病虫害发生的各种因素，在种植和养护过程中，创造不利于病虫害发生、危害和有利于天敌生存的环境条件，灵活采用各种必要的防治措施。

(三)病害的防治

病害防治方法多种多样,按其作用原理和应用技术,概括起来分为检疫法、栽培防治法、生物防治法、物理防治法和化学防治法。

1. 检疫法

土壤、种子、苗木、田间病株、病株残体和未腐熟的肥料,是绝大多数病原微生物越冬和越夏的主要场所。因此,采取相应的措施消灭初始侵染来源,是防治病害的重要措施之一。凡由国内外引进的种子和幼苗,必须根据有关规定进行严格检疫,如果发现危险性病害时,绝对不准引进,并按有关规定销毁。

2. 栽培防治法

栽培防治是病害防治的根本措施。其方法有如下几种:

(1)选用抗病品种

此法是病害防治中最经济、最有效的方法。品种抗病性主要是由植株形态特征或生理生化上的特性形成的,如有些植物含有生物碱、挥发油等,对许多病菌有抑制或杀灭作用。

(2)合理刈剪

合理刈剪,不仅有利于正常的生长发育,增强观赏价值,而且有利于通风透光,生长健壮,提高抗病能力。结合刈剪,可以剪除病枝、病梢、病芽、病根、刮治病疤等。以减少病原菌的数量。但也要注意因刈剪造成的伤口,常常是多种病原菌侵入的门户,因此需要用喷药或涂药等措施保护伤口不受侵染。同时,剪草工具必须锋利,使伤口尽量减小。

(3)调节播种期

许多病害因温度、湿度和其他环境条件的影响而有一定的发病期,并在某一时期最为严重,如果提早或延后播种期,可以避开发病期,从而收到减轻病害的效果。

(4)及时除草

杂草丛生,不仅争夺养分,影响通风透光,使植株生长不良而降低观赏性,而且杂草还是病原菌繁殖的场所,一些病毒也常以杂草为寄主。因此,及时清除杂草,是防治病害的必要措施。

(5)加强水肥管理

合理的肥水管理,可促进植物生长发育,提高抗病性,起到防病作用。浇水过多或施用氮肥过多,易造成枝叶徒长,组织柔软,会降低抗病性。

3. 生物防治法

生物防治法就是利用有益生物或其代谢产物来防治植物病害。按其作用可分为拮抗作用、寄生作用、交叉保护作用、抗生素抑菌或杀菌作用等。

一些真菌、细菌、放线菌等微生物,在它的新陈代谢过程中分泌抗生素,可以杀死或抑制病原物。如早在20世纪50年代就开始推广的"5406"菌肥(放线菌),不仅能控制一些引起土壤侵染的病害,还有一定的肥效。

生物防治虽然大面积推广的实例不多,但效果显著,是病害防治的一个新领域,具有高度的选择性,对人、畜和植物一般无毒,对环境污染小,无残留,因而有着广泛的发展前景。

4. 物理防治法

物理防治法就是利用简单的工具及物理因素（如光、电、放射能等）防治病虫害的方法。具体有种子、土壤消毒、射线处理、隔离、捕杀、诱杀害虫等。

（1）温汤浸种法

用生石灰溶于 90～400 倍的水中，制成石灰水，然后把种子浸入其中，一般种子浸泡 20～30 min 时间即可。

（2）药剂浸种法

用 1%～2% 的福尔马林溶液，浸种 20～60 min 后，取出用水洗净，晾干后播种或栽植。

（3）土壤消毒

采用杀菌灭虫剂消灭土壤中已存在的病原微生物和害虫。

（4）射线处理

用电磁辐射（如 X 射线、红外线、紫外线、激光和超声波）杀菌。

（5）地膜覆盖

早春进行地膜覆盖阻隔了病菌的传播，同时使地温升高，加速病株腐烂，减少侵染源，可大幅减轻叶部病害的发生。

（6）清除法

清除病落叶、病枝、病株集中销毁。

（7）消灭害虫

病毒和一些病原菌是由昆虫传播的，例如软腐病、病毒病等是经蚜虫、蚧壳虫、叶蝉、蓟马等害虫传播的，故消灭害虫也可以防止或减少病害的传播。

物理防治要根据实际情况采用相应的方法，消毒处理时要正确选择和使用消毒药物，并要注意土壤消毒后与种植之间必须要有一段时间的间隔。

5. 化学防治

化学防治法也称为药物防治法，就是利用农药防治病害，在我国仍然是一项重要病害防治措施。

农药防治病害，一般地区可在早春，植物将要进入生长旺盛期以前。确切地说，在发病之前喷适量的广谱保护性杀菌剂如代森锰锌、波尔多液等 1 次，以后每隔 2 周喷 1 次，连续喷 3～4 次。这样就可以防止多种真菌性或细菌性病害的发生。一旦发病，要及时喷药防治。因病害种类不同，所用的药剂种类也各异。

在农药的使用中，为了能获得良好的防治效果，应该注意以下事项：

（1）农药的使用浓度

用药剂喷雾时，往往需用水将药剂配成或稀释成适当浓度。浓度过高会造成药物的浪费，浓度过低则无效果。触杀型杀菌剂使用量为 0.05～0.14 g/m^2；多菌灵喷雾用 50% 可湿性粉剂的 1000～1500 倍液；代森锌喷粉使用量为 4.5～10.5 g/m^2，喷雾用 60% 可湿性粉剂的 400～600 倍液；福美双喷洒时用 500～800 倍液。

一般在病害发生前为预防目的而喷施的杀菌剂，其用药量可参考说明书中用药量的下限，而发生病害后为防治病害，其用量可适当加大。

（2）喷药的时间和次数

喷药的时间过早会造成浪费或降低防效，过迟则大量病原微生物已侵入寄主，即使喷内吸型杀菌剂，收效也不会大。因此应根据病害的发病规律和当时的环境条件或根据短期预测，及时地在没有发病或没有普遍发病以前喷药保护。一般在叶片干燥时，喷药效果好。

喷药次数主要根据药剂有效期的长短而定，一般每隔 7～10 天喷 1 次，共喷 2～5 次。喷药后短时间内下雨则应补喷。喷药应考虑成本，节约用药。

（3）喷药量

喷药量要适宜，过少就不能对植株各部分周密地加以保护，过多则造成浪费。应根据病害发病过程和不同的植物品种确定适宜的喷药量。

喷药要求雾点细，喷洒均匀。如人工喷雾，就要求喷雾器有足够的压力，对植株应保护的各部分，包括叶片的正面和反面都应该喷到。

（4）防止病原菌产生抗药性

许多杀菌剂在同一地区或同一种植物连续使用一段时间后，病原菌群体内由于其固有的差异，会由于基因发生突变或重组等原因对其产生了抗药性，使防治效果显著降低。应当尽可能混合施用或交替使用各种杀菌剂，以防止病原菌产生抗药性。

植物病害种类固然很多，防治也有一定难度，但只要掌握了发病的规律性和治病的基本方法，抓住主要矛盾，病害即可以得到有效的控制和防治。

（四）虫害的防治

从广义上讲，虫害是由植物性致病因素以外的动物性致害因素所引起的危害，起码应包括环节动物的线虫，节肢动物的昆虫。低、高等动物具有较大的迁徙性和异常的繁殖力，因此它们有时能对植物造成毁灭性危害。又因它们种类很多、分布很广，因而又具有普遍性。虫害防治并不是要将害虫彻底消灭，而是要求把害虫数量控制在不足以对植物造成损害的范围内。

1. 虫害的发生条件

虫害的发生条件主要有 3 个方面：

（1）来源

有害虫的来源，在相同环境条件下，虫源发生基数越多，发生虫害的可能性越大。

（2）环境条件

有害虫生长繁殖的适宜环境条件，才能使其发展到足以危害植物的种群数量。

（3）时间性

有些害虫只能在其寄主植物一定的生育期才能造成危害，或在此期间危害更为严重。

2. 虫害防治的基本途径

从消除虫害发生的原因出发，防治害虫的主要途径有 3 个方面：

（1）减少害虫的种类与数量，增加其天敌的种类与数量。

（2）采取正确的防治方法，控制害虫种群的数量，使其被抑制在不足以造成经济损失的数量水平之下。

（3）调节植物的生育期，错开旺盛生育期与害虫盛发期。

3. 主要虫害的防治技术

虫害的检疫和栽培防治与病害防治相似，这里主要介绍生物防治、物理防治和化学防治。

（1）生物防治

生物防治害虫就是用生物及其代谢产物来控制虫害，主要有以下方法：

利用天敌：天敌昆虫主要有捕食性天敌昆虫（如松干蚧花蝽、紫额巴食蚜蝇）和寄生性天敌昆虫（如寄生蜂和寄生蝇）两大类，寄生性天敌昆虫可寄生于害虫的卵、幼虫、蛹内或体内，使害虫不能发育而死亡。通过天敌昆虫的保护和释放可以达到控制害虫的目的。

生物农药：生物农药包括微生物农药和生化农药。

微生物农药是利用害虫的病原微生物（如病原细菌、病原真菌、病原病毒等）防治害虫。

生化农药是人工合成从自然界的生物源中分离或派生出来的化合物（如昆虫信息素、昆虫生长调节剂等），主要来自于昆虫体内分泌的激素，包括昆虫的性外激素、脱皮激素和保幼激素等内激素。

利用其他动物：采用人工招引、驯化等措施，利用鸟类、蜘蛛、捕食螨、两栖动物及其他动物捕食害虫。

（2）物理防治

就是利用物理的方法防治虫害，既包括简单易行的古老方法，也包括近代物理最新技术，主要有以下几种：

诱杀：利用某些害虫的趋光性，利用黑光灯和高压电网灭虫器诱杀，或用害虫喜食的食物加入药剂诱杀等。

人工或机械方法清除：及时清除病枝、病叶和病株，利用人工或简单的工具捕杀害虫。如人工捕捉、用塑料薄膜缠绕在树干上截止害虫上树等，在一定范围内都是行之有效的方法。

热处理：调节温度使其不适于害虫存活，如夏季暴晒以消灭土壤根结线虫。

利用高温和射线等物理方法防治虫害，可减少因使用化学药剂对人畜及环境污染的危害，在某些特殊条件下，可收到良好的效果。

（3）化学防治

化学防治害虫的注意事项有：

◆ 害虫通常用杀虫剂杀灭，其中有机磷化合物占主要位置；

◆ 昆虫一般栖于表土下，因此施药后尽可能立即灌溉，以促进药物的分散，避免光分解和挥发的损失；

◆ 对于地表昆虫，通常采用喷雾法，这样可使害虫采食茎叶时将黏留的杀虫剂同时食入或直接进入体内；

◆ 对有些害虫，施药后不应灌溉，如为防除草坪野螟，至少在施药后 24～72 h 之内不灌溉，以充分保证药效。

六、防火工作

公路防火的主要工作是防止火灾毁损植物，避免人员伤亡、经济损失等情况，保证公路行车的安全。

冬季和春季枝叶枯萎，极易引起火灾，因此每年的防火工作常于冬季和春季进行。

防火的主要内容包括清理、设置防火带、绿化巡查等。

1. 清理

即及时清除公路绿化区域的杂草、落叶、枯枝。

2. 防火带

设置防火隔离带，阻断火势的蔓延。

3. 绿化巡查

即通过沿线的绿化巡查，加强对火情的把控。一旦发生火灾，应及时配备洒水车灭火，若火势较大，可立即寻求警方的帮助。

不同路段，公路绿化的养护要求稍有不同。城市路段的公路绿化养护相对要求高，乡村路段的公路绿化养护要求次之，自然风景区的公路绿化多与周边环境相结合，养护要求最低。

七、越冬管理

植物的生长受到温度的影响，每一种植物都有其相应的温度范围。温度过高或过低，都不能满足植物正常生长发育的需要。在环境的温度过低时，植物易发生冻害，严重时甚至会出现死亡。防寒工作主要是针对公路中刚栽植和不耐寒的植物，防寒的措施主要包括浇封冻水、培土、搭设风障、建保温棚、树干涂白等。

1. 浇封冻水

即为提高植物的越冬能力、防止早春干旱现象，在冬季土壤易冻结的地区，于秋末和初冬浇足一次水，称为"封冻水"。

2. 培土

冻水灌完后结合封堰，在树木根颈部培直径 80 ~ 100 cm，高 40 ~ 50 cm 的土堆，可以防止根颈和根系冻伤，同时也能减少土壤水分蒸发。

3. 覆土

在土未封冻前，可将枝干柔软的植物压倒固定，覆盖细土 40 ~ 50 cm，并轻轻拍实，可以防冻，还能保持枝干湿度，防止枯梢。

4. 搭设风障

即用苇席、无纺布等在苗木迎风处搭建风障。

5. 建保温棚

通常用于面积较大、防寒效果不理想等处。

6. 树干涂白

这是公路绿化养护中的常用防寒措施，树干涂白的高度一般为 1 ~ 1.5 m。

7. 包裹树干

主要用于南方湿冷地区，用草绳或稻草包裹树木主干和部分主枝防寒。

8. 防冻打雪

在下大雪时和雪后，把树木枝叶上的积雪打掉，防止树木受损，尤其是对于易受雪害的枝叶茂密的常绿树和竹类，更要注意及时打雪。

八、安全工作

公路绿化养护工作作业面小，环境条件恶劣，许多部分绿地（如中央分隔带、路肩等）养护工作要在公路路面上进行，并且不能中断交通，很容易发生安全事故。因此，要特别重视养护的安全工作。

（一）树立安全意识

坚持"安全第一、预防为主、综合治理"的方针，以人为本，把保护劳动者的生命安全和身体健康放在首要位置。

（二）建立安全制度

建立、健全安全管理制度和保证体系，配齐安全人员，形成以项目经理为第一负责人的安全管理机构。

（三）加强培训

定期进行养护安全学习，做好养护人员的安全教育和工作技能培训，熟悉绿化养护机械性能和使用方法，如油锯、割草机、修剪机、喷药机等。

（四）完善现场管理措施

公路绿化养护工作安全风险比较大，安全管理非常重要，现场安全管理措施主要有：

◆ 设立现场安全员，负责日常绿化养护作业安全工作。每天进行班前检查，工作中随时检查。严禁酒后作业，野蛮施工。

◆ 养护人员配备安全服装、安全帽、安全带、安全绳等安全防护用具。

◆ 机动车辆驾驶员、特种作业人员一律经严格考试，取得操作资格证书后，方可持证上岗。吊车作业、高处修剪时，要安排专人指挥。

◆ 在路面作业，不能中断交通时，应合理摆放施工标志，严格按规定布置养护作业控制区。

◆ 养护车辆配备安全防护装置、粘贴反光标贴、配备移动施工标志。

◆ 养护车辆、机械应定期维护保养，每次使用前应仔细检查，保证工况良好。

◆ 病虫害防治喷洒药物时要仔细检查喷雾机械，特别注意个人防护，穿戴防护服，避免中毒，药物存放要设置醒目的警示标志。

◆ 注意夏季防暑降温和冬季防寒保暖。

◆ 采用新技术和先进的养护设备，提高工作效率，减少养护工作人员的路面工作时间。

第二章　各类植物的养护技术

根据使用功能，可以把植物分为乔木、灌木、藤本、花卉、地被、竹类和水生植物等几大类，不同类型的植物在公路绿化中发挥着各自的作用，在养护方面有相通的地方，也有特殊的技术要求。相同的部分，已在前面的章节中予以介绍，各类植物的养护技术部分着重阐述有特殊性的技术内容。

一、乔木的养护技术

在公路绿化的乔木养护工作中，首先要做好对公路沿线两侧群众的宣传教育工作，使他们认识到"保护树木，人人有责"；其次，要有专人沿线检查树体，及时发现问题并处理；第三，对乔木进行定期的常规管理。

表 4-2-1　乔木的养护技术

养护技术	养护内容
水分管理	灌溉时间、抗蒸腾剂的使用、包扎物的保湿性、营养液的使用、排除积水
土壤管理	松土除草的频率、松土除草的深度、除草剂的使用
养分管理	施肥时间、施肥量、施肥的方式、肥料的种类
整形管理	修剪、支撑、补栽
越冬管理	涂白、培土、主干包草、除雪
大树移植后的养护管理	树干的捆绑、定期浇水、树体注射、生长季节遮阴、排水防涝、桥接、保护新芽、增施肥料、防治病虫害、防冻、看管围护

（一）水分管理

对新栽植的树木，应根据不同树种和不同立地条件进行适期、适量的灌溉，应保持土壤中有效的水分。对已栽植成活的树木，对水分和空气湿度要求较高的树种，需在清晨或傍晚进行灌溉，对于一些名贵植物或常绿阔叶大树，还应适当地进行叶面喷雾，晴天气温高，空气湿度小时，叶面每天喷 7～8 次。

浇水时水流不宜过急，防止地表径流损失。

1. 灌溉时间

灌溉前应先松土，夏季灌溉宜早、晚进行，冬季灌溉选在中午进行；灌溉必须一次浇透，尤其是春、夏季节。

2. 抗蒸腾剂的使用

对于珍贵的树种、常绿树和大树宜用抗蒸腾防护剂喷洒树冠。

3. 包扎物的保湿性

使用草绳、蒲包、苔藓等材料严密包裹树干和比较粗壮的分枝，上述包扎物应具有一定的保湿性和保温性。

4. 营养液的使用

苗木长势不理想时，可采用营养液。营养液成分主要是水、维生素和无机盐。

5. 排除积水

树木周围暴雨后积水应及时排除，新栽树木周围积水尤应尽快排除。

不同地区的水分管理措施各有侧重。以江苏地区为例，苏南要保证树木伏旱不缺水，苏北要防止春旱。

（二）土壤管理

1. 松土除草的频率

在树冠尚未密闭的情况下，树木周围往往杂草丛生，尤其是一些蔓性草本植物如葎草、菟丝子、旋花科植物等常缠绕树冠，影响树木生长和环境美观，因此需每月松土除草一次。

2. 松土除草的深度

松土深度以不伤根系生长为限，但在土壤十分泥泞时不要进行，以免破坏土壤结构，对树木生长不利。除下的杂草或运走或在另一处堆积制作肥料。

3. 除草剂的使用

除草可以使用不伤树木的除草剂，但此法不能达到疏松土壤的目的。

（三）养分管理

1. 施肥时间

乔木移植初期，根系吸肥能力差，不宜施肥，经过 1~2 个月长出新根后，可根外施肥，要求薄肥勤施，慎防伤根。树木休眠期和栽植期，需施基肥。

2. 施肥量

施肥量应根据树种、树龄、生长期和肥源以及土壤理化性质等条件而定。一般乔木胸径在 15 cm 以下的，每 3 cm 胸径应施堆肥 1.0 kg，胸径在 15 cm 以上的，每 3 cm 胸径施堆肥 1.0~2.0 kg。青壮年期欲扩大树冠的树木及观花、观果植物，应适当增加施肥量。

3. 施肥的方式

施肥可以采用穴施、环施和放射状沟施。穴施适用于壮年前的树木，环施适用于青壮年树，放射状沟施适用于壮年树和老树。这 3 种方法轮流采用，收到的效果最好。

4. 肥料的种类

施用的肥料种类应视树种、生长期及观赏等不同要求而定。早期欲扩大冠幅的，宜施氮肥，观花观果树种应增施磷、钾肥。

注意应用微量元素和根外施肥的技术，增用复合肥料。如有些树种出现缺铁或缺硼现象，应及时喷施硫酸亚铁或硼酸。

（四）整形管理

1. 修剪

公路绿化树木应该树势均衡，树形端正，如果不能达到此要求时，应进行适当修剪，改善通风透光条件和养分供应状况，调整植物群落之间的关系，促使树木茁壮生长。

苗木移栽成活后，会萌发较多的新芽，在养护过程中，应进行修剪，既有利于保持树形，也有利于苗木生长。如早春种植的香樟，应在7月时将丛生芽、徒长枝、过密枝等删剪，如秋天种植，则应在次年春季进行修剪，常绿树重剪，可促使其大量萌生新枝新叶；对于开花树种，应于花后修剪老枝，适当疏剪弱枝，剪除病虫枝，以利次年开花，一般花前不作修剪。

树木的修剪时期，大体上可分为休眠期修剪和生长期修剪。休眠期修剪以整形为主，可稍重剪，

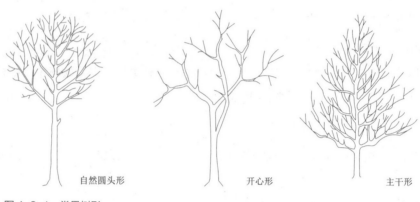

图 4-2-1　常见树形

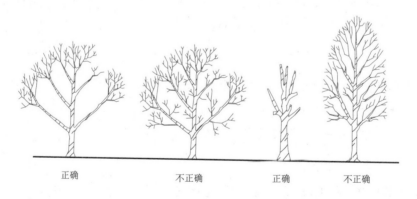

图 4-2-2　树木的修剪整形

以自然树形为主；生长期修剪以调整树势为主，宜轻剪。

乔木主要剪去内膛枝、徒长枝、病虫枝、交叉枝、下垂枝及扭伤枝。修剪时，切口都必须靠节，剪口应在剪口芽的反侧呈45°倾斜；剪口要平整，应涂抹园林用的防腐剂。过于粗壮的大枝叶应采

取分段修剪法，防扯断，操作时必须保证安全。

对分枝点以下主干上萌生的小枝和主干基部发出的萌蘖也必须清除干净，剪下的枝条要及时清运，以消灭病原和虫卵，同时保持绿化带的整洁。

乔木的修剪主要方法有：

（1）短截

短截可促进分枝，增加生长量，但如果短截太强，树木生长点的总量就会减少，总的叶面积也相应减少，因此减少了树体的总生长量，对树木的生长产生不利的影响。因此，要根据树势，确定短截的强弱，避免产生不良作用。短截的强度一般根据短截的长短，可分为轻短截、中短截、重短截、极重短截来划分。

短截应注意留下的芽，特别是剪口芽的质量和位置，以正确调整树势。

（2）疏剪

疏剪使枝条密度减少，树冠通风透光，有利于内部枝条的生长发育，避免或减少内膛枝产生"光脚"现象；疏剪减少了枝条的数量，来春发芽时可使留存的芽得到更多的养分和水分供应，因而新梢的生长势加强。

疏剪的对象通常是枯老枝、病虫枝、平行枝、直立枝、轮生枝、逆向枝、萌生枝、根蘖条等。

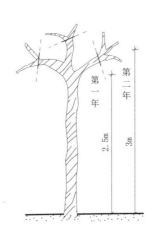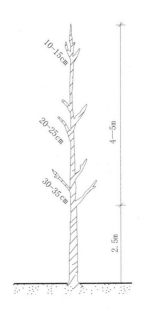

图 4-2-3　乔木修剪示意图

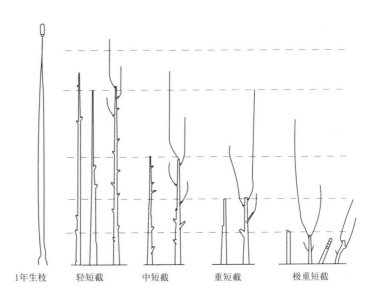

图 4-2-4　短截的强度

轻短截：轻剪枝条的顶梢（剪去枝条全长 1/5～1/4），主要用于花果树木的强壮枝修剪。去掉枝梢顶后可刺激其下部多数半饱满芽的萌发，分散枝条的养分，促进产生大量中短枝，易形成花芽。

中短截：剪去枝条全长的 1/3～1/2，剪口位于枝条中部或中上部饱满芽处。由于剪口芽比较强健壮实，养分相对集中，刺激多发营养枝。主要用于某些弱枝复壮，各种树木骨干枝、延长枝的培养用此法。

重短截：剪去枝条全长的 2/3～3/4，由于剪掉枝条大部分，刺激作用大。剪口下一般为弱芽，重短截后除发 1～2 个旺盛营养枝外，下部可形成短枝。这种修剪主要用于弱树、老树、老弱枝的复壮更新。

极重短截：在枝条基部轮痕处留 2～3 个芽短截，由于剪口芽为瘪芽，芽的质量差，剪后常萌生 1～3 个短、中枝，有时也能萌发旺枝，但少见。

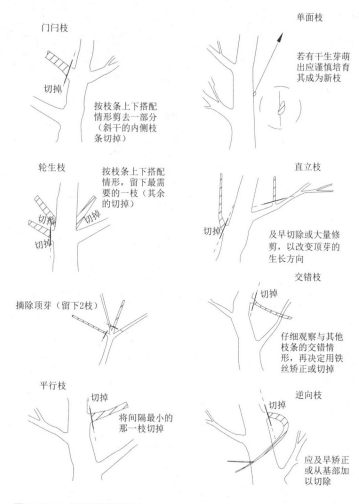

图 4-2-5　树木的疏剪对象

大枝疏剪后，会削弱伤口以上枝条长势，增强伤口下枝条长势，可采用多疏枝的方法，削弱树势，并缓和上强下弱树形的形成。

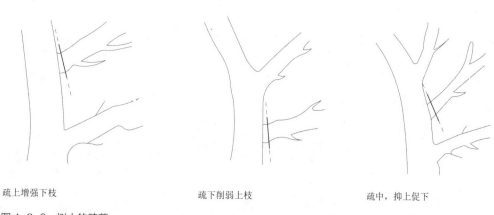

图 4-2-6　树木的疏剪

直径在 10 cm 以内的大枝，可在离主干 10~15 cm 处锯掉，再将留下的锯口由上而下倾斜削正（图 4-2-7）。直径 10 cm 以上的大枝，应首先从下方离主干 10 cm 处自下而上锯出一个浅伤口，再离此伤口 5 cm 处，自上而下锯出一个小切口，然后在靠近树干处从上而下锯掉枝条，见图 4-2-8。

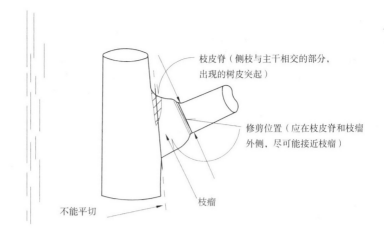

图 4-2-7　树木大枝的疏剪

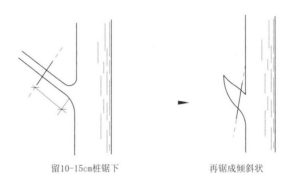

图 4-2-8　大枝疏剪（直径 10 cm 以内）

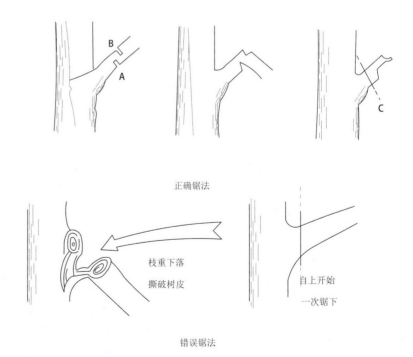

图 4-2-9　大枝疏剪（直径 10 cm 以上）

如果枝条过长过重，最好在锯断前将枝条吊在上面的枝条上，或在底下做一支撑，这样可以避免疏剪过程中，因树枝自身的重量而撕裂，造成伤口过大，不易愈合（图4-2-10）。

为了避免雨水及细菌侵入伤口而糜烂，锯后还应用利刀修削平整光滑，涂上消毒液或油性涂料。

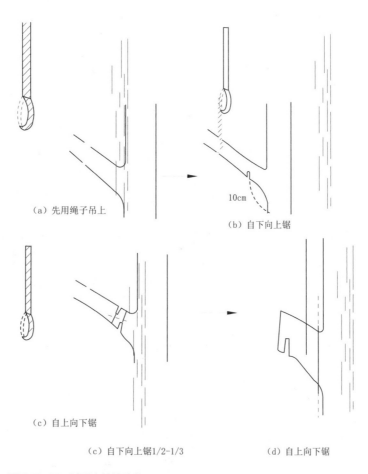

图4-2-10 过重大枝的疏剪

（3）缩剪和长放

缩剪：缩剪有双重作用，一是减少树体的总生长量，二是缩剪后，使养分和水分集中供应剪枝部位后部的枝条，刺激后部芽的萌发，重新调整树势。特别是重回缩，对复壮更新有利，又称更新修剪。

在回缩多年生枝时，往往因伤口大而影响下枝长势，需暂时留适当的保护桩，待母枝长粗后，再把枝疏掉，因为这时的伤口面积相对缩小，所以不影响下部生枝。

在对延长枝进行回缩短截时，若伤口直径大于剪口以下的第一枝时，必须留一段保护桩。

在缩剪多年生的非骨干枝时，如果母枝长势不旺，并且伤口大于剪口枝，也应留保护枝。

在回缩中央领导枝时，要选好剪口下立枝的方向。立枝的方向与干一致时，新领导枝姿态自然，立枝的方向与干不一致时，新领导枝的姿态就不自然。切口方向应与切口下枝条伸展方向一致。

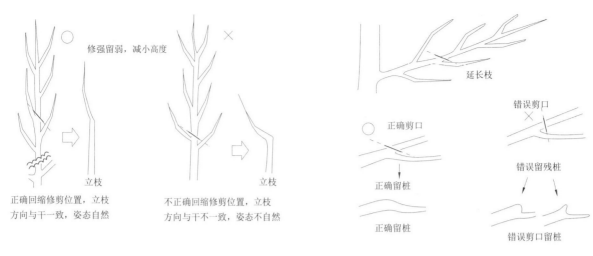

图 4-2-11 缩剪

长放又叫缓放，长放后，可以形成许多中短枝，对树体发育有利，特别适用于果树苗木的修剪。长放和回缩是相辅相成的两种措施，长放，主要针对中庸平斜着生的枝条，但应根据树势进行综合考虑，适当长放，及时回缩。

（4）辅助修剪方法

乔木修剪除了以上的常用方法外，还可以采用折裂、除芽（抹芽）、摘心、摘蕾、摘果、除蘖等辅助修剪方法。

2. 支撑和补植

在暴风雨过后被刮倒或倾斜的树木应及时扶正并搭架支撑保护。

乔木缺株的补植和过密植株的间伐是保障行驶安全和绿化景观效果不可缺少的工作，具体措施参见养护篇第一章相关部分内容。

（五）越冬管理

1. 涂白

冬季对重要的树干基部进行涂白，杀死害虫越冬虫卵，同时也有利于引导车辆行驶。

涂白剂配方为：生石灰 1.5 kg、食盐 0.2 kg、硫磺粉 0.3 kg、油脂少许（作用是避免雨水淋刷）、水 5 kg，拌成糊状。

涂白高度一般为 1.2～1.3 m，边坡上以路基边缘线为准可适当提高。保证涂白高度在同一水平线上。

2. 培土、主干包草、除雪释重

对易受冻害的树木冬季要在根际进行培土防寒、主干包草等工作，此项措施应在冬至前完成，冬季大雪后常绿阔叶树木不耐雪压，应及时除雪释重。

（六）大树移植后的养护管理

大树移植后的养护管理工作特别重要，栽后第一年是关键，应围绕以提高树木成活率为中心进行全面养护管理工作，首先应有必要的资金和组织保证。设立专人，制订具体养护措施。

1. 树干的包裹

定植后，用蒲包、草绳、苔藓等材料严密包裹树干和比较粗壮的分枝。

经包干处理后，一可贮存一定量的水分，使枝干经常保持湿润；二可避免强光直射和干风吹袭，减少树干、树枝的水分蒸发；三可调节枝干温度，减少高温和低温对枝干的伤害，效果较好。

塑料薄膜包裹树干，在树体休眠阶段效果是较好的，但在树体萌发前应及时撤换。因为，塑料薄膜透气性能差，不利于被包裹枝干的呼吸作用，尤其是高温季节，内部热量难以及时散发会引起高温，灼伤枝干、嫩芽或隐芽，对树体造成伤害。

2. 定期浇水和喷水

一般春季植树后，每隔 5～7 天灌一次透水，连续浇水 5～7 次；生长季栽植大树应每隔 3～5 天灌一次透水，连续浇水 7～10 次。如遇干旱天气，应增加浇水次数和浇水量。

入冬之前浇防冻水或设防风障，提高树体的抗冻能力。

树体地上部分，特别是叶面，因蒸腾作用而易失水，必须及时喷水保湿。每天早晚各喷 1 次清水，这样可保持树干湿润。喷水要求细而均匀，喷及地上各个部位和周围空间，为树体提供湿润的小气候环境。

夏季，也可在树南面架设三角支架，安装一个高于树 1 m 的喷灌装置，采用高压水枪喷雾，或将供水管安装在树冠上方，根据树冠大小安装一个或多个细孔喷头进行喷雾，效果较好，但费工费料。

3. 树体注射

在树干的不同方位分别悬挂 3 个输液瓶，内盛营养液，营养液成分主要是水、维生素和无机盐。在距地面 30～40 cm 处，用针头扎入木质部，针头每分钟滴水 18～20 滴左右，上、下午各 1 瓶，这样可以给树木及时补充水分，保证其对水分的需求，促进大树迅速生根成活。但注射水不够均匀，水量较难控制。

一般用于去冠移植的树体，在抽枝发叶后，仍需喷水保湿。

4. 生长季节遮阴

在大树移植初期或高温干燥季节，要根据树种情况采取相应的遮阴或使用抗蒸腾剂等措施，以降低棚内温度，减少树体的水分蒸发。尤其在夏季（6～9 月），大部分时间气温在 28℃以上，空气湿度小、干旱。管理不当会造成根、干缺水、树皮龟裂，导致树木死亡。此时应在树冠外围盖遮阳网，这样能较好地挡住太阳的直射光，使树叶、树干免遭灼伤。在成行、成片栽植，密度较大的区域，宜搭制大棚，省材又方便管理，孤植树宜按株搭制。要求全冠遮阴时，阴棚上方及四周与树冠保持 50 cm 左右距离，以保证棚内有一定的空气流动空间，防止树冠日灼危害。遮阴度为 70% 左右，让树体接受一定的散射光，以保证树体光合作用的进行。以后视树木生长情况和季节变化，逐步去掉遮阴物。

5. 注意排水防涝

新移植大树，根系吸水功能减弱，对土壤水分需求量较小。因此，只要保持土壤适当湿润即可。土壤含水量过大，反而会影响土壤的透气性，抑制根系呼吸，对发根不利，严重的会导致烂根死亡。

为此，一方面，要严格控制土壤浇水量。移植时第一次浇透水，以后因视天气情况、土壤质地，检查分析，谨慎浇水。同时要慎防喷水时过多水滴进入根系区域。

第二方面，栽植留下的浇水穴，在第一次浇透水后即应填平或略高于周围地面，以防下雨或浇水时积水。同时在地势低洼易积水处，要开排水沟，保证雨天能及时排水。

第三方面，要保持适宜的地下水位高度（一般要求-1.5 m以下）。在地下水位较高处，要做网沟排水，汛期水位上涨时，可在根系外围挖深井，用水泵将地下水排至场外，严防淹根。

用取土器定期在树体的不同部位，分别取出自地表向下至1 m处的土样，观察此处的土壤含水量和土壤状况。若土壤含水量过高，超过田间最大持水量的80%时，则要及时翻土晾晒；或在其附近挖沟，沟内放入沙子和炉渣，将多余的水分引流到别处，防止发生涝害。

雨季也可以用潜水泵逐个抽干栽植穴内的水，避免树木被水浸泡。

6. 对大树进行桥接

选择与大树亲和力较强且适应性较强、生长旺盛的树木进行桥接，成活后可及时给大树补充养分和水分，利于大树的成活和复壮。

另外，对树皮大面积损伤的大树，也可以用桥接法进行补救。

7. 保护新芽

新芽萌发，是新植大树进行生理活动的标志，是大树成活的希望。更重要的是，树体地上部分的萌发，对根系具有自然而有效的刺激作用，能促进根系的萌发。

因此，对在移植初期，特别是移植时进行重修剪的树体所萌发的芽要加以保护，让其抽枝发叶，待树体成活后再行修剪整形。同时，树体萌发后，需特别加强喷水、遮阴、防病治虫等养护工作，保证嫩芽与嫩梢的正常生长。

8. 适时增施肥料

施肥有利于恢复树势。大树移植初期，由于树木移植损伤大，根系吸肥力低，宜采用根外追肥，一般半个月左右一次。

使用尿素、硫酸铵、磷酸二氢钾等速效性肥料配制成浓度为0.5%～1%的液肥，选早晚或阴天进行叶面喷洒，遇降雨应重喷一次。

第二年根据树的生长情况施农家肥或叶面喷肥。生长季节可通过叶面追肥，补充一些速效的无机化肥，如0.3%～0.5%的尿素等；秋季结合耕翻施入充分腐熟的基肥，如厩肥、粪肥等。

9. 防治病虫害

由于移植大大损伤树势，树体的抵抗力弱，刚萌发的枝叶嫩，容易遭受病害、虫害，需要及时采取有效的措施进行防治。可用农药混合喷施，分4月、7月、9月这3个阶段，每个阶段连续喷4次药，每周1次，正常情况下可达到防治的目的。

10. 防冻

新植大树的枝梢、根系萌发迟、年生长周期短，积累的养分少，因而组织不充实，易受低温危害，应做好防冻保温工作。

一方面，入秋后，要控制氮肥，增施磷、钾肥，并逐步延长光照时间，提高光照强度，以提高树体的木质化程度，提高自身抗寒能力。

另一方面，在入冬寒潮来临之前，做好树体保温工作。可采取覆土、地面覆盖、设立风障、搭制塑料大棚等方法加以保护。

11. 看管围护

在人流较大、易遭人为伤害的地方，对新栽大树应架设围栏，加强看管。

二、灌木的养护技术

用于公路绿化建设的灌木，不仅与乔木和草本植物组成复合结构的植物群落，起着改善公路生态环境的作用，而且大部分灌木种类位于公路绿地的"前沿"位置（如中央分隔带、土路肩、交通岛、服务区等），必须满足交通安全要求，要控制植物的高度、密度、形状等规格，还要具有更高的观赏性，因此对灌木的养护要求有更高的技术性。

表 4-2-2 灌木的养护技术

养护技术	养护内容
水分管理	以保湿为主、注意排水
土壤管理	及时中耕松土，土壤覆盖
养分管理	对养分要求较高，针对性补充营养，施肥方法，施肥次数
整形管理	修剪时间，修剪注意事项

（一）水分管理

灌木的水分管理措施与乔木相似，但是灌木大多根系较浅，尤其是那些园艺化程度比较高的种类，对水分逆境的抗御能力较低，对水分管理的要求比乔木更高。因此，土壤水分管理工作不可忽视，应加强检查，保证湿度，雨后还要及时排水防渍，以免引起烂根，影响生长。

以江苏为例。大多数种类年生长周期中有两个生长高峰：一是春季，江苏为 4 月中旬至 5 月中旬；第二个高峰在 6 月下旬至 7 月中旬。在这两个生长高峰期中水分不足，会严重影响生长发育，因此在这两个时期，必须注意灌溉，高温季节还需喷洒树冠。此外，对于两季的排水工作也要给予足够重视。

（二）土壤管理

1. 中耕松土

土壤表面杂草丛生不仅有碍景观，而且为病虫害提供了繁衍的场所。因此，必须在生长季节及时除草，结合除草进行浅耕松土，切断表土毛细管，减少土壤蒸发。

冬季深翻土壤是为根系创建一个良好发育的土壤环境。翻土的同时将土表越冬的病虫害翻入土中，翻土的深度不少于 30 cm。

2. 土壤覆盖

土壤覆盖可减少土壤水分蒸发，同时还可起到降低土温的作用，而且还能节约用水，防止杂草生长，要大力提倡。土壤覆盖除了种植地被植物外，在裸露的土面，可用经机械加工打碎的植物枝干碎片以及木材加工厂的废弃木片覆盖。

在树干周围覆盖时，切忌将覆盖物贴近主干，以免害虫啃食树皮并引发病害。

（三）养分管理

灌木的施肥方式和肥料种类和乔木相似。但由于灌木需要不断修剪，所以对养分要求较高，应合理施肥，做到基肥足、追肥速、以氮为主、磷钾结合、勤施薄施、剪后必施、必要时进行根外施肥的原则，重点考虑施肥时间和施肥量。

1. 施肥时间

灌木全年一般需进行两次施肥，观花类植物在花蕾期增施一次磷、钾肥，如复合肥加过磷酸钙和氯化钾，观果类植物除以上 3 次施肥外，于幼果发育期增施一次复合肥。

2. 施肥量

合理施肥首先要测定土壤中各种营养元素的含量，从而确定施肥量和各种肥料的比例。在植株出现缺素症时，还需针对性地补充营养。

（四）整形管理

在公路绿化中，对种类繁多的灌木植物的整形修剪，除服务区等重点绿化区域的造型灌木作必要的整形之外，主线上的其他灌木应重点进行修剪工作，保持完整饱满的树形和适当的大小，主要剪除病虫枝、交叉枝、下垂枝、徒长枝。

修剪的作用在于抑制植物顶端生长优势，促使腋芽萌发，侧枝生长，全体丰满，利于修剪成型；同时加速成型，满足设计效果。修剪原则为：从小到大，多次修剪，线条流畅，按需成型。

1. 修剪时间

花灌木生长到 30 cm 高时，开始修剪。当次修剪后，清除剪下的枝叶，加强肥水管理，待新的枝叶长至 4～6 cm 时，进行下一次修剪；前后修剪间隔时间过长，灌木会失形，故必须进行定期修剪。

绿篱定植第 1 年最好都任其自然生长，以免修剪过早而影响根系生长，从第 2 年开始，按照预定的高度和宽度进行短截修剪。修剪 2～3 年后，绿篱下部分枝长得匀称、稠密，上部树冠彼此密接成型。然后进入常规管理，根据不同的植物种类灵活掌握，每年都要进行几次修剪。

2. 灌木修剪技术要点

◆ 使丛生大枝均衡生长，保证灌木植株良好的树形。

◆ 对枝条过多的植株，适当疏去树冠内过密的枝条及纤细枝，创造树冠内通风透光的条件，减少病虫危害。

◆ 短截灌丛外的徒长枝，保持灌丛外观完整。

◆ 凡是容易萌发根蘖的种类，必须经常检查并剪除根部的萌蘖，以防扰乱树形。

◆ 对于萌生能力强的灌木（如紫穗槐、木芙蓉等），可于秋后全部抹头，次年重发。

◆ 当年生枝条开花的灌木（如紫薇、木槿、月季等），应于休眠期修剪，为控制树木高度，对于生长健壮的枝条应在保留3个小芽处短截，促发新枝；一年数次开花的灌木（如月季、珍珠梅等），花后应及时剪去残花，促进再次开花。

◆ 隔年生枝条开花的灌木，休眠期适当整形修剪，生长期花落后10~15天对已开花枝条进行中或重短截，疏剪过密枝，以利来年促生健壮新枝。

◆ 多年生枝条开花的灌木，应注意培育和保护老枝，剪除干扰树型并影响通风透光的过密枝、弱枝、枯枝或病虫枝。

◆ 绿篱每次修剪高度应较前一次修剪提高1 cm，用大平剪和绿篱机修剪。

◆ 绿篱修剪时可在绿篱带的两头各插一根竹竿，再沿绿篱上口和下沿拉直绳子，作为修剪的准绳，保证绿篱修剪后平整、笔直，高、宽度一致，达到事半功倍的效果。

◆ 注意直径1 cm以上的粗枝剪口，应比篱面低1~2 cm，使其掩盖于细枝叶之下，避免因绿篱修剪后的粗剪口影响美观。

◆ 从有利于绿篱植物的生长考虑，绿篱的横断面以上小下大的梯形为好（图4-2-13）。修剪方法为先剪其两侧，使其侧面成为一个斜平面，两侧剪完，再修剪顶部，使整个断面呈梯形。

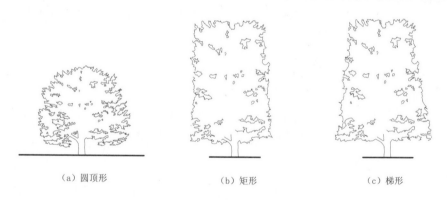

图4-2-12 常见绿篱形状

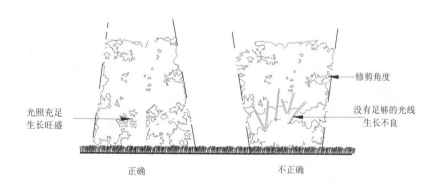

图4-2-13 绿篱修剪方式

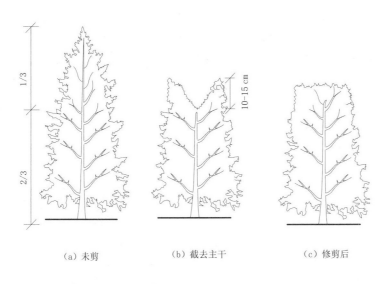

(a) 未剪　　　　　(b) 截去主干　　　　(c) 修剪后

图 4-2-14　绿篱修剪示意图

三、藤本植物的养护技术

藤本植物在公路绿化当中养护强度较低，但并不是说可以放任生长。藤本植物极强的适应能力也可能带来一定危害，应在不同阶段，根据植物特性加强管理。

表 4-2-3　藤本植物的养护技术

养护技术	养护内容
水分管理	适当增加水分补充，掌握浇水时期
土壤管理	中耕、除草
养分管理	施追肥，施基肥，使用有机肥和化肥的注意事项，施肥深度，及时浇水
整形管理	整形方式，理藤，修剪

（一）水分管理

1. 浇水时期

要掌握好 3 ~ 7 月份植物生长关键时期的浇水量。

做好冬初"冻水"的浇灌，以有利于防寒越冬。

2. 浇水量

水是藤本植物生长的关键，在春季干旱天气时，直接影响到植株的成活。由于藤本植物根系浅，占地面积少，因此，在土壤保水力差或者干旱季节应适当增加浇水量和浇水次数。

新植和近期移栽的藤本植物，应连续浇水，直至植株不浇水也能正常生长为止。

（二）土壤管理

藤本植物的土壤管理主要是中耕松土和清除杂草的工作。

（三）养分管理

藤本植物的养分管理和乔灌木相似，目的是供给藤本植物养分，改良土壤，增强植物的生长势。

新栽苗在之后两年内宜根据生长势进行追肥。生长较差、恢复较慢的新栽苗或要促使快长的植物可用生长激素或根外追肥。使用追肥，应在春季萌芽后至当年秋季进行，特别是6～8月雨水勤或浇水足时补充肥力。

根据生长情况于秋季植株落叶后或春季发芽前施基肥，应使用有机肥，施用量宜每延长米0.5～1.0 kg。

（四）整形管理

1. 整形方式

在公路绿地中，对藤本植物的整形管理，根据种植形式的不同有以下几种处理方式：

（1）棚架式

对于卷须类及缠绕类藤本植物多用此种方式进行修剪与整形。剪整时，应在近地面处重剪，使发生数条强壮主蔓，然后垂直诱引主蔓至棚架的顶部，并使侧蔓均匀地分布架上。修剪整形得当，可很快地成为阴棚。除了隔数年对病、老或过密枝进行疏剪外，一般不必每年剪整。

（2）凉廊式

常选用卷须类及缠绕类植物（如粉团蔷薇、木香、金银花等开花繁茂的种类），偶尔选用吸附类植物。如凉廊有侧方格架，主蔓勿过早诱引至廊顶，否则容易形成侧面空虚。一般只梳除老枝，待生长到一定时间，发生树势衰弱时，应进行回缩修剪，使其更新，恢复强壮。

（3）篱垣式

多选用卷须类及缠绕类植物。对侧蔓进行水平诱引后，每年对侧枝施行短剪，形成整齐的篱垣形状。长而较低矮的篱垣，通常称为"水平篱垣式"，又可依其水平分段层次之多少而分为二段式、三段式等。距离短而较高的篱垣，形成"垂直篱垣式"。

（4）附壁式

公路绿化中的护坡，建筑、构筑物绿化当中多采用这种方式，一般多选择吸附类植物为材料（如爬墙虎、凌霄、扶芳藤、常春藤等）。优点是方法简单，只需将藤蔓引于墙面即可自行靠吸盘或吸附根而逐渐布满墙面。

修剪时应促进各蔓枝在壁面上分布均匀，勿使互相重叠交错。采用在生长期修剪未吸附墙面的枝条和短截空隙周围枝条的方法，使壁面基部全部覆盖。在附壁式修剪与整形中，最易发生的毛病为基部空虚，不能维持基部枝条长期茂密。对此，可配合轻、重修剪以及曲枝诱引等措施，加强栽培管理工作。

（5）直立式

对于一些茎蔓粗壮的种类，如紫藤等，可以修剪整形成直立灌木式。此式如用于公园道路旁或草坪上，可以收到良好的效果。

2. 理藤

理藤是保证藤本植物合理有序的生长，达到最佳覆盖的一项工作。栽植后当年的生长季节应进行理藤、造型，以逐步达到满铺的效果。藤枝分布不均匀的，要做人工牵引。

3. 修剪

修剪是促进藤本植物枝叶萌发，控制生长和复壮更新的重要手段。修剪时间一般安排在植株秋季落叶后和春季发芽之前。

藤本植物修剪时应注意：

◆ 枝叶稀少的可摘心或抑制部分徒长枝的生长。

◆ 随时抹去花架顶面以下的主藤茎上的新芽，剪掉其上萌发的新枝，促使藤条更长，分枝更多。通过修剪，使其厚度控制在 15～30 cm。

◆ 栽植 2 年以上的植株应对上部枝叶进行疏枝以减少枝条重叠，并适当疏剪下部枝叶。

◆ 对生长势衰弱的植株应进行重剪、促进萌发。

四、花卉的养护技术

花卉色彩鲜艳、具有很强的视觉冲击力，景观效果显著，但其植株较小，要保证开花时间和开花质量，对水分、养分、光照等条件均有比较高的要求，必须有针对性地进行养护管理，才能保证生长良好，充分发挥在公路绿化中的焦点作用。

表 4-2-4　花卉的养护技术

养护技术	养护内容
水分管理	浇水时间、浇水量、排除积水
土壤管理	中耕除草
养分管理	不同种类花卉施肥、施肥时期、施肥方法选择
整形管理	整形、修剪
越冬管理	覆盖法、培土法

（一）水分管理

一般初栽后要于当天浇一次透水，隔一天再浇一次，连浇 3 次水。之后的日常管理主要根据气候情况和花卉类型决定。一年中不同季节的浇水，总的说来，高温干旱季节浇水次数多，气候温和、多雨季节浇水少。

1. 花卉对水分的需求

不同种类或同一种类不同发育时期，对水分的需求也不相同。

由于不同种类花卉植物的耐旱性不同，灌溉的次数也不一样。一般说来，一、二年生草花比宿根类花卉的抗旱能力弱，但又不耐水湿；球根花卉在土壤积水情况下，球根容易腐烂。在干旱天气，一、二年生草花和球根花卉要勤浇水，防止萎蔫失水，宿根花卉的浇水次数可以相对较少。

花卉植物的发育过程中，水分状况直接影响花芽分化、花的色泽和花期。在花卉由营养生长向花芽分化期转化时，水分过多会抑制花芽分化，过少则使花芽过早分化；开花时如遇干旱，则因为缺水而花色变深，花期变短，花朵开放不充分，影响观赏效果，反之，水分过多，则引起落蕾落花、花瓣霉烂等现象。

2. 浇水时间

浇水应避免烈日曝晒下进行，正常的浇水应在早晨和傍晚，这时水温和土温比较接近，不至因为土壤骤然降温而损伤花卉根系正常生理活动。

在特殊气候条件下，由于干旱和烈日引起一些幼嫩草花萎蔫时，可以在日中适当补水，但必须将水温（少量用水可以将水在太阳下晒一下）略为提高，降低与土壤的温差，再用以喷灌。

3. 排除积水

在多雨季节，尤其土壤黏重的地区，常常因为土壤积水而造成根部腐烂死亡，必须及时排水。

排水方法主要采取开沟排水，沟的深度以沟底低于植株根系为度，一般不少于 30 cm。宿根和球根花卉不耐水渍，而且根系较深，沟深应达到 40～50 cm，最好采用高畦栽植。

（二）土壤管理

花卉的土壤管理应注意：

◆ 花卉土壤的中耕深度为 10 cm 左右，中耕工作应结合除草同时进行。

◆ 生长季节杂草生长迅速，造成与栽培的花卉争夺肥水和阳光，不仅影响花卉生长发育，严重时还会导致花卉死亡，因此要反复多次进行除草。花卉大面积种植时，可以使用化学除草剂除草。

（三）养分管理

花卉的养分管理应注意：

◆ 多年生花卉的施肥，通常在分株栽植时作基肥施入；

◆ 一、二年生花卉主要在培育时施肥，定植后一般不再追肥，只对花期长者，追肥 1～2 次；

◆ 施肥时期以萌芽后、开花前、开花后以及结实前进行为宜。现蕾时切忌施肥，否则会引起落花。

（四）整形管理

1. 整形

公路绿化重点区域，如城市出入口、交通环岛、服务区的重点区域，往往会采用花卉的造型手法，不仅需要在施工阶段做好造型工作，还要经过后期养护阶段长期的整形管理，花卉整形方式主要有单干式、多干式、丛生式、悬崖式、攀缘式等。

2. 修剪

花卉的修剪应注意：要经常将残花、果实及枯枝黄叶剪除；要经常修剪，保持适宜的高度和形态。

对易倒的花卉需设支柱。

◆ 宿根花卉、地被植物在秋冬茎叶枯黄后要及时清理或刈除，需要防寒覆盖的花卉可利用这些干枝叶覆盖，但应防止病虫害藏匿及注意卫生。

修剪工作主要包括摘心和除芽去蕾。

（1）摘心

摘除枝梢顶芽，促进分枝生长，摘心可以控制植株高度，增加分枝，使株丛低矮紧凑。一、二年生草花和宿根花卉多采用摘心，特别是分枝力不强的花卉，如一串红、大波斯菊、荷兰菊等，但是对以顶花为主和自然分枝力强的种类则不宜摘心，如鸡冠花、观赏向日葵、凤仙花、三色堇、麦秆菊等。

（2）除芽去蕾

即除去过多的腋芽和侧蕾，使留下的花朵充实而美丽，如菊花和大丽花的修剪多采用此法。

（五）越冬管理

对耐寒性差的种类，越冬前要做好防寒措施，使其安全度过寒冬，这是露地花卉养护管理的一项重要工作。常用的防寒方法有覆盖法和培土法。

（1）覆盖法：在霜冻之前，在土表铺设稻草、麦秸、碎木片或地膜等。

（2）培土法：对耐寒性稍强的种类，在茎秆周围培土，保护根系，减少冻害。对宿根花卉中地上部分干枯、休眠的种类，可采取盖土或埋入土下的方法。待开春时，除去覆土。

五、草坪草、地被植物及观赏草的养护技术

（一）草坪草的养护技术

公路绿化中应用草坪，不仅能有效地防止土壤侵蚀，减少地表径流，改善路域生态环境，而且也丰富了公路的景观。为保证公路草坪的质量，延长草坪的寿命，以及保持其长期稳定的绿化效果，加强草坪建植后的养护管理至关重要。若对草坪只种不养或养护水平跟不上，草坪使用年限将会明显缩短，甚至荒芜。

表 4-2-5 草坪的养护技术

养护技术	养护内容
水分管理	灌溉方法、灌溉时间、灌溉要求、排水
土壤管理	垫土、松土、除杂草
养分管理	施肥时间、施肥方法、施肥量、肥料种类
整形管理	修剪作用、修剪高度、修剪频率、修剪方式

1. 水分管理

充足的水分能满足草坪草正常光合作用和呼吸作用等代谢过程的需要，保持植株茎叶的挺拔，利于根部吸收土壤中的矿质元素。此外，早春浇灌可以促使草坪提前返青，秋季科学灌溉可以延长草坪的绿叶期，从而提高草坪的观赏价值。

草坪灌溉应根据草坪植物品种、养护质量要求、季节变化、土壤质地等条件，采用适当的灌溉频率、灌溉强度及灌溉量，主要考虑以下几个原则：

◆ 因草灌溉 黑麦草、百慕达等草种需水量较大，应保证水分的供给；马尼拉草、高羊茅等比较耐旱，可以适当少浇水；草地早熟禾等草种不耐水涝，应该掌握"小水施灌"的原则。

◆ 因质灌溉 要求高质量管理的草坪，每次灌溉后草坪内不能积水，干旱季节几乎每1～2天浇水一次，早春及秋末都要积极加强水分管理；而一般管理较粗放的草坪，只在较干旱的季节，采取低频率、高强度灌溉的方法，即灌溉次数少，每次的灌溉量相对较大。

◆ 因季灌溉 一般在高温干旱的季节，应在白天的上午进行小水勤灌，一方面灌足了水分，可以降低地温，同时也能避免病害的大发生；早春及秋末适当减少浇水次数，但每次浇水应达到土壤水分饱和状态，并坚持"见干见湿"的原则。

◆ 因土灌溉 一般沙性土壤应勤浇水，而黏重土壤则应少浇水。

◆ 灌剪结合 灌溉还应与其他管理措施密切配合，如草坪修剪频繁则灌溉次数也应增加。

（1）灌溉方法

公路绿化种植的草坪可分为观赏性草坪和一般性草坪，对于观赏性草坪其养护要做到精细，例如在浇灌系统设计中要求埋设水网喷灌设施，这样不仅能达到喷灌浇水的目的，而且还有较好的景观效果；对于一般性草坪在干旱时主要采用高压水车进行喷灌和自来水水压可移动喷头喷灌。中央分隔带、边坡和路侧绿化带的草坪一般采用高压水车浇灌；草坪集中、面积大、管理要求高的绿地（如互通立交区、服务区等）也可采用地埋自动喷灌系统和可移动喷灌；中央分隔带等管理难度比较大的绿地，滴灌等高效灌溉系统是草坪灌溉的发展方向。

（2）灌溉时间

草坪的灌溉时间一般在每一年中，除了春灌和冬灌可以促进草坪的返青和安全过冬外，高温干旱的季节应加强水分管理，梅雨季节则一般很少浇水。

成熟的草坪每隔15天浇水一次，夏季5～10天一次，秋季为每月浇水1～2次。

灌溉可以在一天中大多数时间内进行，值得注意的是，灌溉最好避免在夏季中午进行，因为此时灌溉容易导致草坪烫伤，且此时蒸发强烈，会降低灌溉水的利用率，也会干扰诸如修剪、病虫害防治等其他草坪管理工作的进行。

草坪的灌溉还要注意以下几点要求：

◆ 一般苗期湿润层5～10 cm；成坪后入冬前生长季湿润层20～40 cm。

◆ 入冬前灌冻水，湿润层40～50 cm，以防止冬季干旱。

◆ 中央隔离带草坪浇水应配合防眩树的浇水同时进行，浇水次数根据降水情况进行调整。

（3）排水

草坪草一般都比较耐水湿，但积水过多、时间过长也会影响其生长。因此，在绿化地形整治和土壤改良阶段应保证草坪区域有足够的排水坡度。在日常养护过程中结合垫土等工作进一步完善草坪的排水系统。

2. 土壤管理

（1）垫土

草坪在使用过程中，场地内的土壤会有不同程度的减少，有的地方甚至出现凹凸不平；有的草坪草在生长过程中匍匐茎裸露，为了促进草坪草恢复，保证草坪健康生长，垫土是十分必要的。

条件好的场地，可专门制作垫土的土料，常将沙（砂）质土壤、有机肥料进行土壤消毒或混入部分氮、磷、钾化肥（比例2:1:2），搅拌均匀后堆积备用，也可混入杀虫剂或除草剂。

垫土土料也可以使用过筛的肥沃壤土，或晒干的泥塘淤泥、泥炭肥或高质量的堆肥、饼肥等再拌10%~15%的干细黏土。不管用哪种土料，切忌混入杂草草籽及其营养体。

垫土一般在草坪休眠期及萌发前进行，每年至少垫土1次。

垫土时对小面积的草坪，常采用人工手撒法，大面积草坪有条件时则使用专门的撒土机械。一次垫土的厚度为1.5~4 mm，若超过5 mm就会影响草坪草的萌发与生长。

（2）松土

草坪建植1年以上就要人为改善草坪土壤的物理性状，用松土耙搂起枯草，疏松表层土壤，改善土壤通透性能，整个生长季节均可进行。

对草坪刺孔或打洞的作用和松土一样，只不过是用打孔机在草坪上打孔，疏松土层更深一些。

松土一般在春秋两季进行，打孔后的草坪达到排水通气良好。

（3）除杂草

草坪杂草指生长于草坪上的破坏草坪景观的非建坪植物。

杂草主要来源于原建坪场地上的杂草和草坪建植中携带的杂草。

防除草坪杂草的主要方法有以下几种：

预防杂草侵入：杂草来源包括本地杂草和外来杂草，本地杂草指坪床上及周边地区的杂草，外来杂草指的是随建植草坪种子或草皮等携带的杂草种子（苗）。

因此，建造草坪时应结合整地清除杂草，特别应注意，多年生恶性杂草的地下部分要清除干净，杜绝后患。草坪草籽和草皮质量必须符合标准。

人工除草：人工拔除杂草，一般结合中耕工作，在浇水或降雨后进行，但由于工作量大、成本高、速度慢，只适用于景观要求高、人员活动频繁的服务区、收费站绿地中的少量草坪。

化学除草：应选用选择性强、污染小的除草剂，避免发生药害或造成环境污染。化学除草对于施药技术要求也很高，要切实避免药液飘移。

除草剂施用时，要掌握药剂、杂草、草坪草、环境四者之间的关系。针对杂草生育期生理生态特点，选用有效的除草剂，经济的用药量，适宜的施药期和方法，以提高防除杂草效果并保证草坪草的安全，避免或减轻环境污染，达到除杂保草、省工及效果好的目的。

根据草坪在公路中的不同段落、部位，采用相应的除杂草管理措施。对于服务区、收费站、城市出入口等绿化重点区域内的杂草应及时清除。边坡、路侧绿化带中的草坪应以修剪为主，避免养护成本过高。

3. 养分管理

（1）施肥时间

对冷季型草坪草，宜将一年的肥料用量分春秋两季施用，暖季型草坪草以早春为宜。在旺盛时期施肥，冷季型草坪草要避免在盛夏月份内施肥，暖季型草坪草在温暖的春、夏生长旺盛期需要及时施肥。

（2）施肥方法

休眠期施基肥，生长季施追肥。追肥主要采用化肥喷施，或将化肥按规定用量加少量细土混合均匀撒到草坪上。施肥后应适量喷水使肥料深入土中，但要注意水量不能太大，否则会造成肥料流失；刚修剪过的草坪不能立即施肥，以免造成剪口枯黄。

（3）施肥量

基肥，每公顷15～22.5 t，每隔2～3年一次；追肥的次数应根据草种和立地条件灵活掌握，不过，无论是冷季型草坪草还是暖季型草坪草，在生长期内至少要施2～3次。

（4）肥料种类

草坪肥料的种类很多，目前国内外较广泛使用的是混合肥料。这类肥料不仅含有满足草坪草生长所需的氮、磷、钾和微量元素，而且还可以根据当地土壤条件、气候、草坪草种，有目的地调整各种营养成分的比例，做到经济、有效、平衡施肥。

4. 整形管理

冷季型草坪草修剪期一般在5～6月，在温带地区为7～8月。暖季型草坪草在25～30℃产量最高时修剪次数最多。

（1）修剪作用

修剪是草坪与自然草地的根本区别之一，修剪使草坪具有整齐性和美观性，此外，草坪修剪还有以下益处：

◆ 修剪有利于草坪植株的分蘖和扩繁，从而形成质密富于弹性的草坪。

◆ 及时的修剪可以防止由于植株生长过高和过密而引起的褐斑病等病害的大发生。

◆ 修剪可以抑制不耐修剪杂草的生长，防止草坪内秃斑的形成，有利于草坪的建植，维护草坪的美观。

◆ 修剪可以减少草坪地内的枯枝落叶，减缓枯草层的形成，延迟草坪的退化。

◆ 在北方地区早春及时修剪可以增强草坪的通风透光效果，从而促使草坪提早返青，秋末的合理修剪并配合施肥、浇水等措施，可以延长草坪的绿叶期。

（2）修剪高度

草坪修剪高度以草种（品种）和用途不同而异。每一种草坪都有它特定的修剪高度范围。修剪若低于耐剪高度，容易发生茎叶剥离的现象。过多地把绿色茎叶去掉，老茎裸露，甚至造成地面裸露。修剪若高于耐剪高度范围，草坪草易变得蓬松、柔软、匍匐，难以形成令人满意的草坪。

草坪修剪高度以剪掉部分不能超过未剪高度的1/3为准，称为1/3原则，否则易使地上茎叶生长与地下根系生长不平衡，从而影响草坪的正常生长。多数情况下，暖季型比冷季型草坪草耐低矮修剪。表4-2-6列出了不同类型草坪草的参考修剪高度。多数情况下，在这个高度范围内修剪草坪表现良好。

一般，进入冬季的草坪要修剪得比正常修剪高度低一些，这样可使得草坪冬季绿期加长，春季返

表 4-2-6　不同类型草坪草参考修剪高度范围

冷季型草	高度 / cm	暖季型草	高度 / cm
草地早熟禾	3.5 ~ 6.5	狗牙根	2.0 ~ 3.5
黑麦草	3.5 ~ 5.0	沟叶结缕草	3.0 ~ 6.0
高羊毛	3.5 ~ 6.5	天鹅绒草	2.5 ~ 6.0
		圣·奥古斯汀草	3.5 ~ 5.5
		百喜草	5.0 ~ 7.5

青提早。

（3）修剪频率

修剪频率是指一定时期内草坪修剪的次数。与之相反，修剪周期则是指连续两次修剪之间的间隔时间。不同的草坪要求的修剪频率不同。研究表明，修剪频率低的草坪比修剪频率高的草坪粗糙，更抗践踏。

在温度适宜、雨量充沛的春季，冷季型草坪草每周需修剪两次，夏季每周一次即可；暖季型草坪草需经常修剪。

（4）修剪方法

草坪修剪主要包括机械修剪和化学修剪。

机械修剪主要有手推式剪草机和动力剪草机两类。对草株稀疏或直立性强的草株可使用手推式剪草机。剪草机的刀刃要求锋利，剪草机功率要大，噪声要小，还要便于维修。对那些葡匐茎和草株过密过乱的草坪，要先用梳草机梳稀后再按规定高度修剪。

化学修剪指利用生长延缓剂如多效唑、乙烯利及矮壮素等，以延缓草坪地上部分生长，减少机械修剪次数，主要用于低水平养护的草坪如公路护坡保土草坪等的养护。

草坪修剪时应注意：

◆ 转换剪草方向。由于修剪方向的不同，草坪蘖枝的取向、反光也不相同。为了保证蘖枝向上生长，每次修剪的方向应该改变，转换剪草方向也是防止草坪纹理形成的主要方法。另外，不改变修剪方向可使草坪土壤受到不均匀挤压，甚至出现车轮压槽，而且易使土壤板结、草坪受损伤。所以，修剪时要尽可能地改变修剪方向，使车轮挤压在草坪上分布均匀，减少草坪的践踏。

◆ 碎草归还土壤。剪下来的碎草内含有植物所需的营养元素，是重要的氮源之一。剪切的碎草含有78% ~ 80%的水、3% ~ 6%的N、1%的P和1% ~ 3%的K。剪下碎草的含氮量可占草坪氮需要量的1/3。归还这部分养分于土壤，可减少化肥施用量，并使土壤肥力逐渐提高。如长期修剪并把剪下来的碎草移走，最终会引起土壤养分平衡的失调，同时还需要施用化肥来补足带走的养分。

◆ 初次修剪，特别是土壤松软时，最好不要用重型机器，并保证刀片锋利，钝刀片易把小草从土壤中拔出来。如果土壤太湿太松，就不宜修剪。如果等到能修剪时，草坪草已超过应修剪高度时，应逐渐降低高度，直到达到所要求的高度为止。

◆ 草坪春季返青之前，应尽可能降低修剪高度，剪掉上部枯黄老叶，利于下部叶片和土壤接受阳光，促进返青。

（二）地被植物的养护技术

地被植物作为地面覆盖材料有许多优点，和草坪草相比，植株较大，需水量较少，养护管理工作量小，同时，还可以适应高架桥下、建筑、构筑物北面潮湿阴暗的环境。从长远效果看，可大大增强防风固土、吸收污染物的能力。但是，地被植物形成场地全面覆盖需要一个相对较长的时间，对养护管理也有其特殊性。

表 4-2-7　地被植物的养护技术

养护技术	养护内容
水分管理	抗旱浇水、林下地被的水分管理
土壤管理	除杂草
养分管理	施基肥、施追肥
整形管理	及时整理补缺、适当修剪
越冬管理	覆盖、适当浇水
更新复壮	抽稀分株、挖掘分株

1. 水分管理

灌溉是保持地被质量和效果的关键性措施，地被植物的需水量较少，但是也不能过于干旱，要注意：

◆ 有些地区盛夏时节会出现长久干旱，对于密度很高的草本植物，及时抗旱浇水十分重要，特别是对叶质薄、叶面积大、蒸腾量亦大的品种，盛夏每天上午 10 时就开始出现叶子萎蔫，所以每天除了根部浇水一次外，还要对叶面进行喷雾 1~2 次，以提高空气湿度。

◆ 林下种植的地被，应根据具体位置和植物群落结构条件进行水分管理。

2. 土壤管理

种植地被植物可以控制杂草，减少除草的工作量，最终可以不用人工除草。地被植物在种植初期（草本在 2~3 个月内，木本在 1~3 年内）植株尚未郁闭，株间空隙仍会长出许多杂草，应及时除去，集中营养促进地被植物迅速生长，一旦郁闭地面，地被植物本身就能抑制杂草生长。

3. 养分管理

地被植物种植密集，而且要求花期长、绿叶期长、生长期长。特别是对于那些观花和四季生长的栽培地被，同样面积较一般绿地所需的营养要多几倍，因此对于地被植物的施肥不可忽视。定期施肥可补充因开花和长年生长带来的营养消耗，以保持生长健壮，叶色浓绿。地被植物的养分管理主要应考虑：

◆ 种植前要施足基肥，在生长期追肥，以氮、磷、钾肥配合，促进叶片丰满浓绿，提高观赏价值。

◆ 根据不同品种植物的开花、生长习性来决定追肥的种类和时间，如对沿阶草、阔叶麦冬、小叶栀子等可以施酸性肥料。

◆ 肥料种类首选有机肥，有机肥可以稳定土壤性质，疏松土壤，促使发根，扩大株群，也可以适量选用化肥。

4. 整形管理

（1）及时整理补缺

残花枯枝的及时整理、植株的补缺是地被养护管理工作中必不可少的工作。

地被主要是观赏其群体美，在大片地被中常常会由于自然因素以及病虫原因出现枯枝落叶，必须及时整理，对于宿根花卉地被，开花后最好将残花剪去，可以减少养分消耗，有利于植物生长。对缺株的地方应及时补种，消灭空秃。

（2）适当修剪

地被中有一部分品种花叶并茂，自然生长较高的植株，如菊花脑、薄荷、聚合草等植株可达1 m高，下部枝叶枯黄，植株倒伏、杂乱。但是，由于它们耐修剪，枝条生长迅速茂密，可通过适当的修剪使高度控制在20~30 cm，甚至更矮，使枝叶细腻、花枝增多、花数增加、花期一致。

有些木本地被可通过枝条的短截来控制过高生长，促进横向生长，扩大冠群，但要掌握好修剪的时间、次数和程度。

5. 越冬管理

在严寒到来之前，对于一些常绿、露地越冬但又易受冻害的地被提前做好防冻工作，一般在地面撒上木屑，或在低矮的枯株上，盖上一层稻草，或适当浇水防冻。

6. 更新复壮

一般宿根草本地被的盛花期为3~4年，从3~4年以后即开始衰老，开花减少，枝叶生长瘦弱。特别是平时很少松土、施肥的地被群生长势衰退的情况更明显，需要及时加以更新复壮。更新的方法有以下两种，可交替进行：

（1）抽稀分株

将部分植株或地下部分挖起，分株多余的植株可以用于扩大种植。在株间增施肥料，促进发根发株。

（2）挖掘分株

将植株全部挖起，疏去衰老的植株、病株，将枯残老根剪去，结合翻耕土壤、增施基肥、重新种植，促进花叶茂盛。多余的可用以扩大种植面积。

（三）观赏草的养护技术

观赏草具有很强的固土能力，生态保护作用明显，而且姿态自然优美，生命力顽强，种植成活率高，养护相对简单，是公路绿化中值得推广的植物材料。

表4-2-8 观赏草的养护技术

养护技术	养护内容
水分管理	浇水量的调整、灌溉时间、地表覆盖、排除积水
土壤管理	杂草防治
整形管理	修剪整枝
环境入侵危险	去除花序、清除幼苗、隔离根茎

1. 水分管理

（1）浇水量的调整

观赏草在移栽初期或在苗期时对环境适应能力低，抗旱能力差，此时需要经常浇水，以保证成活。一旦形成稳定的根系，就可逐渐降低浇水量。

（2）灌溉时间

一般在第一个生长季节灌溉充分，保证苗期成活，迅速定植，形成强壮的根系，之后的多年生长中不需要额外进行灌溉，除非遇到特别干旱的年份。

与多年生观赏草相比，一年生观赏草的生长周期只在一年完成，根系浅，抗旱能力差，所以对水分需求量也大，灌溉次数要多一些。

灌溉时间可根据当地天气情况、降水状况、土壤含水量等因素确定，同时还要考虑附近的其他公路绿化植物。

（3）地表覆盖

为了提高土壤的保水能力，减少水分蒸发，有条件的地方可以在地表铺一层有机覆盖物，常用的覆盖物有树皮、木片、枯枝、落叶或者观赏草剪下的枯枝落叶。这种方法不但能保持土壤湿度，还可以提高土壤有机质含量，是非常简便有效的可持续绿地管护技术。

（4）排除积水

管护观赏草时经常会遇到的另一个问题是土壤湿度过高，特别是在大面积冷季型草坪中点缀种植观赏草时，问题更突出。在夏季，冷季型草坪需水量大，灌溉频繁，而观赏草的需水量小，土壤湿度过高时，会导致观赏草植株松散、倒伏。解决这一矛盾有效办法是采用明沟或盲沟等措施使土壤具有良好的排水能力，及时排除绿地中多余的水分。

2. 土壤管理

观赏草在土壤管理方面主要考虑对幼苗的保护和杂草去除工作：

（1）保护幼苗

观赏草在苗期需要特别精心的管护，要随时拔除周围的杂草，确保幼苗有足够的营养和空间生长。需要注意的是由于幼苗小，很难区分杂草和观赏草，除草时一定要特别小心，仔细辨认，注意区分，必要时可在观赏草植株上进行标记。

（2）去除杂草

即使成株观赏草也经常遇到杂草危害的问题。有些杂草种子落在多年生观赏草根部中间部位，并发芽生根，随着杂草植株的长大，与观赏草在水分和营养上形成竞争，同时也影响了观赏草的美感。一旦发现这样的杂草，要立即拔除。

杂草越小，拔除越容易，否则，杂草长大后，强大的根系与观赏草的根系结合在一起，很难拔除，只有等分栽时才能彻底清除。

如果观赏草种植面积大或杂草为害严重，可采用化学除草办法。但一定要先进行试验，确保观赏草植株安全后，才能大面积应用。

3. 整形管理

观赏草的突出特点是低管护，一般情况下，观赏草只需在生长季末或第二年早春修剪整理，其他时间基本不需要特别管护。最好在冬季末或早春，当新芽开始出现时进行，但不能太晚，否则将影响新枝芽的萌发。

对于小型观赏草，只要用剪刀将地上部剪掉就可以，这些小型观赏草地上部分柔软，操作起来相对容易。对于那些植株高大、茎秆强壮的观赏草，如芦竹、芒等，就要用镰刀等工具。

需要特别注意的是有些种类的茎叶上长有锋利的齿刺，操作时一定要保护好手脸，以免划伤。

4. 环境入侵风险

（1）潜在环境风险

观赏草在公路绿化中的潜在环境风险可以从两个方面来考虑，一是观赏草在绿地中过度繁殖，对草坪造成危害，二是观赏草入侵种植地点以外的生态群落，对该地区大的生态环境造成潜在的危害。

人们最大的担心是观赏草，特别是引进观赏草的环境入侵风险问题。每个生长季节观赏草都产生大量的种子，有的观赏草地下根茎蔓延生长迅速。一旦这些种子扩散到田间，或者根茎入侵到周边生态环境中，就有可能使环境产生风险。

（2）降低危险的措施

公路绿地中，观赏草繁殖能力很强，有时能成为杂草，为日常管理带来麻烦。可以采取以下防治措施：

◆ 在种子成熟前将花序去掉以防止落粒自繁，这种措施十分有效，但这样会破坏观赏草的美感，降低观赏价值，缩短观赏期；

◆ 发现幼苗，随时清除。这种方法既能保持观赏效果，又能有效降低草害，安全有效，但是工作量很大；

◆ 对靠地下根茎蔓延的种类，可以在其四周埋上隔离板，以阻止根茎的扩散。

六、竹类的养护技术

竹类的根系一般较浅，较耐干旱，繁殖能力强，如果能保证移栽时地下茎（竹鞭）和芽完好，成活后养护管理的工作量较小。

表 4-2-9　竹类的养护技术

养护技术	养护内容
水分管理	浇水和排水、浇水季节、喷雾
土壤管理	松土除草、培土
养分管理	施肥时间、施肥的方式、覆盖、积竹叶
整形管理	合理修剪、间伐

（一）水分管理

1. 浇水和排水

竹类喜土壤湿润忌涝，母竹经挖掘、运输、栽植，根系受到损伤，吸收水分能力减弱，极易由于失水而枯死或排水不良而鞭根腐烂。因此，在久旱无雨、土壤干燥时，必须及时浇水；在久雨不晴、林地积水时，又要及时排水。

2. 浇水季节

浇水要抓住关键季节，初春浇"迎春水"，起到催笋的作用；出笋后浇"拔节水"，促竹笋生长；6、7月浇"竹鞭水"，促竹鞭生长；8、9月浇"孕笋水"，促笋芽膨大生长；入冬时浇"封冬水"，起保湿防冻作用。雨季或大雨积水时，应及时排水，防治烂根、烂鞭。

3. 喷雾

喷雾是竹子养护管理期的一项主要工作。根据气候变化情况和竹子枝叶失水情况确定是否进行喷雾。采取全株喷淋的方式进行，每次喷雾使全株湿透，并使土壤湿润。经常测试喷雾用水的水质，尤其是pH值，去除水中的有害物质（如油污等），根据需要调整pH值，一般控制在5.5～6.0。

（二）土壤管理

1. 松土除草

竹类在松土除草时应注意：

◆ 新栽的竹林，竹子稀疏，阳光充足，杂草容易滋生。因而在竹林郁闭之前，每年要松土除草2～3次；

◆ 竹子成林以后，杂草的生长得到了控制，松土的目的主要在于改善土壤的物理性状，提高土壤的透气性，更新鞭根系统。

◆ 一般竹林可选择在6月（发笋成竹较迟的竹林，可适当推迟）深翻松土，松土深度为15～20cm，不要损伤竹鞭、竹蔸和笋芽，如遇露根、露鞭或竹蔸摇动，要及时填土踏实。

2. 培土

竹林要每年培土5cm，时间以冬季为好。

（三）养分管理

1. 施肥时间

竹类植物喜土壤肥沃，秋冬季宜施基肥，以有机肥为佳。

3、4月份是竹笋发育期，5、6月份是拔节期，7、8、9月份是行鞭育笋期，这3个旺盛生长期应每月施1次化肥。肥料以氮、磷、钾的复合肥为主，比例以5∶2∶4为宜，并根据土壤养分情况确定施肥量。

2. 施肥的方式

散生竹可铺撒在土壤表面，丛生竹应在其蔸边开沟或挖穴施入后覆土。复合肥用水稀释后施下，再用土覆盖。积竹叶也是重要的施肥措施。

（四）整形管理

1. 合理修剪

合理修剪不仅促进竹子单株的生长，而且加快栽植的整体效果。修剪管理主要从以下3方面进行：

◆ 删密，去残，修剪侧枝，以保留较好的枝下高，并除去外围倒伏的竹子；

◆ 结合松土等管理措施，将枯死、老化的竹子进行更新，以利新竹生长；

◆ 为防止竹鞭蔓延，在竹子限定的生长边缘，在地下30～40 cm用砖砌或埋入混凝土板，对竹子生长范围加以必要的限制。

2. 间伐

应及时清除竹林中的病枝、倒伏枝和枯死枝，竹林过密或长势不佳时，适当进行间伐和钩梢。

散生竹的间伐和钩梢，应在晚秋或冬季进行，按生长势保留4、5年生以下的竹子，去除6、7年以上的老竹。

丛生竹一般1年2次发笋，清除老竹竿尤为重要。一般1、2年生的全部保留，3年生的部分保留，4年以上的全部去除。丛生竹间伐修剪时间一般在1～3月进行，过早、过迟均不利竹子的生长。

修剪时切口尽可能贴近基部，并按照去老留幼、去弱留强、去密留疏、去内留外的原则进行。

七、水生植物的养护技术

水生植物生长迅速，适应性强，所以在养护管理方面比较节省人力、物力。

表4-2-10　水生植物的养护技术

养护技术	养护内容
水分管理	水位调控、水体净化
土壤管理	换土
养分管理	追肥
整形管理	打捞杂物、控制绿化范围
特殊管理	分株、清除杂草、病虫害防治

（一）水分管理

1. 水位调控

对于水生植物来说，水分管理主要体现在水位调控方面。许多水生植物种植后大面积死亡，其中一个重要原因就是水位控制得不好。因此，施工种植时，应严格确定正常水位线，将各种水生植物的水深适应性作为硬指标来考虑，以免后期水位调控时过深或过浅而导致植物不能正常生长。

此外，水生植物不同生长时期对水位的需求也有所不同，种植时一般保持5～10 cm的水位，随着立叶或浮叶的生长，可根据植物的需要量相应提高水位，一般在30～80 cm。这个过程的水位调节，应掌握由浅入深的原则。

2. 水体净化

水生植物具有净化水体的作用，但是如果水质过差也会影响其正常生长，特别是沉水植物受到的影响更大，此时就要考虑水体的净化。水体净化的方法有：

◆ 引入活水，保持水体自然流动；
◆ 放养鱼虾，利用动物改善水体的生态环境；

◆ 增设机械循环系统和过滤系统改善水质，一般用在服务区、交通岛等绿地的人工水池之中。

（二）土壤管理

水生植物的种植土常位于水下，在种植阶段应对质地较差的区域进行更换和改良，成活后一般不再进行处理。

如位置特殊采用容器种植时，由于受容器的限制，土壤的理化结构随时间发生变化，易出现板结现象，如不加以处理，肯定会影响植物生长发育。所以，在日常的养护管理工作中，要切实加强观察和检查，及时发现问题并解决，如发现土壤板结问题可通过换土或换盆等措施予以解决。

（三）养分管理

一般在植物生长发育的中、后期进行追肥。追肥可用浸泡腐熟后的有机肥，每年追肥 2~3 次。

在追肥时，应用可分解的纸做袋装肥或用泥做成团施入泥中；也可用化肥代替有机肥，以避免污染水质，用量为一般植物的 10%。

（四）整形管理

1. 打捞杂物

水生植物应进行长期监管，及时打捞水面杂物，特别是秋冬季节，落叶很多，严重影响景观，甚至会污染水质，因此对水体中植株残体更要及时打捞。

2. 控制绿化范围

由于部分水生植物繁殖能力较强，如果超过设计需要的范围而不予控制，便会造成过度蔓延，破坏景观效果，甚至通过扩张，形成单一优势种，破坏生物多样性。

因此，除了在种植时设置杉木桩、砖砌体等进行隔离之外，在每年早春也要进行观察，根据对比结果及时采用清淤等人工手段来控制和限制水生植物的种植范围，如在生长期需要结合修剪进行整治，切除多余根蘖，防止种子散播，以及使用围护、切边等措施进行土壤隔离。

（五）特殊管理

除了一些常规管理，还有一些特殊问题要注意。

1. 分株

检查植株是否拥挤，容器种植一般过 3~4 年时间分一次株。

2. 清除杂草

清除水中的杂草，当池底或池水过于污浊时要换水或彻底清理。

3. 病虫害防治

（1）水苔：可用 0.3%~0.5% 硫酸铜进行喷洒。

（2）蚜虫：受害叶片可使用 1000~1200 倍敌敌畏进行喷洒，或使用 50% 乐果乳剂 2000~2500 倍液进行喷洒。

（3）斜纹夜蛾：8 月中旬是盛发期，对受害叶片和花朵使用 800~1200 倍的敌百虫进行喷杀。

第三章　公路各区域绿化的养护技术

公路各区域的绿化功能各有侧重，而且，因其在公路中的不同部位，也有着特殊的立地条件，这些不仅对绿化种植有很大影响，对后期养护管理工作也提出了不同的要求。因此，应根据各区域的养护特征，掌握相关的技术要领，在水分、土壤、养分、修剪、越冬等方面进行有针对性的养护管理，确保公路绿化生态、环境、景观效果的稳定性和长期性。

本章内容主要针对各绿化区域的养护要点，具体养护管理措施见前面的相关章节。

一、中央隔离带绿化的养护技术

公路中央分隔带大多是在路基填筑完成后，于铺筑路面中央留下的窄小区域填土而成，主要种植防眩灌木和低矮的色块和地被植物，从横断面图上看，极似一个花盆形状，因此常被养路管理人员形象地称为"大花盆"。

表 4-3-1　中央分隔带绿化养护技术

项目	说明
养护特征	种植土与地面土壤隔离、土壤容易板结、养分缺乏、防眩树种高度具有严格要求、极端气候严重、线路长、养护难度高
养护要点	及时补充水分、注意排水防涝、中耕松土、经常修剪、注意防冻、注意养护安全
养护技术	水分管理、土壤管理、养分管理、整形管理、越冬管理、养护安全

（一）水分管理

由于中央隔离带不与地面下土壤连接，地面下毛细水被高填方的路基隔断，不能有效提供水分给绿化带内苗木，因此绿化带内苗木所需水分只有靠雨、雪水来补充，水分管理便成为养护工作中最主要的措施，应根据天气、土壤、植物类型等条件，适当进行。应注意：

◆ 由于中央隔离带位于道路快车道中，养护难度大，灌溉难度高。所以通常情况下采用机械灌溉。

◆ 浇水前最好安排养护保洁人员在树根周围挖出浅蓄水坑，浇水后及时覆土保墒。

◆ 新移栽的常绿树树冠喷水，不但可以减少叶面的水分损失，而且可以冲掉叶面的蜘蛛、螨类和烟尘等。

◆ 对于"封冻水"和"返青水"的浇灌也应受到足够重视。"封冻水"对中央分隔带的苗木十分重要，尤其对于当年绿化种植的苗木，可以保证苗木的安全越冬。春季植株开始萌芽前夕，浇返青水，补充植物萌芽所需的水分，促使植株萌发新叶。

◆ 中央分隔带土质条件差、排水不畅，在每年的雨季期间应特别注意浇水和排涝工作，浇水前后应密切关注降雨讯息，避免因为浇水而造成中央分隔带的积水，导致苗木根系处于水淹状态。若积水严重时，应考虑借助机器抽水。

（二）土壤管理

中央分隔带回填土是公路施工时外借土，与下面土壤隔断，容易出现板结问题。同时，为了促进植物的茁壮生长，达到良好的绿化效果，养护部门会对植物进行施肥，但这也为杂草的滋生提供了较好的条件。所以为保证绿化效果，公路中央分隔带的除草工作在日常养护管理中不可或缺。应根据具体情况，结合中耕松土等措施进行杂草清除，对土壤进行日常管理。

（三）养分管理

中央分隔带土壤贫瘠、硬度大，受到了石灰、沥青、水泥等施工垃圾的严重污染，植物所需的营养成分稀少，有机质含量较低，为保证植物的正常生长，中央分隔带的施肥十分重要，应注意以下方面：

◆ 每年应不定期施基肥、追肥。在施肥时间上，基肥以深秋或初冬为宜，达到促进根系愈合、发新根、保护根系等作用；追肥则以春夏季为宜，应尽量避免在秋季进行，因为秋季施肥会导致植物的徒长，从而影响苗木的安全越冬。

◆ 选用有机肥。肥料常用土杂肥，有猪、牛、羊等食草牲畜的粪便及鸡粪等，或农村沼气池内各种秸秆发酵后的废料。有机肥不仅含有树木生长所必需的各种养分，经常施用还能使土壤变得疏松，缓解土壤板结、增强土壤的透气性。土杂肥一般可在秋后或者春季施用。

◆ 结合灌溉可喷施一些微肥，提高树木的活性及养分的利用率。

◆ 结合植物的生长情况确定施肥量。对于中央分隔带长势较好的植物，应尽量少施肥或不施肥，以减轻养护管理的负担和费用；对于一些长势不良的植物，应及时发现问题植株，并根据其缺乏的营养元素和植株情况，制订适合的施肥措施。另外，当中央分隔带植物达到了绿化要求时，应对施肥量和施肥频率加以控制，以免因为植株的过度生长而增加养护管理的难度。

◆ 结合植物的观赏特性进行施肥。对乔、灌木花卉可适当追施含磷、钾较多的化肥，促进苗木生长，增强光合作用，有利于花卉鲜艳饱满；对常绿树及一般乔、灌木可适当追施含氮、磷较多的化肥，促进根系、枝、叶生长发育，使根系发达以利抗旱，使枝条韧性较好以防风折，使叶色黑绿亮光以增强光合作用。

（四）整形管理

1. 修剪

中央分隔带的绿化以提供舒适、安全的行车环境为出发点。修剪是中央分隔带的重要工作内容，应以保证行车安全为目的。在修剪工作中，应根据植物种类、植物的生长情况、气候条件等灵活采用不同的修剪方式，加强日常的修剪工作，保证交通安全和公路美观效果，高度确定后，随着苗木围度增大、枝条增多，防眩和景观效果得到进一步加强。

修剪工作的主要内容有：及时清除树木枯枝、病死枝、畸形枝以及部分徒长枝。当树木侧枝生长旺盛，侵入公路界限内，遮盖轮廓标等交通标志，影响美观和行车安全时，也要随时对枝条进行修剪。中央分隔带的修剪工作应注意：

◆ 修剪内容以防眩树种的修剪为主，在确定中央分隔带防眩树种的苗木高度和密度以后，可采用绿篱机进行集中修剪。

◆ 要注意根据树木生长强、弱，大、小情况和不同树种的生长特性采取不同的修剪方式，以求使树木生长一致，大小整齐划一，达到树型美观大方的目的。

◆ 树高在直线或半径较大的曲线段不宜过高，过高会使小车司机在超高车道行驶时产生压抑感，中央分隔带树高确定在 1.5 m 左右，篱高控制在 1.2 m 较为合适。

◆ 对于弯道半径较小，且带有纵坡的路段，中央分隔带树高确定在 1.8 m 左右，在夜间充分起到防眩的作用。

◆ 为了不影响苗木生长，修剪应尽量选在夏季苗木生长旺盛期和秋后苗木开始落叶期进行。

2. 补植

公路的绿化里程长，中央分隔带绿化植株数量较多，生长条件差，容易造成缺株，或没有达到良好的绿化效果，就需要对植物进行合理的调整，更换不适宜的植物种类，进行苗木的补植。补植中央分隔带苗木时应注意：

◆ 选择适宜苗木。应选择那些生长旺盛、无病虫害的植株，同时应对苗木的规格和质量进行把控。为了保证中央分隔带防眩树种整齐、一致的绿化效果，补植苗木的高度、冠幅等应达到要求。

◆ 有针对性补植。对苗木缺失的原因做好调查、记录，特别是对于因病虫害、干旱而死亡的苗木，应在补植前做好准备工作，如对因病虫害死亡的植株，在挖好种植穴后，应预先进行土壤消毒后才能重新栽植苗木；对因干旱而死亡的苗木，应检查该路段其他植物是否受到了干旱威胁，及时加以养护，提高树木的保存率。

◆ 加强管理。在补植后应加强养护管理工作，特别是在水分管理方面，应尽量保证植株的水分平衡；另外，中央分隔带苗木的生长常受风速的影响，在植物生长初期容易出现倒伏，补植后应确保支撑固定牢固。

（五）越冬管理

冻害也是公路中央分隔带的问题之一。应采取合理的措施进行必要的防寒处理。条件许可时应在秋末和初冬浇封冻水。

（六）安全工作

中央分隔带的养护管理只能在公路路面行车过程中进行，存在极大的安全隐患。所以应制订完善的养护安全制度、加强养护人员安全培训、提高安全意识。在进行养护作业时必须严格着装、摆放安全设施。

二、边坡绿化的养护技术

由于边坡土壤、小气候等条件较差，种植的栽培植物也会发生衰退，只有通过长期精心的养护才能保证各类植物生长良好，逐步形成稳定的植物群落，从而获得持久的生态环境、景观效益。

养护管理工作主要分两个阶段进行：一是植物种植后成活前的养护管理时期；二是植物成活后的日常养护管理时期。在第一阶段，养护工作主要包括浇水、培土、除草、施肥、病虫害防治、补植等，第二阶段除上述养管工作外还包括整形修剪等。

表 4-3-2　边坡绿化养护技术

项目	说明
养护特征	干旱严重、碱性土壤、水土流失严重、病虫害严重、受周边环境影响
养护要点	灌溉、改良土壤、培土、及时施肥、补植、积极防治病虫害
养护技术	水分管理、土壤管理、养分管理、整形管理、病虫害防治、越冬管理、防火工作、安全工作

（一）水分管理

干旱是公路植物生长的主要限制因子之一，由于边坡绿地特定的立地条件，一方面地下水严重缺乏，另一方面土壤对降水的保持能力弱，故土壤十分容易干旱。虽然多选择耐旱植物，但为保证其成活并生长旺盛，还是必须供应大量水分。水分管理在公路绿化养护管理中极为重要，同时也是养护中支出最大的（占50%~60%）一项工作。因此，合理的灌溉不仅影响边坡绿化的生长，也关系到边坡绿化的成败。边坡灌溉应根据边坡类型、坡向、坡率、坡长、植物种类、植物群落的发育时期综合考虑。

边坡的排水对边坡的安全同样非常重要，对边坡植物的生长也有很大影响，应定期进行检查和维护，确保排水设施运行正常。

1. 灌溉时间

◆ 当年新建的绿化边坡，在苗期应加强灌溉，一般2~3天浇水一次，阳坡的浇水频率略大于阴坡，使边坡土壤0~20 cm厚度内始终保持湿润。

◆ 已经建植成熟的边坡，一般夏季每隔10天应浇水一次。冬灌最为关键，一般当大气温度降至1℃时，应进行深灌（20 cm左右土层完全湿透）一次。

◆ 从一天来说，以早晨浇水最好。在夏季高温季节，植物出现夏眠现象时，也可以中午浇水，这种浇水措施虽然会因水分蒸发量大而增加开支，但却是打破休眠的有效手段。

◆ 注意浇封冻水和解冻水。

2. 灌溉量

浇水量的大小除了根据边坡绿化植物的生长状况来判断外，也可根据土壤的含水量来判断，还可以用土层剖面法进行确定，对当年新建植的绿化边坡，表面2~5 cm深的土壤完全干燥，或建植成熟的绿化边坡表层10~15 cm深的土壤完全干燥时应立即浇水。

3. 灌溉方法

一般采用喷灌，但应注意不能造成地表径流。

（二）土壤管理

1. 改良碱性土

因公路施工垃圾的水解，使得边坡土壤多呈碱性，这样的土壤条件非常不利于植物的生长发育。其具体解决的办法有：

◆ 尽量排除废渣等碱性垃圾，避免植物的根系与它们接触；

◆ 用生理酸性盐如硫酸铵、硝酸铵等配成 1% 的水溶液，结合施肥、浇灌中和部分碱性。

2. 及时培土

在种植初期，由于植物尚未长出新根或根系还未扎入土壤，故无法固定土壤，主要是依靠土壤的黏性而与土壤紧密接触，所以在每次浇水结束或降雨以后，会造成土壤尤其是坡面土壤不同程度的流失，这对植物的成活及正常生长都有很大的影响，故及时进行培土十分必要。

边坡的土壤遭受冲刷十分严重，要尽快填土恢复原来平整的种植面，尤其是植物根系周围要更加注意，培土后要进行踩压以保证根系与土壤紧密结合。待植物成活后，发达的根系牢牢固定住土壤，就不易受到冲刷。

培土工作视实际情况而定，主要是在暴雨或长时间的雨季之后注意观察坡面，有冲刷现象发生的应及时做出处理。

3. 及时清除杂草

边坡杂草生长不仅影响美观，还与植物争水争肥争光，而且有些缠绕性杂草还会严重威胁周围植被的正常生长。同时，在植物的生长季节，为促进其生长会施用大量肥料，也给杂草的滋生提供了一个良好的环境。因此，除草虽是一项很琐碎的工作，但对边坡植物的生长，尤其是对新建植的边坡植被非常重要，发现杂草必须及时清除。

除草方法有两种：一是人工清除；二是使用化学除草剂。应根据边坡的结构、地质、土壤、地形等特点和杂草的种类及危害情况，确定除草方法、除草剂种类和用量。

进入日常养护后，生长茂盛的植物尤其是乔灌木及分生能力强的地被植物一定程度上已能抑制杂草生长，除草工作也相应减轻，具体方法和步骤视实际情况而定。

边坡除草工作要点有：

◆ 重点区域人工清除，由于人工拔除杂草费用较高，应结合浇水和降雨，待杂草长至一定量时，伴随中耕进行；

◆ 种植初期，生长季节，加大除草频率，约 15～20 天一次。随着气温降低，间隔天数可变长，直至秋末初冬植物进入休眠或半休眠状态，除草工作可停止；

◆ 使用专用除草剂，以免除草不净或损害绿化草种；

◆ 大面积边坡草坪宜采用在适当时间进行修剪的方式去除杂草，减少人工和除草剂用量。

（三）养分管理

边坡的土壤，一般都是硬度大、有机质含量低、养分缺乏的土壤母质，所以必须给边坡绿化进行一定量的施肥，否则植物会因缺乏养分而出现裸地化。

边坡的养分管理工作要点：

◆ 对于刚建植的边坡，在播种时施入适量底肥便可维持当年的生长需要；

◆ 对于建植趋于成熟的边坡，施肥量的大小需要根据边坡植物的生长状况确定；

◆ 施肥时间以早春和早秋最好，这样不仅可以使边坡草坪提前返青，还有利于延长绿期；

◆ 春季以施氮肥为主，秋季以磷钾肥为主；

◆ 可将肥料溶于水中，结合浇水进行；

◆ 结合浇水可喷施微肥和生理酸性盐，如硫酸氨、硝酸氨等，以增加绿化植物的抗性。同时中和部分土壤碱性，提高养分的利用率；

◆ 边坡的坡度对施肥措施存在影响，宜在下雨前进行；

◆ 对于已建植成的绿化边坡，如生长正常，则完全可以不施肥，以降低管理费用及减少刈割带来的诸多不便。

（四）整形管理

1. 修剪

边坡修剪宜在秋季落叶后和春季发芽前进行，主要目的是防止水土流失，保障交通安全，保证植物生长和形成良好的景观效果，应根据不同的植物类型进行，具体措施详见第二章。

2. 补植

补植时间一般选在春季或雨季，种植乔灌木和地被，更换生长不良的植物，覆盖住裸露的坡面。补植时应根据边坡植被情况，适当增加乡土植物，促进形成稳定的植物群落。

边坡补植工作以草坪草的补植为主，补植的好坏直接关系到边坡植物群落的稳定与否。由于杂草的侵染、边坡草种退化等原因，边坡会出现斑秃现象，水土流失严重，甚至会引发塌方。因而及时对边坡的草坪草进行补播，更换退化严重的草坪，对边坡草坪的建植意义重大。

在草坪草的补植方式上，主要有种子法、草皮铺装法、植生带铺植法等。对于播种草坪，由于水土流失造成部分土壤裸露，应在填土后进行补播。补植的苗木或草皮，要求其在高度（为栽植后高度）、粗度或株丛数量等方面与周围正常生长的植株保持一致，以保证绿化的整齐性。苗木栽植后将根系周围土壤踩实，覆土超过原土 2 ~ 3 cm，浇透水并经常注意观察生长情况。

（五）病虫害防治

公路边坡绿化面积比较大，特别是路堤边坡，路线长，植物种类比较单一，容易发生病虫害，养护管理难度也大，若不及时防治就会迅速蔓延。应每月进行巡查，重点检查服务区附近和靠近自然风景区的边坡。边坡病虫害防治，主要采用物理防治法和化学防治法。

（六）防火工作

边坡绿化线路很长，常使用大面积草坪，秋冬季节容易发生火灾，应注意修剪、枯枝落叶清理、设置防火带及加强沿线巡查等工作。

（七）安全工作

对边坡高、陡峭、坡面长的路段进行养护时危险性较高，应特别注意安全，配备足够的施工人员和安全设施。

三、路侧绿化带绿化的养护技术

公路两侧绿化带受施工活动的影响较弱，多为就近取土形成，且由于公路大部分路段与农田相邻，故土壤质地较为良好，有利于植物生长；由于绿化带位于公路边缘，与周边环境联系紧密，也因此经常发生交通事故而毁损苗木，还会发生人为盗窃、损害苗木的现象；路侧绿化带常大面积种植单一树种，很容易发生病虫害；另外，路侧绿化带会经过城镇、乡村和自然风景区的不同的区域。路侧绿化带的上述特点在养护管理工作中应予以充分考虑。

乡村段和自然风景区的一般路段以常规养护为主，城镇段、绿化节点等重点位置进行重点养护。在自然风景区段落提倡采用近自然管理方式，针对不同的环境条件和植物种类，充分利用生态系统内部的自然生长潜力和发育更新规律，制订适宜培育方案，重点关注培育和利用目标树，保护和促进天然更新两个方面工作。通过长期、有计划地补植、间伐等养护管理，不断完善植物群落组成和层次结构，利用人工辅助手段，营造接近自然、稳定、高效、健康的公路绿化植物群落。

表 4-3-3　路侧绿化带绿化的养护技术

项目	说明
养护特征	绿地面积大，植物品种多、数量大，与周边环境联系紧密、病虫害严重
养护要点	浇水、注意修剪比重、补植、间伐、病虫害防治
养护技术	近自然经营、水分管理、土壤管理、养分管理、整形管理、病虫害防治、越冬管理、防火工作

（一）水分管理

公路线路长，浇水工作量大，应充分利用附近水源，结合湿地建设进行灌溉。另外，道路两侧绿地的土壤质地差异较大，部分区域地势低洼，因此，在日常养护过程中注意保证排水通畅，并结合土壤改良，不断完善绿地的排水系统。

（二）土壤管理

路侧绿化带内土壤常混有路基施工带来的石灰土、沥青和水泥等建筑杂质，造成其质地差、有机质含量低，持水性、透水性不足，加上交通车辆行驶带来的大量污染，非常不利于植物生长。所以在养护过程中，要定期检测土壤物理性质、pH 值以及含盐量，并采取逐步换土或土壤改良等措施。在日常浇水工作中，可于浇水后开展松土除草工作，增强土壤的保水性。

（三）养分管理

公路两侧的追肥一年应有 2 次，即春肥和冬肥：春肥应于 3~4 月进行，冬肥应于 10~11 月进行，在追肥时，应保证氮、磷、钾的合理配比。一年中，除了这 2 次追肥，有条件的地区，可以结合植物的实际生长情况进行叶面追肥，如用 0.1% 的磷酸二氢钾或 0.3% 的尿素液喷施。

（四）整形管理

1. 修剪

由于公路两侧绿化以防护、隔离、缓冲为主要目的，采用群落式种植，在公路两侧的日常养护工作中，修剪占的比重较小。主要内容包括：

◆ 及时清除植株的病死枝、遮挡行车视线和交通标志的枝条，调整植物群落的种植间距、及时疏枝等；

◆ 在修剪的频率上，基本保证一年1～2次即可；

◆ 不同路段修剪的程度不同，城市路段的路侧绿化带修剪强度较高，乡村路段次之，自然风景区路段最低，甚至不予修剪。

2. 补植

种植完成后，由于干旱、雨水冲刷等客观原因或人为破坏（如行人为图方便随意穿越绿化带，部分观赏价值较高的植物被偷盗等），使部分植物被损坏、死亡或缺失，大大影响了绿化效果，所以应及时更换或补植。

补植时应充分考虑植株缺失的原因和后期养护的可行性，根据植物的生长特性及环境条件，选取适宜的季节、苗木种类和规格。

（五）病虫害防治

路侧绿化的病虫害防治以栽培防治和化学防治为主。首先应在规划设计阶段植物选择的时候考虑种类的多样性，避免形成单一种类大面积使用。

在后期养护阶段，还要合理安排病虫害防治时间。夏季是病虫害多发季节，也正是水稻生长高峰期，当地农民为阻止病虫害危害水稻，会定期喷施各种农药，此时公路绿化植物的病虫害防治工作若不同时进行，那么在农民喷药结束后，病虫害尤其是虫害便大量迁移到公路绿地，特别是路侧绿化带。因此，最好把化学防治工作安排在夏天，和农田病虫害防治同步进行。

（六）越冬管理

路侧绿化带植物越冬管理主要针对新栽植植物，常采取浇"封冻水"、刷白处理。

（七）防火工作

路侧绿化带线路长、植物数量多，应注意定期巡查，及时清理枯枝落叶，并设置防火隔离带。

四、互通立交区绿化的养护技术

表4-3-4　互通立交区绿化的养护技术

项目	说明
养护特征	内外匝道植物高度有区别要求、绿岛相对封闭、坡面多、易积水
养护要点	注意修剪的高度、注意养护的难度、排除积水
养护管理	水分管理、土壤管理、养分管理、整形管理、越冬管理、保洁工作

（一）水分管理

互通立交区条件良好、水源充足，但面积大，相对封闭，难以养护。在互通立交区的养护管理中，浇水的养护经费常占不小的比例。在干旱时期可以利用现有水源条件适时浇水。对于互通区的灌溉方式以水泵抽水浇灌为主，利用移动喷灌，自动喷灌、滴灌等新型的浇水方法，效率高、效果好、省时、省工，未来势必会成为节约型公路绿化养护管理的主流。

同时，由于互通区相对封闭，容易积水，一般采用自然排水和明沟排水相结合的排水形式，在养护管理阶段要特别注意防涝工作，结合中耕除草工作梳理场地排水系统。

（二）土壤管理

1. 土壤改良

互通立交区的很多地方土壤多掺有石灰、沥青、水泥等施工垃圾，因此养护过程中对土壤进行适当的改良是必要的，能有利于植物的生长发育。

土壤改良主要的举措包括：

- ◆ 掺入沙土或黏土，改善土壤团粒结构；
- ◆ 施入有机肥或绿肥、化肥等，改善土壤的营养结构；
- ◆ 对于一些 pH 值呈碱性的土壤可以增施酸性化肥如过磷酸钙、硫酸铵等进行土壤改良；
- ◆ 中耕除草，改善土壤的结构。

2. 除杂草

互通立交区除草主要考虑绿地的景观效果，在除草的频率上，应保证每月至少 1 次；在杂草生长旺盛的 6～8 月，应坚持每月除草 2 次。

除草的方法主要包括机械清除法和化学除草剂清除法。

（三）养分管理

施追肥，乔木、灌木每年应不少于 2 次，可于 2～3 月、9～10 月施用复合肥。对于一些刚栽植的、补植的及长势较差的苗木，建议适时、适量多施肥料。

（四）整形管理

1. 修剪

在互通立交区中，由于草坪草、绿篱的面积较大，因此草坪草、绿篱的修剪是该区域的主要工作内容。修剪主要包括生长期修剪和休眠期修剪两个方面。修剪时应注意：

- ◆ 以生长期修剪为主，集中于每年的 4～11 月，并保证每月进行 1 次修剪，在修剪要求上一般是对高出地面 20 cm 以上的草坪草及地被植物进行修剪；
- ◆ 休眠期修剪，通常于每年的植物冬季休眠至早春萌芽前这段时间进行，包括对花灌木、绿篱植物等的修剪；
- ◆ 对一些观叶植物，应于早春重剪，在植物的生长期尽量不修剪；
- ◆ 在互通立交的匝道内侧，尤其应注意植物的修剪高度，以免遮挡行车安全视线。

2. 补植

由于互通立交区常营造的是自然式的景观，除非是主景树的死亡、缺失，一般不将补植列入互通立交区的日常养护工作。因此，加强互通区的绿化养护管理工作，改善苗木的生长环境是工作的重点。

（五）病虫害防治

互通立交区日常养护中对病虫害主要采取物理防治法，及时清除病株、病枝和落叶。

互通立交区越冬管理和安全管理工作具体措施可参见第一章的相关内容。

五、收费站与服务区绿化的养护技术

在公路绿化中，收费站与服务区立地条件较好，养护人员容易到达，养护工作容易开展，但由于行人停留时间较长，对绿化养护效果的要求相对较高。

表4-3-5 收费站及服务区绿化的养护技术

项目	说明
养护特征	立地条件好、养护条件好、对养护效果要求高
养护要点	注意大树、花灌木、花境、草坪等观赏植物的精细养护
养护管理	水分管理、土壤管理、养分管理、整形管理、病虫害防治、越冬管理

（一）水分管理

收费站和服务区绿地中的植物种类多、规格大，应根据植物种类和配置方式采取相应的灌溉措施：

◆ 提高对土壤、植物的巡查频率，及时、按需补充水分；

◆ 较为零散的绿地、宜采用人工灌溉，游憩草坪集中的区域宜采用自动喷灌。

（二）土壤管理

服务区和收费站绿地中需要高质量养护的区域比较多，停车场等铺装场地面积比较大。土壤容易逐渐板结、硬化，影响植株的生长发育，土壤管理应注意：

◆ 定期松土和培土，对活动频繁的区域、观赏草坪区域和停车场还要增加松土和培土的次数；

◆ 松土的时间和次数应根据土壤质地及板结情况而定，一般在深秋进行一次深翻，可改良土壤结构，提高苗木的抗寒能力，还可以杀灭许多越冬害虫。其余季节则可进行浅松土；

◆ 培土要选用渗透性好，且无杂草种子的沙质土或壤土。培土量以达到护住根系为宜，培土后要浇水，让土壤与植株的根系紧密结合。

◆ 乔灌木下靠近树干的区域和树穴内由于非常荫蔽，草坪和地被无法正常生长，应考虑用石子、树皮、木屑等进行覆盖，不仅保证了土壤的透气性，还可以改善景观效果。

（三）养分管理

树木生长好坏的重要原因之一是土壤肥力高低，服务区和收费站绿地土壤的施肥可采用施底肥、追肥、叶面喷施等方式。由于此区域绿化水平高、植物种类多，施肥应根据植物的种类、规格等选择肥料、施用方法和用量。施肥时应注意：

◆ 考虑到人员活动频繁，施肥时间应避开人流高峰时段。

◆ 提高施肥水平，根据植物的种类和景观要求综合施用基肥、追肥和叶面喷肥。每年秋季对其施用基肥；进入生长期后，给花灌木和绿篱少量多次增施追肥，给乔木生长施用速效肥。

（四）整形管理

服务区和收费站绿地景观要求高，有很多大树、珍贵树种和造型树，观花、观果植物的数量也比较多。因此，应加强植物整形、修剪的工作。植物修剪要求达到：

◆ 乔木树冠完整美观，分枝点合适，枝条粗壮，无枯枝死杈，主侧枝分布匀称、数量适宜，内膛不乱，通风透光；

◆ 花灌木要求株形丰满，开花后修剪要及时合理；

◆ 绿篱、色块等修剪要及时，保持整齐一致、造型美观。

（五）病虫害防治

服务区和收费站与公路使用者关系密切，植物的病虫害防治应以栽培防治和物理防治为主，少量使用低毒化学药剂，有条件情况下可采用生物防治。

（六）越冬管理

服务区、收费站绿化有时为了形成特色景观效果，会选用一些耐寒性不是很强的观赏植物，所以冬季的防寒，也是服务区及收费站绿化养护工作的一个重要环节。

防治措施主要有：

◆ 霜冻前浇水；

◆ 架设风障；

◆ 用薄膜、稻草等覆盖植株，包裹树干；

◆ 涂白；

◆ 对耐寒能力较差的植物进行不同程度的修剪，使树木枝条充分木质化，提高抗寒能力，确保植物安全越冬。

附录1　养护月历

	1月份	2月份	3月份	4月份	5月份	6月份	7月份	8月份	9月份	10月份	11月份	12月份
浇水/防旱					■		■	■				
施肥		■		■	■						■	
补植	■	■		■							■	■
病虫害防治	■	■	■	■	■	■	■	■	■	■	■	■
修剪	■	■	■	■	■		■	■		■	■	■
除草					■	■	■	■	■	■		
涂白											■	■
防寒/去除防寒	■	■									■	■
防火/防台风	■						■	■			■	■
绿地保洁	■	■	■	■	■	■	■	■	■	■	■	■

1月：

(1) 行道树的整形修剪。

(2) 挖掘、补植各种花灌木。

(3) 结合修剪，除掉枯、病、残枝，清除越冬虫囊。

(4) 注意经常检查防寒设备。

2月：

(1) 继续对落叶树进行修剪。

(2) 继续补植各种针叶、阔叶树。

(3) 对各种花木施肥。

(4) 防治病虫害。

3月：

(1) 维修好各种除病虫害设备。

(2) 月底结束对落叶行道树的修剪。

(3) 注意防治蚜虫、草履蚧。

4月：

(1) 补植常绿树。

(2) 加强树木的剥芽、剪多余枝条等修剪工作。

(3) 对草花、宿根花卉加强施肥。

(4) 抓好螨虫、地老虎、蝼蛄等虫害和白粉病、锈病等病害的防治工作。

5月：

(1) 对春花灌木进行花后修剪。

(2) 绿篱修剪。

(3) 对行道树等修剪。

(4) 加强树木的追肥、浇水管理。

(5) 注意虫情预报，及时防治。

(6) 去除草坪杂草、修剪。

6月：

(1) 对开花灌木的修剪、施肥，对春播草花摘心。

(2) 行道树修剪，注意枝条与线路、行车的矛盾。

(3) 除杂草、修剪草坪。

(4) 防治刺蛾、毒蛾、尺蠖、龟蜡蚧等虫害和叶斑病、炭疽病等病害。

7月：

(1) 中耕除草、疏松土壤。

(2) 对上月病虫害继续防治。

(3) 抗旱防涝。

(4) 防台风，注意树木对行人安全影响。

8月：

(1) 继续中耕除草、疏松土壤。

(2) 抗旱防涝。

(3) 对绿地及树木追肥，薄肥勤施。

(4) 防台风。

(5) 防治树木的病虫害。

9月：

(1) 抓好蚜虫、木蠹蛾的及时防治工作。

(2) 修剪草坪、绿篱，中耕除草。

(3) 摆放花坛，迎接"国庆节"。

10月：

(1) 做好防病除虫工作，消灭虫卵、成虫。

(2) 继续中耕除草。

(3) 检查树木成活率。

11月：

(1) 补植常绿树和少量落叶树。

(2) 进行行道树冬剪，去病枝、枯枝等。

(3) 竹林冬耕、施肥。

(4) 防治病虫害。

(5) 树干涂白、绑扎、设风障防寒。

12月：

(1) 继续行道树修剪。

(2) 补植落叶树。

(3) 继续做好防寒工作。

(4) 病虫害防治工作，消灭越冬病虫源。

(5) 维修机具，保养贮藏。

(6) 总结评比，制订明年计划。

附录2 防治病虫害药剂

化学防治的优点是收效快,急救性强,不论是病虫害发生前还是发生后,一般都可以迅速控制,并能及时取得显著效果,对于一些短期内即能造成严重危害的病虫害进行防治时,化学防治的优点尤其突出。在使用药剂时,同一品种不能长期使用,否则容易使病虫产生抗药性,最好几种农药轮换使用。另外,病虫害往往不是一种虫或病,经常是一种复合状态,几种虫(或病)共同为害,所以在使用农药时,应依据发病情况及农药的理化性质进行混配,达到控制多种病虫的目的。

根据杀虫除病的机理又可分为:触杀、内吸等。农药的使用方法很多,常见的有:

1. 喷雾

将农药制剂加水稀释或直接利用农药液体制剂,以喷雾机喷雾的方法杀除病虫,适宜用这种方法的剂型有可湿性粉剂、乳剂、胶水剂或油剂。

2. 喷粉

用喷粉器械所产生的风力将药粉吹出,分散并沉降于植物及受害生物体表面的方法,此法适用于干旱缺水的地区。

3. 熏蒸

使用熏蒸剂防治病虫,这种方法公路上很少采用。

4. 土壤消毒

将药剂注入或拌入土壤中,以防治土壤中为害树木的病虫。

常见杀虫剂表

	药剂名称	药剂说明
1	敌百虫	一种高效低毒的有机磷制剂,对害虫有强烈的胃毒作用,也有触杀作用。毒杀速度快,在田间药效期4-5天,常用原液1000~1500倍液喷雾防治蔷薇叶蜂,大蓑蛾,拟短额负蝗,棉卷叶螟,尺蠖,叶蝉,小地老虎等害虫,敌百虫不能和碱性药剂混用
2	乐果	一种高效低毒的广谱有机磷农药,具有触杀、内吸和胃毒作用,一般用40%乳油1000~1500倍液或60%可湿性粉剂3000~5000倍液喷雾防治蚜虫,红蜘蛛,叶蝉,潜叶蛾,粉虱等害虫,也可使用1g药加水20~40g后,拌种400~500g防治蝼蛄等地下害虫,梅花,樱花对乐果敏感,应慎用。不能与碱性药剂混用
3	马拉硫磷	有触杀,胃毒和熏蒸作用,药效高,杀虫范围广,残效期一般一周左右,对人畜毒性小,较安全。常用50%乳油1000~2000倍液喷雾防治蚜虫,红蜘蛛,叶蝉,蓟马,蚧虫,金龟子等害虫。马拉硫磷稳定性较差,药效时间不太长,不能与碱性或强酸性农药混用
4	久效磷	有强烈触杀作用,兼有内吸和胃毒作用,杀虫范围广,药效期一周左右,对人畜毒性较大。常用50%乳油2000~4000倍液喷雾防治蚜虫,红蜘蛛,叶蝉,蓟马,绿盲蝽等害虫,不能与碱性农药混用
5	杀螟松	一种广谱杀虫剂,具有触杀和胃毒作用,或杀死蛀食害虫,药效一般3~4天。一般用50%乳油1000~2000倍液防治蚜虫,刺蛾类,叶蝉,食心虫,蚧虫,蓟马,叶螨等害虫,也可用2%的粉剂喷粉防治,用量一般为1~3g/m²。对十字花科植株易生药害,不能与碱性农药混用
6	溴氰菊酯	有强烈的触杀和胃毒作用,药效期长,可达数个月之久,对皮肤有较大毒性,常用2.5%乳油3000~8000倍液喷雾防治刺蛾类,青蛾类,棉卷叶螟,小地老虎,蓟马,叶蝉等
7	三氯杀螨砜	一种含有有机氯的杀螨剂,有强烈触杀作用,具有杀幼螨及卵的效果,能破坏成螨的生理机能,使其不能生育,残效期可达1个月左右。常用20%可湿性粉剂800~1000倍液,或50%可湿性粉剂1500~2000倍液喷雾防治螨类害虫

续表

	药剂名称	药剂说明
8	三氯杀螨醇	有很强的触杀作用，作用快，对螨的卵，幼虫，若虫，成虫均有效，残效期10～20天。常用20%乳油600～1000倍液或40%乳油1000～1500倍液喷雾防治各种螨类，不能与碱性农药混用
9	松脂合剂	由槲香和烧碱熬制成的黑褐色液体，呈强碱性，具有触杀作用，常在冬季休眠期喷8～12倍液或生长季节喷10～18倍液防治蚧虫，粉虱，红蜘蛛等害虫。不能与忌碱性农药和含钙的农药混用
10	速灭威	有触杀、内吸、熏蒸作用，作用快，药效一般只有2-3天，常用25%可湿性粉剂200～400倍液，或20%乳油1000～1500倍液喷雾防治叶蝉，蚜虫，粉虱，蚧虫等害虫，不能与碱性农药混用

常见杀菌剂表

	药剂名称	药剂说明
1	波尔多液	一种良好的保护性杀菌剂，由硫酸铜、生石灰和水配制而成，根据硫酸铜和生石灰用量不同可分为等式（1:1），半量式（1:0.5），多量式（1:3）和倍量式（1:2）等数种。配制时，先各用一半的水化开硫酸铜和生石灰，然后将硫酸铜倒入生石灰溶液中，并用棍棒搅拌均匀即可。配成的波尔多液呈天蓝色的胶体悬浮液，呈碱性，黏着力强，能在植物表面形成一层薄膜，有效期可维持半个月左右。波尔多液不耐贮存，必须现配现用，不能与忌碱农药混用。可防治黑斑病、锈病，霜霉病，灰斑病等多种病害
2	石硫合剂	一种保护性杀菌剂，以生石灰、硫磺粉和水按1:2:10的比例经过熬制而成，原液为深红褐色透明液体，有臭鸡蛋味，呈碱性。配制时，先将水放锅中煮开，倒入1份生石灰，等石灰溶解后，再加入先用少量水调成糊状的2份硫磺粉，边加边搅拌，加毕用大火烧沸1小时左右，等 药液呈红褐色时停火，冷却后，滤去沉渣，即为石硫合剂原液，其波美度一般为20～24。原液在使用前必须稀释，休眠期喷洒可用波美3～5度，生长期只能用波美度0.3～0.5的稀释液。能防治白粉病，锈病，霜霉病，穿孔病，叶斑病等多种病害，还可防治粉虱，叶螨，蚧壳虫等害虫
3	百菌清	有保护和治疗作用，杀菌范围广，残效期长，对皮肤和黏膜有刺激作用。常用75%百菌清可湿性粉剂600～1000倍液喷雾防治锈病，霜霉病，白粉病，黑斑病，炭病，疫病等病害。也可用40%粉剂喷粉，用量3～4g/m²。不能与强碱性农药混用，对梨，柿，梅等易发生药害
4	多菌灵	一种高效低毒、广谱的内吸杀菌剂，具有保护和治疗作用，残效期长。一般用50%可湿性粉剂1000～1500倍液喷雾防治褐斑病，菌核病，炭疽病，白粉病等病害，也可用拌种和土壤消毒，拌种时，用量一般为种子重量的（2～3）/1000
5	托布津	一种高效低毒、广谱的内吸杀菌剂，具有保护和治疗作用，残效期长，其杀菌范围和药效与多菌灵相似，对人畜毒性低，对植物安全。常用50%的可湿性粉剂500～1000倍液喷雾防治白粉病，炭疽病，煤污病，白绢病，菌核病，叶斑病，灰霉病，黑斑病等病害，常用的还有甲基托布津
6	代森锌	一种广谱性有机硫杀菌剂，呈淡黄色，稍有臭味，在空气中或日光下极易分解，常用65%的可湿性粉剂400～600倍液喷雾防治褐斑病，炭疽病，猝倒病，穿孔病，灰霉病，白粉病，锈病，叶枯病，立枯病等，不能与碱性或含有铜、汞的药剂混用
7	退菌特	一种有机砷、有机磷混合杀菌剂，白色粉末，难溶于水，易溶于碱性溶液中，在酸性高温及潮湿的环境中易分解。一般用50%的可湿性粉剂1000～1500倍液，或80%的可湿性粉剂2000～2500倍液喷雾防治炭疽病，锈病，立枯病，白粉病，菌核病等病害
8	苯来特	一种广谱性的内吸性杀菌剂，兼有保护和治疗作用，不溶于水，微有刺激性臭味，药效期长，常用50%的可湿性粉剂2000～5000倍液喷雾防治灰霉病，炭疽病，白粉病，菌核病等病害
9	代森铵	杀菌力强，兼有保护和治疗作用，分解后，还有一定肥效作用，呈淡黄色液体，常用1000倍液喷雾防治白粉病，霜霉病和叶斑病，也可用200～400倍液浇灌土壤防治立枯病
10	硫磺粉	一种黄色粉末，有明显气味，具有杀菌、杀虫作用，药效期5～7天，常用50%粉剂喷粉，用量为1～3g/m²，或用于熏蒸，用量1g/m²，可防治白粉病
11	链霉素	白色粉末，一般用100～200mg/L浓度喷雾，灌根或注射，防治细菌性病害，霜霉病等

附录3 常用除草剂简介

林用除草剂品种繁多,其理化性质、作用机制、应用范围及防除对象各不相同。现将应用于林业上较广的、效果较好的常用林用除草剂品种简介如下。

（一）草甘膦

商品名称：迪林飞达、农大、农民乐、春多多、快而净等等。

剂型：30%、41%、48%水剂；30%、41%、50%、65%可溶性粉剂；50%、70%水分散粒剂；74.7%、88.8%、95%可溶性粒剂。

主要性能：草甘膦为有机磷类内吸传导型广谱灭生性除草剂。植物的绿色部分均能很好地吸收草甘膦,但以叶片吸收为主。施药后药随光合作用产物从韧皮部中的筛管很快向下传导,24 h内大部分药剂转移到地下根和地下茎。施药后植物的中毒症状表现较慢一年生杂草在施药后3～5天开始出现反应。半月后全株枯死；多年生杂草在施药后3～7天地上部叶片逐渐枯黄,继而变褐,最后倒伏,地下部分腐烂,整个过程需20～30天。草甘膦与土壤接触后很快与铁、铝等金属离子结合而钝化,失去活性,因而只能用作茎叶处理。本剂对土壤中的种子发芽和土壤中微生物无不良影响。

应用范围和使用方法：草甘膦防除一、二年生和多年生杂草每公顷用有效量1125～3000 g,兑水600 kg,于杂草生长旺盛期,喷雾作茎处理。因是灭生性除草剂,常用于造林前的林地清理、化学除草开设防火道、在树冠下作幼林抚育和果园除草,每公顷用有效量1500～3000 g,兑水40 kg,于杂草生长旺盛期,喷雾做茎叶处理。

防除对象：防除出苗后的一年生、二年生和多年生的禾本科杂草、莎草科杂草和部分阔叶杂草及灌木。

注意事项：

（1）喷药后6～8 h内降雨一般会降低药效。

（2）药液用清水配置,勿用硬水和泥浆水配置,否则会降低药效。

（3）使用草甘膦后3天内勿割草、放牧和翻地。

（4）对金属有腐蚀性,贮存和使用时尽量用塑料容器,用过药械必须清洗干净。

（二）百草枯

商品名称：克芜踪、对草快、一把火等。

剂型：20%、25%水剂。

主要性能：百草枯为联吡啶类速效触杀型灭生性除草剂。本剂被杂草吸收后,使光合作用和叶绿素合成很快中止,叶片着药后2～3 h即开始受害变色,但不能传导,只使受药部位受害。百草枯不能穿透木栓化后的树皮。药剂一经与土壤接触即钝化失效,无残留,施药后对移栽成活或树冠下喷药都不对根有影响。

应用范围和使用方法：本剂常用于果园和幼林除草,每公顷用有效量600～900 g,兑水600 kg,于杂草基本出齐,草高小于15 cm时,晴天施药,见效快,应用百草枯化学除草时,加水须用清水,药液要尽量喷洒在茎、叶上,不要喷在地上,到土壤中会失去活性。百草枯可与西玛津、莠去津、敌草隆等混用。

防除对象：防除一、二年生杂草效果好，对多年生杂草有触杀但很快又恢复生长。

注意事项：

（1）施药后30 min遇雨对药效基本无影响。

（2）施药后24 h内，牲畜禁止进入施药地块食草。

（3）注意劳动保护，如药液溅入眼睛或皮肤上，要马上用清水冲洗。

（4）本剂只能作茎叶处理，土壤处理无效。

（三）高效氟吡甲禾灵

商品名称：高效盖草能、盖草宁等。

剂型：10.8%乳油。

主要功能：高效氟吡甲禾灵为苯氧基及杂环氧基苯氧基丙酸类苗后选择性除草剂。具有内吸传导性。茎叶处理后很快被杂草叶片吸收并输导至整个植株，抑制茎和根的分生组织而导致杂草死亡。药效发挥较快，喷洒落入土壤中的药剂易被表层杂草根吸收，也能起杀草作用。对苗后的一年生和多年生禾本科杂草有很好的防除效果，对阔叶杂草和莎草科杂草无效。从施药到杂草死亡，一般需要6～10天。药效期较长，一次施药基本控制全生育期的禾本科杂草危害。本剂对苗木无害。

应用范围和使用方法：本剂适合林业苗圃和花圃化学除草，每公顷用有效量75～120 g，兑水600 kg，于杂草生长旺盛期（禾本科杂草3～6叶期）防效最佳，高于30 cm大草防除效果差。本剂只能作茎叶处理，土壤处理效果差。

防除对象：稗草、马唐、狗尾草、牛筋草、野燕麦、看麦娘、芦苇、虎尾草、白茅、千金子等一年生和多年生禾本科杂草。

注意事项：

（1）高效氟吡甲禾灵防除禾本科杂草有效，而对莎草科和阔叶杂草无效，在有单子叶杂草和双子叶杂草混生的地块可与防阔叶杂草的除草剂混用，如灭草松、二甲四氯等防阔叶杂草除草剂，扩大杀草谱，提高除草效果。

（2）施药作业时，防止药液溅到皮肤和眼睛上，注意劳动保护。

（3）高效氟吡甲禾灵对鱼类有毒，严禁把剩余药液及洗涤喷药器具的水倒入湖泊、河流、水塘。

（四）精吡氟禾草灵

商品名称：精稳杀得、氟草除。

剂型：15%乳油。

主要功能：精吡氟禾草灵为苯氧基及杂环氧基苯氧基丙酸类内吸传导型茎叶处理除草剂。杂草吸收药剂的部位主要是茎和叶，但落到土壤中的药剂也能被根吸收。对禾本科杂草有很强的杀伤作用。杂草吸收后破坏光合作用，抑制细胞分裂，阻止其生长。由于本剂的吸收传导性强，可达地下茎。因此对多年生禾本科杂草也有较好的防除作用。受害植物一般在10～15天后才死亡，药剂在土壤中的残效期为1～2个月。

应用范围和使用方法：精吡氟禾草灵适合林业苗圃和花圃使用，每公顷用有效量75～150 g，兑水600 kg，于杂草生长旺盛期，喷雾作茎叶处理，能有效地防除一年生禾本科杂草，提高剂量可防除多年生禾本科杂草如芦苇、狗牙根、双穗雀稗等。

防除对象：稗草、马唐、狗尾草、牛筋草、千金子、画眉草、早熟禾、看麦娘、芦苇、狗牙根、双穗雀稗等。

注意事项：

（1）精吡氟禾草灵药效表现较迟，不要在施药后1~2周内效果不明显时重喷第二次药。

（2）精吡氟禾草灵以单用为宜，单、双子叶杂草混生的地块可与阔叶除草剂混用或先后使用。

（五）精噁唑禾草灵

商品名称：骠马、精骠等

剂型：6.9%、7.5%水剂、10%乳油。

主要性能：精噁唑禾草灵属苯氧基及杂环氧基苯氧基丙酸类具选择性、内吸传导型的芽后茎叶处理剂，其有效成分为乙基苯氧丙酸。绿色植物组织吸收后，输导至叶、茎、根部的生长点。使其细胞膜的形成受阻，从而导致杂草死亡。杂草吸收药剂后2~3天停止生长，心叶失绿变紫，日益明显，然后坏死，一般10~30天完全死亡。

应用范围和使用方法：精噁唑禾草灵常用于林业苗圃和花圃防除禾本科杂草，与异丙隆、溴苯腈等防阔叶杂草的除草剂混用，可防除禾本科杂草和阔叶杂草，每公顷用有效量37.5~75g，兑水600kg，于杂草2叶期，喷雾作茎叶处理，除草效果达95%以上。精噁唑禾草灵还可用在禾本科冷季型草坪防禾本科杂草，每公顷用有效量30~45g，于杂草2~5叶期喷雾作茎叶处理，能有效地防除马唐、稗草、狗尾草、牛筋草等禾本科杂草，但对早熟禾和阔叶杂草无效。

注意事项：

（1）土壤墒情好有利于药效的发挥，土壤干旱时应灌溉后或雨后施药，没有灌溉条件时应加大喷水量，并适当提高用药量。

（2）温度高低不影响防效，但影响杂草死亡速度。气温较低时施药，杂草死亡时间延长。北方一般于夏季施药为好。

（3）精噁唑禾草灵对鱼、蟹的毒性较高，故不要污染河流、池塘。

（六）稀禾定

商品名称：拿捕净、草服它等。

剂型：12.5%、25%乳油。

主要性能：稀禾定为环乙烯酮类内吸传导型选择性茎叶除草剂，杂草通过茎叶吸收转移到分生组织，破坏细胞的分生能力，其作用缓慢，处理后3天停止生长，7天叶色褪绿，14天后枯死。稀禾定对禾本科杂草的杀伤力很强，但对阔叶杂草无效，可以安全地用于阔叶树和松树苗圃，稀禾定落入土壤后很快分解，只作茎叶处理。持效期为一个月。

应用范围和使用方法：稀禾定是苗后茎叶除草剂，可用于杨、柳树、沙棘、桉树、茶树、油茶，落叶松、樟子松、红松、白皮松、华山松、油松、马尾松、云松、冷杉、月季等苗圃防除一年生和多年生禾本科杂草，对香附子和阔叶杂草无效。对禾本科杂草从发芽至分蘖期防效最好。一般情况下，每公顷用有效量为：一年生杂草2~3叶期为225~300g；4~5叶期为300~405g；多年生杂草4~7叶期600~1200g，兑水40kg喷雾作茎叶处理，施药时，每公顷加3~4.5L柴油，可提高除草效果，降低用药量，其除草效果与常规用药量相同。

防除对象：稀禾定能防除稗草、马唐、狗尾草、狗牙根、看麦娘、牛筋草等禾本科杂草。

注意事项：

（1）在推荐用量下，稀禾定对苗木和花卉安全，对下茬作物无不良影响，但绝不能用于禾本科草坪防除禾本科杂草。

（2）稀禾定防效慢，约需 10～15 天显效，药后不要重复使用。

（3）混生阔叶杂草的地块，需混用阔叶杂草的除草剂，其用量各自单独计算。

（4）施药时要注意劳动保护，洗涤液不能倒入水田、河流、鱼塘。

（七）苯达松

商品名称：排草丹、灭草松等。

剂型：25%、48% 水剂。

主要性能：苯达松为有机杂环类触杀型选择性苗后除草剂，药剂主要通过茎叶吸收，但在体内传导作用很小，因此施药必须均匀周到，效果好。中毒植物表现叶萎蔫、变黄，10～15 天死亡。温度高、阳光充足有利于药效的发挥。禾本科和豆科植物有较强的耐药性，而阔叶杂草和莎草则表现敏感。药后 8 h 出现症状，然后逐步死亡。本剂只能作茎叶处理，不能做土壤处理。

应用范围和使用方法：在禾本科草坪、幼林、果园中常用来防除阔叶杂草和莎草科杂草，每公顷用有效量 750～1200g，兑水 600 kg 苗后喷雾作茎叶处理，为了扩大杀草谱，提高防除效果，苯达松可与防禾本科杂草的除草剂各自单用的剂量混用，兼治禾本科杂草。高温、晴朗的天气施药，除草活性高，效果好。阴天和气温低时药效差。

防除对象：苯达松能防除繁缕、荠菜、酸模叶蓼、泽漆、萤蔺、异型莎草、碎米莎草、苘麻、鬼针草、苍耳、马齿苋、鸭跖草、藜、婆婆纳、牛毛毡等，对禾本科杂草无效。

注意事项：

（1）禾本科草坪使用苯达松，应在阔叶杂草及莎草科杂草出齐且幼小时施药。喷洒要均匀，使杂草茎叶充分接触药剂，效果好。

（2）强度干旱和水涝地块，不宜使用本剂。

（3）施药后 8 h 内应无雨，否则需补喷或重喷。

（4）药液不慎溅到皮肤上或眼里，立即用大量清水清洗。

（八）三氯吡氧乙酸

商品名称：盖灌能。

剂型：48% 乳油。

主要性能：三氯吡氧乙酸属吡啶类内吸传导型除草剂，茎叶处理后，药剂能很快被茎叶吸收，并传导至全株，造成叶片、茎和根生长畸形并逐渐死亡。三氯吡氧乙酸对某些针叶树如白云杉使用安全。

应用范围和使用方法：一般用于幼林抚育，防非目的树种，禾本科草坪防阔叶杂草。防非目的树种可作茎叶喷洒，茎部注射及根部处理。每公顷用有效量 1950～3000 g，兑水 600 kg 于植物生长旺盛期作茎叶处理。

防除对象：在常用量的情况下，可防除槭树、山杨、柳、桦、蒙古栎、枫树、苦槠、杉木、榕树、大叶栲、野葛藤、盐肤木、苎麻、紫茎泽兰、加拿大一枝黄花。在禾本科草坪中的阔叶杂草都能防除。

注意事项：

（1）本剂只能作茎叶处理，在使用中要防止雾液喷洒或飘移到目的树种的叶片上。

（2）施药后2h内降中雨以上需重喷。

（3）本剂对禾本科杂草无效，与草甘膦混用可扩大防禾本科杂草。

（九）麦草畏

商品名称：百草敌

剂型：40%、70%水分散粒剂。

主要性能：麦草畏为苯甲酸类传导型苗后选择性除草剂，药剂可被杂草根茎叶吸收，通过木质部和韧皮部向上传导，影响正常生长发育，造成叶片畸形，叶柄与茎弯曲、根肿大、茎尖顶端膨大、生长点萎缩、分枝增多等。15～20天死亡。

应用范围和使用方法：麦草畏常用于针叶树苗圃和禾本科草坪，防阔叶杂草效果优于2.4～DJ脂，针叶树苗圃每公顷用有效量225～240 g，禾本科草坪每公顷用有效量195～270 g，兑水600 kg，于苗木和草坪生长期，阔叶杂草2～4叶期施药作茎叶处理。为了减少麦草畏的用量以增加对苗木的安全性，麦草畏常减量与其他除草剂混用。

防除对象：能防繁缕、牛繁缕、大巢菜、播娘蒿、田旋花、刺儿菜、藜、灰绿藜、马齿苋、反枝苋、酸模叶蓼等阔叶杂草。

注意事项：

（1）施药后2～3h内降中雨以上会降低除草效果，须重喷或补喷。

（2）马蹄金、白三叶草坪对麦草畏敏感，不能使用。

（3）麦草畏对人的眼睛、皮肤有刺激作用，必须用清水冲洗。

（十）乙氧氟草醚

商品名称：惠尔、果尔、割地草等。

剂型：23.5%、24%乳油。

主要性能：乙氧氟草醚为二苯醚类选择性触杀型土壤处理兼有苗后早期茎叶处理作用的除草剂，在有光的情况下发挥除草活性。药剂主要通过胚芽鞘、中胚轴进入植物体内，芽前和芽后早期使用效果好，对种子萌发的杂草有效，杀草谱较广，能防除阔叶杂草和一年生禾本科杂草，对多年生禾本科杂草只有抑制作用。乙氧氟草醚施于土壤而被吸附，在土壤表层形成药层，施药后不要打乱药层，以免影响除草效果。

应用范围和使用方法：常用于针叶树苗圃，每公顷用有效量150～225 g，兑水600 kg，于播后苗前进行土壤处理，苗后40天以上可进行喷雾处理，可防除一年生阔叶杂草，萌动前进行土壤喷雾处理；沙棘苗圃于播种后出苗前进行喷雾土壤处理，对苗木安全，效果好。

防除对象：乙氧氟草醚对阔叶杂草的防除优于对禾本科杂草的防除；对一年生杂草的防除优于对多年生杂草的防除；对杂草2叶期以前防除优于以后防除。防除一年生禾本科杂草有：稗草、狗尾草、马唐、千金子、画眉草、牛筋草、早熟禾等；防除一年生阔叶杂草有马齿苋、红蓼、苋、通泉草、反枝苋、野胡萝卜、酢浆草、小旋花、一年蓬、地肤、荸草、车前、萹蓄、蒲公英、藜、龙葵、苍耳、苘麻、繁缕、看麦娘、一年生苦苣菜等。

注意事项：

（1）乙氧氟草醚用药后不可混土。

（2）乙氧氟草醚用后48 h内，下小到中雨，无须补喷，若下大雨，需用原量的1/2补喷。

（3）乙氧氟草醚对针叶树苗木安全，对阔叶树苗木进行定向喷雾，防止药液喷到苗木顶梢上。

（4）乙氧氟草醚对一年生小草有效，对大龄杂草无效。

（十一）甲草胺

商品名称：拉索、杂草锁、灭草胺、草不绿等。

剂型：43%、48% 乳油。

主要性能：甲草胺属酰胺类选择性芽前除草剂，可被植物幼芽吸收，吸收后向上传导。种子和根也吸收传导，但吸收量少，传导速度慢。出苗后主要靠根吸收向上传导。如果土壤水分适宜，杂草幼芽期不出土即被杀死。症状为芽鞘紧包生长点，梢变粗，胚根细而变曲，无须根，生长点逐渐变褐色至黑色烂掉。本剂除草活性高，药效期较长，一般为 4～8 周。能有效地防除一年生禾本科杂草和某些双子叶杂草及莎草科杂草。

防除对象：对一年生禾本科杂草如稗草、鸭跖草、马唐、狗尾草、千金子、莎草科杂草如碎米莎草、异型莎草和阔叶杂草如藜、马齿苋、苋等效果好，对红蓼、龙葵、扛板归等效果差。

注意事项：

（1）只能作土壤处理，杀死刚萌发的杂草，对已长出的杂草无效。

（2）甲草胺对人的皮肤、眼睛有轻微刺激作用，注意劳动保护。

（3）甲草胺对塑料制品有腐蚀作用，喷后必须清洗。

（十二）乙草胺

商品名称：禾耐斯、圣耐施、草必斯等

剂型：5% 颗粒剂；20%、40% 可湿性粉剂；50%、80%、90% 乳油；40%、48% 乳剂；50% 微乳剂等。

主要性能：乙草胺为酰胺类选择性芽前土壤处理剂，禾本科杂草由幼芽吸收。阔叶杂草主要通过根吸收，其次是幼芽。药剂被吸收后可在植物体内传导，抑制幼芽与幼根的生长，致使杂草死亡。药剂在土壤表层而苗木根系在土壤中深层，利用位差而获得选择性，因而对苗木安全。

应用范围和施用方法：本剂适用于针叶树播种圃、移植圃和草坪，每公顷用有效量 750～1125 g，兑水 600 kg，于播种后出苗前使用，暖季型草坪生长期杂草萌芽时使用，喷雾做土壤处理，能有效地防除一年生禾本科杂草和部分阔叶杂草。

防除对象：可防除稗草、马唐、狗尾草、牛筋草、苋、马齿苋、牛繁缕、早熟禾等等一年生禾本科杂草及部分阔叶杂草，对多年生杂草无效。

注意事项：

（1）乙草胺做土壤处理，效果好，对已出土的杂草效果差。

（2）土壤湿度大、气温高时效果好，可用低剂量，反之用高剂量。

（3）乙草胺可与乙氧氟草醚混用，其用量为单用量的一半。

（十三）丁草胺

商品名称：马歇特、去草胺、稻草灭等。

剂型：5% 颗粒剂、10% 微粒剂、50% 微乳剂、50% 乳油、60% 水乳剂。

主要性能：丁草胺为酰胺类选择性内吸传导型芽前除草剂，通过杂草幼芽或根被吸收后在体内传导，最终导致死亡，在杂草刚萌发期使用效果为最好，残效期为 40～50 天。

应用范围和使用方法：适用于针叶树苗圃、移植圃和成坪草坪，每公顷用有效量 1350～2250 g，兑水 600 kg 于播后苗前，移植圃、成坪草坪为杂草萌芽期使用。

防除对象：对一年生禾本科、莎草科杂草有效，对马齿苋、蓼等阔叶杂草有效，对藜、苋、牛繁缕、鲤肠有抑制作用。

注意事项：

（1）丁草胺的施药时期，应掌握在杂草萌芽前为好。

（2）在沙质土使用易产生药害，使用时要谨慎。

（3）花卉、直播草坪严禁使用。

（十四）扑草净

商品名称：耘锄、助锄等。

剂型：20%、40%、50% 可湿性粉剂；50% 悬浮剂。

主要性能：扑草净为均三氮苯类选择性除草剂。药剂主要被根吸收，沿木质部运输到叶片内。中毒杂草产生失绿症状，逐渐干枯死亡。对刚萌发的杂草防除效果最好。

应用范围和使用方法：本剂适用于种子播种苗圃和移植圃。每公顷用有效量 1125～1500 g，兑水 600 kg 于播种后出苗前和杂草萌动期喷雾做土壤处理，依靠位差获得选择性。有机质含量低的沙质土不宜使用本剂。

防除对象：可防除一年生禾本科杂草及阔叶杂草，如马唐、早熟禾、狗尾草、画眉草、牛筋草、稗草、蒿、藜、马齿苋、鸭舌草、牛毛毡等

注意事项：

（1）扑草净药效期慢，一般需要 1 周左右，因此切勿心急或加大用量。

（2）有机质含量低的沙质土壤不宜使用扑草净。

（十五）氟乐灵

商品名称：茄科宁、氟特力等。

剂型：38%、48% 乳油。

主要性能：氟乐灵是二硝基苯胺类除草剂，主要被禾本科植物的幼芽和阔叶植物的下胚轴吸收，子叶和幼根也能吸收，但出苗后的茎和叶不能吸收，植物吸收后细胞停止分裂，细胞增大，细胞壁变厚，生长受抑制，最后死亡。氟乐灵易挥发、光解，施药后须拌土，否则效果差。残效期 3～6 个月。

应用范围和使用方法：本剂适用苗木移栽前或移栽后使用，每公顷用有效量 750～1500 g，兑水 600 kg，于杂草尚未出土前喷雾作土壤处理，施药后立即混土、深度为 5～7 cm。

防除对象：防除一年生禾本科杂草和一些小粒种子的阔叶杂草，如稗草、马唐、狗尾草、牛筋草、千金子、早熟禾、看麦娘、雀麦、野燕麦、苋、藜、地肤、繁缕、马齿苋等。本剂对已出土的大草无效。

注意事项：

（1）为防止药剂挥发，提高防效，施药后应立即混土。

（2）本剂对已成苗的杂草无效。

（3）贮藏时要避免阳光直射，应在 4℃ 以上的阴凉处保存为好。

（十六）莠去津

商品名称：阿特拉津、盖萨林等。

剂型：38%水悬剂、38%胶悬剂、38%悬浮剂、48%可湿性粉剂、80%可湿性粉剂、90%可分散粒剂。

主要性能：莠去津为均三氮苯类选择性内吸传导型苗前、苗后除草剂。以根部吸收为主。茎叶吸收很少，吸收后传导至叶部，干扰光合作用，使杂草死亡。本剂水溶性大，易被雨水淋洗至较深层，因而对某些深根性杂草有限制作用。残效期一般可长达半年左右。

应用范围和使用方法：本剂适用于花灌木、茶园、果园、葡萄园等，每公顷用有效量1200～1800 g，兑水600 kg，于杂草出土前和苗后早期使用，防除一年生禾本科杂草用低效量，灭生性除草用高效量。

防除对象：防除一年生禾本科杂草和阔叶杂草，对多年生杂草也有一定的抑制作用。

注意事项：

（1）桃园对莠去津敏感不能使用。

（2）莠去津对雨水多、砂性强的地区最好不用或降低用量。

（十七）环嗪酮

商品名称：森泰、威尔柏等

剂型：25%水可溶剂、5%颗粒剂。

主要性能：环嗪酮属三氮苯酮类内吸传导型除草剂，药剂可通过植物的根系和茎叶吸收，主要抑制光合作用，使代谢紊乱，导致死亡，环嗪酮在土壤中移动性大，施药时可用点射。由于该剂在土壤中残效期长，常用来开设防火道。本剂对松树有选择性，是松树幼林除草、灭灌难得的药剂。

应用范围和使用方法：本剂施药方法简便，点、洒、喷、涂均可，被广泛应用于造林地清理，幼林抚育、开设防火道和耕地除草。

防除对象：在常用量的情况下，环嗪酮可防除狗尾草、蚊子草、羊胡子草、芦苇、山蒿、蕨、铁线莲、婆婆纳、刺儿菜、蓼、忍冬、珍珠梅、榛子、刺五加、山杨、桦、柞、椴、胡枝子、乌饭树、杜鹃、构树，盐肤木、荆条、木槿等。

注意事项：

（1）环嗪酮对农作物敏感，在靠近农作物区用药，要设立50 m宽的安全保护带，以防飘移产生药害。

（2）环嗪酮对人的眼睛有轻微刺激作用，施药时要注意劳动保护。

（3）各地应用前应先试验，待成功后再推广应用。

附录 4　公路绿化的质量检验标准

一、中央隔离带的质量检验

1. 基本要求

中央隔离带的苗木修剪以后高度应为 1.4～1.6 m，栽植的株行距要合理，应该满足防眩功能的要求，不得影响交通的安全。

中央隔离带应进行绿化用土回填，回填土的厚度应大于 300 mm，防眩植物种植穴回填土厚度应大于 500 mm。

2. 实测项目

中央隔离带鉴定标准按照表的要求进行鉴定。

中央分隔带绿化技术要求

项次	检查项目	规定值或允许偏差	检查方法或频率
1	苗木规格与数量	符合设计	尺量：每 1 km 测 50 m
2	种植穴规格	符合 CJJ/T 82—1999 的规定	钢尺量：每 1 km 测 50 m
3	土层厚度	符合 CJJ/T 82—1999 的规定	钢尺量：每 1 km 测 50 m
4	苗木间距 / cm	±5	皮尺量：每 1 km 测 50 m
5	苗木存活率 / %	≥95	目测：每 1 km 测 200 m
6	草坪覆盖率 / %	≥95	目测：每 1 km 测 200 m
7	景观效果	符合设计	目测：每 1 km 测 200 m

3. 外观鉴定

苗木的枝条不应该伸出中央分隔带，不应有烧膛、偏冠等现象。

苗木应栽植整齐、竖直。

不应有连续缺株 4 株（含 4 株）的现象。

苗木、草坪不应有明显的病虫害。

二、边坡的生态绿化质量检验

1. 基本要求

边坡绿化的种植材料应符合设计要求，不能及时种植的苗木应进行假植。

边坡绿化施工应按照设计文件所规定的施工方法与工艺进行，严格控制施工过程的质量。

边坡绿化施工不得破坏公路路基。

2. 实测项目

边坡鉴定标准按照表的要求进行鉴定。

边坡绿化技术要求

项次	检查项目	规定值或允许偏差	检查方法或频率
1	苗木规格与数量	符合设计	尺量：每1 km测50 m
2	种植穴规格	符合CJJ/T 82-1999的规定	钢尺量：每1 km测50 m
3	土层厚度	符合CJJ/T 82-1999的规定	钢尺量：每1 km测50 m
4	苗木间距 / cm	±5	皮尺量：每1 km测50 m
5	苗木存活率 / %	≥85	目测：每1 km测200 m
6	草坪覆盖率 / %	≥95	目测：每1 km测200 m
7	其他地被的发芽率 / %	≥85	目测：每1 km测200 m
8	景观效果	符合设计	目测：每1 km测200 m

3. 外观鉴定

草坪应无枯草、无明显病虫害。

草坪连续空白面积不应超过 $0.5~m^2$。

苗木不应有明显的病虫害。

三、道路两侧绿化带的质量检验

道路两侧绿化带的质量检验标准与边坡相似，在此不再重复叙述。

特别应注意的是，边沟外侧绿化带、护坡道不应该连续缺株4株以上（含4株）。

四、互通立交区生态绿化的质量检验

1. 基本要求

互通立交区绿地整理、排水应符合设计要求；播种前应清理场地内的施工废弃物，整体效果符合设计要求。

孤植树、珍贵树种以及乔木树种应保证成活。

树木种植不应影响行车安全视距。

2. 实测项目

互通立交区鉴定标准按照表的要求进行鉴定。

互通绿化区绿化技术要求

项次	检查项目	规定值或允许偏差	检查方法或频率
1	苗木规格与数量	符合设计	尺量：全部
2	种植穴规格	符合 CJJ/T 82-1999 的规定	钢尺量：检查5%种植穴，且不少于3穴
3	土层厚度	符合 CJJ/T 82-1999 的规定	钢尺量：检查5%
4	地形高程/mm	±30	水准仪：每3000 m² 不少于6点
5	苗木存活率/%	≥95	目测：检查全部
6	草坪覆盖率/%	≥95	目测：检查全部
7	景观效果	符合设计	目测：检查全部

3. 外观鉴定

草坪应无杂草、无枯黄，连续空白面积不得超过 0.5 m²。

绿地不应有明显的积水区。

绿地草坪、树木不应有明显病虫害。

绿化景观效果比较明显。

五、服务区及收费站生态绿化的质量检验

1. 基本要求

服务区及收费站的绿化应按照《城市绿化工程施工及验收规范》（CJJ/T82-1999）的要求进行施工。其绿化面积应大于总面积的30%，绿地内的植物覆盖率应大于85%。

绿化附属设施的质量以《建筑工程施工质量验收统一标准》（GB50300-2001）要求为准。

孤植树、珍贵树种以及乔木树种应保证成活。

绿地草坪应符合设计要求，整体效果美观。

2. 实测项目

服务区及收费站鉴定标准按照表要求进行鉴定。

服务区及收费站绿化技术要求

项次	检查项目	规定值或允许偏差	检查方法或频率
1	定点放样	±5%的设计间距	尺量：检查5%
2	苗木规格与数量	符合设计	尺量：检查全部
3	种植穴规格	符合 CJJ/T 82-1999 的规定	钢尺量：抽测5%
4	土层厚度	符合 CJJ/T 82-1999 的规定	钢尺量：检查5%种植穴，且不少于3穴

续表

项次	检查项目	规定值或允许偏差	检查方法或频率
5	地形高程 / mm	±30	水准仪：每3000 m² 不少于6点
6	苗木存活率 / %	≥ 95	目测：检查全部
7	草坪覆盖率 / %	≥ 95	目测：检查全部
8	绿化附属设施	符合设计	GB 50300-2001 检查全部
9	景观效果	符合设计	目测：检查全部

3. 外观鉴定

花卉种植地、草坪应无杂草、无枯黄；草坪应进行修剪，空白面积不应超过 0.5 m²。

绿地整洁，表面应平整，微地形整理应符合设计要求。

绿地树木、花卉、草坪应无明显的病虫害。

树干应与地面垂直。

绿化工程的种植是公路绿化工程的重要组成部分，是保证工程质量达到优良标准的关键措施。目前，公路绿化工作正处于不断补充和发展的阶段，随着人们思想意识的不断变化，公路沿线环境也会不断地变迁，使公路绿化逐步趋于完善。希望通过努力把公路的绿化工作做得更好，为公路使用者提供一个优美、舒适、安全的行车环境。

参考书目

[1] Flexibility in Highway Design[J]. U.S. Department of Transportation, Federal Highway Administration

[2] Harris C. & N. Dines. Time-Saver Standards for Landscape Architecture[M]. McGraw-Hill Publishing Company, 1998.

[3] Hopper. L. J. Landscape Architectural Graphic Standards[M]. Wiley & Sons, Inc, 2006.

[4] JTG B04-2010, 公路环境保护设计规范[S]. 北京：人民交通出版社. 2010

[5] JTG D. D 20-2006 公路路线设计规范[S]. 北京：人民交通出版社, 2006.

[6] JTG D. D 30-2004 公路路基设计规范[S]. 北京：人民交通出版社, 2004.

[7] JTGB01-2014, 公路工程技术标准[S]. 北京：人民交通出版社. 2014.

[8] JTGH10-2009, 公路养护技术规范[S]. 北京：人民交通出版社. 2009.

[9] LOTT G, GRAHAM P. ASLA Florida Highway Landscape Guide, TBE Project No. 99700-7105[J]. Tallahassee: Florida Department of Transportation, 1995.

[10] Marek M A. Landscape and aesthetics design manual[J]. TxDOT online Manual System, 2012. Roadside Vegetation Maintenance Manual

[11] Schutt J R, Phillips K L, Landphair H C. Guidelines for aesthetic design in highway corridors: tools and treatments for texas highways[R]. Texas Transportation Institute, Texas A & M University System, 2001.

[12] Zealand T N. Guidelines for highway landscaping[J]. Transit NZ, 2003.

[13] 白史且, 胥晓刚. 高速公路绿化工程技术[M]. 北京：中国农业出版社, 2005.

[14] 蔡厚男, 邱铭源, 呂慧颖. 道路建設與生態工法[M]. 台北：熊猫出版社, 2003.

[15] 曹学卫. 三维网植草防护在公路工程中的应用[J]. 太原：山西交通科技, 2005 (A01): 88-89.

[16] 陈嵘遗. 竹的种类及栽培利用[M]. 中国林业出版社, 1984.

[17] 成海忠. 园林植物栽培养护[M]. 北京：高等教育出版社, 2005.

[18] 春英. 园林植物栽培技术[M]. 北京：中国林业出版社, 1998.

[19] 韩继国, 陆旭东, 陈东丰. 长白山区公路建设生态、景观恢复技术研究与实践[M]. 北京：人民交通出版社, 2013.

[20] 黄江波, 李杰, 宋江平, 等. 基于环境心理的高速公路景观设计[J]. 公路, 2006 (8): 127-131.

[21] 辉朝茂, 杜凡, 杨宇明. 竹类培育与利用[M]. 北京：农业出版社, 1996.

[22] 夏文俊, 赵阳, 单彦贤, 等. 江苏省高速公路施工标准化指南（绿化）[M]. 北京：人民交通出版社, 2012.

[23] 金雅琴, 张祖荣. 园林植物栽培学[M]. 上海：上海交通大学出版社, 2012.

[24] 李春娇, 田建林, 张柏, 等. 园林植物种植设计施工手册[M]. 北京：中国林业出版社, 2013

[25] 刘建秀, 周久亚, 郭海林. 草坪地被植物观赏草[M]. 城市园林绿化植物应用指南. 南京：东南大学出版社, 2001.

[26] 刘师汉, 胡中华. 园林植物种植设计及施工[M]. 北京：中国林业出版社, 1988.

[27] 刘书套. 高速公路环境保护与绿化[M]. 北京：人民交通出版社, 2001.

[28] 刘世梁. 道路景观生态学研究[M]. 北京：北京师范大学出版社, 2012.

[29] 潘兵宏，赵一飞，梁孝忠．动视觉原理在公路线形设计中的应用［J］．长安大学学报：自然科学版，2004，24(6)：20-24．

[30] 彭一刚．建筑空间组合论［M］．北京：中国建筑工业出版社，1983．

[31] 邵莉，肖化云．公路两侧大气颗粒物中的重金属污染特征及其影响因素［J］．环境化学，2012，31(3)：315-323．

[32] 石进朝．园林植物栽培与养护［M］．北京：中国农业出版社，2012．

[33] 王红英，肖衡林，吴巍，等．公路景观生态系统恢复的生态补偿设计研究［J］．中外公路，2013，33(2)：5-8．

[34] 王翔，陈举来，张勤，等．江苏省城市园林绿化适生植物［M］．上海：上海科学技术出版社，2005．

[35] 温太辉．竹类经营［M］．北京：农业出版社，1965．

[36] 肖代全，马荣国，李铁强．公路绿化对行车安全的典型影响及其评价［J］．公路，2011，2(011)：2．

[37] 謝平芳，單玉珍，邱茲容．植物與環境設計［M］．台北：知音出版社，1981．

[38] 新田伸三，赵力正．栽植的理论和技术 - 环境绿地Ⅰ［M］．北京：中国建筑工业出版，1982．

[39] 徐志修，彭辉．基于驾驶人视觉特性的公路景观设计研究［J］．公路工程，2008，33(5)：168-171．

[40] 晏晓林，等．公路陆域生态工程技术应用的系统化设计研究［J］．公路交通科技，2013，30(2)：127-132．

[41] 殷云龙，王双生．公路绿化服务与公路绿化建设标准的探讨［J］．中国园林，2004，20(10)：40-41．

[42] 殷云龙，王双生．江苏省公路绿化建设理论与实践研究［M］．上海：上海科学技术出版社，2012．

[43] 余海龙，阿力坦，巴根那，等．高速公路道路建设中土壤侵蚀问题研究［J］．水土保持研究，2008，15(4)：15-18．

[44] 赵炳强．驾驶员动态视觉特征及其影响［J］．公路交通科技，1998，15(A01)：102-104．

[45] 甄茂清．花卉园艺工［M］．北京：中国建筑工业出版社．2007．

[46] 祝遵凌，芦建国，胡海波．道路绿化技术研究［M］．北京：中国林业出版社，2013．